Oliver Bender, Sigrun Kanitscheider und Bernhart Ruso (Hg.)

Organismus-Umwelt-Beziehungen

matreier Gespräche
Otto-Koenig-Gesellschaft, Wien

Schriftenreihe der
Otto-Koenig-Gesellschaft, Wien

48. *matreier* Gespräche zur Kulturethologie

2023

Organismus-Umwelt-Beziehungen

Perspektivenwechsel im wissenschaftlichen Diskurs

Gewidmet Herrn Prof. Dr. Walter Klinger
zur Vollendung des 90. Lebensjahres

Im Auftrag des Matreier Kreises
herausgegeben von
Oliver Bender, Sigrun Kanitscheider und Bernhart Ruso

Umschlaggestaltung, Satz, Layout: Oliver Bender, Sigrun Kanitscheider
Titelabbildung:
Visualisierung eines Sozialen Netzwerks: Briefwechsel zwischen Wissenschaftlern. Grandjean, M. 2014: La connaissance est un réseau. – In: Les Cahiers du Numérique 10 (3), 37–54. Creative Commons, License: CC BY-SA 3.0 (https://creativecommons.org/licenses/by-sa/3.0/).

Verlag:
BoD · Books on Demand GmbH, In de Tarpen 42, 22848 Norderstedt
Druck:
Libri Plureos GmbH, Friedensallee 273, 22763 Hamburg

Bibliographische Information der Deutschen Nationalbibliothek
Die Deutsche Nationalbibliothek verzeichnet diese Publikation in der Deutschen Nationalbibliographie; detaillierte bibliographische Daten sind im Internet über http://dnb.d-nb.de abrufbar.

ISBN: 978-3-7597-6829-2

Inhalt

Vorwort

Lange Zeit herrschte die Auffassung, die Welt und die Beziehungen des Menschen zur (Um-)welt als ein rein von der Natur gegebenes Geschehen zu begreifen, die Natur zur Ursache und Norm aller Erscheinungen zu erklären (Naturalismus, Natur- und Geodeterminismus). Dies bildete eine Grundlage, sich von spirituellen und religiösen Deutungen abzugrenzen. Im Gegensatz zur ‚Natur‘ nennt man vom Menschen künstlich geschaffene materielle und immaterielle Dinge ‚Kultur‘; und in diesem Sinne geht der europäische Kulturbegriff auf die ‚neolithische Revolution‘ zurück (lat. *colere* = den Boden bestellen). Auf den ersten Blick bildet dies eine scharfe Abgrenzung. In der alltäglichen Betrachtung schließen sich die beiden Begriffe aber nicht aus, sondern können sich in verschiedenen Betrachtungsobjekten vermischen – oder es können diese Objekte je nach Perspektive von der einen in die andere Kategorie hinüberwechseln (Baum – Wald – Natur-/Kulturlandschaft).

Die Soziologen Peter Berger und Thomas Luckmann ließen 1967 mit der Idee aufhorchen, dass menschliche Gesellschaften die Realität konstruieren. Zuvor hatten schon andere – besonders bekannt wurde das Werk von Ludwik Fleck (1935) – auf die soziologischen Prozesse hingewiesen, die den wissenschaftlichen, speziell auch naturwissenschaftlichen Betrieb prägen. Gesellschaftliche Prozesse konstruieren demnach Realität und naturwissenschaftliche Tatsachen. Für Biologen war es ziemlich selbstverständlich, dass Organismen ihren Lebensraum nicht nur wählen, sondern auch umgestalten können und so für sich und andere neue Bedingungen mit Konsequenzen für die evolutionäre Entwicklung konstruieren. Richard Lewontin (1983) präsentierte dazu ein einfaches formales Konzept. Der Oxforder Biologe John Odling-Smee (1988) erfand den Begriff ‚Nischenkonstruktion‘, der dann von einigen anderen Biologen aufgegriffen und beworben wurde. Das sind zwei prominente Beispiele für Perspektivenwechsel, die mehr oder weniger radikal alte Denkgewohnheiten und Vorurteile aufgeben, in Frage stellen und zu ersetzen trachten.

Vorher versuchten Kulturanthropologen herauszufinden, wie ökologische und damit ökonomische Gegebenheiten Gesellschaften formen, und Biologen erklärten evolutionäre Vorgänge als Anpassungen an die Umwelt. Allen

schien klar zu sein, dass der Mensch den Weizen und den Hund domesti-
zierte, bis jemand schrieb, Weizen, Reis und Kartoffel hätten den Menschen
(Harari 2011) oder wir uns selbst domestiziert (Roberts 2017; Zanella et al.
2019). Das biologische Geschlecht konstruierte über Jahrtausende Gender
und Rollenverhalten; nun tut dies das Konstrukt ‚Gesellschaft'. Die evolutionären Erkenntnistheoretiker meinen, der Erkenntnisapparat sei ein Geschenk der Evolution, das uns die Realität erkennen lässt, also abseits von
gesellschaftlichen Prozessen: Epistemologie, früher eine Domäne der Philosophie, nun ein Spielball von Soziologen und Evolutionsforschern? Halten
sich die Gene einen Organismus, wie uns das Richard Dawkins (1976) weis-
machen wollte, oder nutzten autonome Organismen die Semiotik, die RNS
und DNS ihnen boten (Deacon 2021)?

Perspektivenwechsel fördern den Fortschritt in der Wissenschaft, solange
die jeweiligen Sichtweisen selbst nicht verkrusten und zu neuen Vorurteilen
herabsinken. Flecks ‚Denkstile' beziehungsweise Kuhns ‚Paradigmen'
(Kuhn 1962) bergen diese Gefahr, insoweit die ‚Denkkollektive' Perspektivenwechsel zeitweise be- oder sogar verhindern können. Vielmehr sollten
Perspektivenwechsel Teil von ‚hermeneutischen Zirkeln' sein (Ast 1808,
180; Gadamer 1960), die sich nicht einfach in geschlossenen Kreisen, sondern in weiterführenden ‚Spiralen' bewegen (Bolten 1985). Man kann nicht
umhin, an die hegelsche Dialektik erinnert zu werden; sie in allen ihren Facetten zu übernehmen, braucht man deswegen nicht.

Die Teilnehmer der Matreier Gespräche im Dezember 2023, traditioneller-
weise ganz verschieden positioniert auf der weiten Skala zwischen Natur
und Kultur, fanden Beispiele aus ihren jeweiligen Fachbereichen zu Beziehungen oder Systemen, in denen in der einen Perspektive Organismen (in
weitestem epistemischen Sinne: Individuen, Gruppen, Gesellschaften, Systeme) ihre Umwelten konstruieren und möglicherweise in einer anderen
Sichtweise von ihren vorgeblichen Schöpfungen gestaltet werden. Der Begriff der Umwelt ist im Sinne von Uexkülls (1909) zunächst als die Umgebung von Organismen anzusehen, die deren Lebensumstände beeinflusst
und beim Wechsel der Perspektive wiederum von ihnen geprägt wird. Analog zum Menschen können dann auch solche Umwelt-Beziehungen von anderen Lebewesen erörtert werden; und davon ausgehend wollen wir den aus
der Biologie übernommenen Umweltbegriff interdisziplinär im weitesten
Sinn auffassen, so etwa als Umgebung von Unternehmen, Organisationen
oder generell offenen Systemen (entsprechend den Systemtheorien).

Max Liedtke stellt zunächst anhand herausragender historischer Beispiele (Kopernikus und Darwin) grundsätzliche Überlegungen zum Erkenntniswert des Perspektivenwechsels an. Auf dieser Basis werden dann grundlegende Fortschritte aus der Entwicklung der Erziehungswissenschaft erörtert: die Erfindungen von Schrift, Gebärdensprache und Blindenschrift. Durch die Diskussion des Sichtwechsels von einer bloß geisteswissenschaftlich verstandenen in eine durch naturwissenschaftliche und speziell evolutionstheoretische Aspekte erweiterte Erziehungswissenschaft dringt er zu grundlegend neuen Fragen hinsichtlich der Begründung von Normen vor.

Helmwart Hierdeis sieht Perspektivenwechsel als unauflösbare Verbindung von kognitiven und emotionalen Neuorientierungen auch in der Wissenschaft an. Anhand von Fallvignetten aus der psychoanalytischen Therapie arbeitet er die Notwendigkeit von auch schmerzhaften Perspektivenwechseln als Mittel gegen Denkblockaden und Ideologisierungen heraus.

Achim Würker beleuchtet das Zusammenspiel von Organismus und Umwelt aus der Perspektive einer psychoanalytisch-materialistischen Sozialisationstheorie des Sozialwissenschaftlers und Psychoanalytikers Alfred Lorenzer. Vermittelt über den mütterlichen Organismus nimmt das werdende Lebewesen an den sozialen Verhältnissen teil. Angeborene Strukturen werden damit sowohl als ererbt wie als sozial bestimmt verstehbar.

Roland Girtler zeigt, wie aus einem bemitleidenswerten Landstreicher ein aus der Perspektive des ‚guten Bürgers‘ angesehenes Individuum werden kann. Das Stigma des Verachteten wird umgedreht und zum Charisma. Dies stellt er in einem weiten Bogen von der Fremdenangst als anthropologische Konstante über antike und frühmittelalterliche Landstreicher (‚Gyrovagen‘ und ‚Asylanten‘) bis zur Verklärung im studentischen Leben des 18. und Jahrhunderts dar.

Dagmar Schmauks stellt in kulturethologischer Perspektive dar, wie sich Weltanschauungen auf Bestattungstechniken auswirken. Die vielen kultur- und zeitabhängig variablen Umgangsweisen mit dem Leichnam bilden eine Skala zwischen zwei Extremen, nämlich seiner schnellstmöglichen Vernichtung und seiner möglichst langen Weiterexistenz.

Thomas Simon erläutert die Evolutionsökonomik als neuen Zugang zu den Wirtschaftswissenschaften, der die Wirtschaft als ein eigenes lebendes System auffasst, in dem es keinen Gleichgewichtszustand geben kann. Im Gegensatz dazu sieht er – basierend auf Überlegungen von Konrad Lorenz –

Wirtschaft ‚nur' als lebenswichtige Funktion des Systems ‚Leben' und folgert, dass sie naturwissenschaftlichen Regeln, wie zum Beispiel der Evolution, unterliegt. Resümierend plädiert er, Überlegungen der Evolutionsökonomik in den klassischen Wirtschaftswissenschaften jedenfalls zu berücksichtigen.

Ein weiterer Beitrag von Thomas Simon versucht vor dem Hintergrund der kulturellen und geostrategischen Situation des Mittelmeerraums um 200 v. Chr. den Feldzug des Hannibal über die Alpen nachzuvollziehen, mit dem der Zweite Punische Krieg eröffnet wurde. Seine Darstellung bildet einen Perspektivenwechsel von der philologisch dominierten Exegese der antiken Geschichtsschreiber Polybios und Livius hin zu einer Analyse der topographischen und klimatischen Bedingungen. Entsprechend weicht die vom Autor als wahrscheinlich angesehene Route bei der Überquerung des Alpenhauptkamms von der in der herrschenden Meinung vertretenen ab.

Oliver Bender unternimmt eine interdisziplinäre und vergleichende Analyse der deutschen und ladinischen Sprachinseln in den südlichen Alpen. Dabei werden die ethnolinguistischen Minderheiten in diesen ‚Inseln' im Sinne des Tagungsthemas als Organismen aufgefasst und im Hinblick auf die Evolution ihrer Umweltbeziehungen erörtert – mit der natürlichen Umwelt und mit den sie umgebenden Mehrheitsgesellschaften, aus den Perspektiven der Binnen- und Außensicht (emisch/etisch) sowie derjenigen verschiedener Forschungsdisziplinen.

Hans Jürgen Böhmer entlarvt die Geschichte vom ‚*Wood Wide Web*', in dem vorgeblich ein harmonisch-fürsorgliches Zusammenleben von Bäumen und Pilzen in Wäldern praktiziert wird, als eher pseudo- denn noch populärwissenschaftliche Erzählung zweier Protagonisten aus der Forstökologie und -praxis. Schließlich dient ihm die mediale Wirkungsgeschichte dieses akademisch-publizistischen Sündenfalls zu einer Abhandlung, wie die Suche oder Sucht nach ‚Interessantheit' auch den wissenschaftlichen Betrieb beeinflusst.

Bernhart Ruso beschäftigt sich mit biologischen Geschlecht und Gender aus dem Blickwinkel von Biologie, Medizin, Psychologie und Soziologie. Es zeigt sich, dass es Übergangsformen zwischen den beiden Geschlechtern und Gendern gibt, diese jedoch nur einen kleinen Teil der Gesamtbevölkerung ausmachen. Die Übergangsformen haben aber im individualpsychologischen Bereich eine signifikant größere Bedeutung, als die Gesellschaft bereit ist (an)zuerkennen.

Andreas Mehl befasst sich mit Perspektiven und Perspektivenwechseln des antiken Menschen gegenüber der Natur und seiner sozialen Umgebung. Er erkennt dabei, dass im politischen und gesellschaftlichen Leben Perspektivenwechsel leichter erfolgt sind als die Durchsetzung neuer Perspektiven gegenüber der natürlichen Umwelt.

Hans Winkler zeigt schließlich, wie lohnend es ist, Konstrukteur-Konstrukt-Beziehungen als komplexe wechselseitige Abhängigkeiten zu betrachten. Als Beispiele aus der Ökologie dienen ihm die Nischenkonstruktion, die Domestikation und die Entstehung des Lebens schlechthin. Mit Verweis auf Otto Koenigs Konzept ‚Lebensraum aus zweiter Hand' (Koenig 1990) plädiert er für einen kritischeren Blick auf ‚unseren' Umgang mit der Natur.

Der Tagungsband vereint somit zwölf Themen, die den Forschungsgebieten von Pädagogik, Ökonomik, Psychologie, Soziologie, Linguistik, Historischen und Geowissenschaften sowie Bio- und Ökologie entstammen, wobei mehrere Beiträge Brücken zwischen verschiedenen Fächern schlagen. Neben grundsätzlichen Überlegungen zur Rolle von Genen und Menschen als Konstrukte oder Konstrukteure und zum generellen Erkenntniswert des Perspektivenwechsels wird an einer Vielheit konkreter Beispiele ausgelotet, wie gesellschaftliche oder disziplinäre Perspektiven-/Paradigmenwechsel oder auch neue Denk- und Sichtweisen durch ein Wechseln zwischen Disziplinen den Erkenntnisfortschritt vorantreiben.

Literatur

Ast, F. 1808: Grundlinien der Grammatik, Hermeneutik und Kritik. Thomann. Landshut. – Digitalisat: www.digitale-sammlungen.de/de/view/bsb10582791

Berger, P. L., Luckmann, T. 1967: The Social Construction of Reality. A Treatise in the Sociology of Knowledge. Penguin Books. London. – Deutsch: Die gesellschaftliche Konstruktion der Wirklichkeit. Eine Theorie der Wissenssoziologie. Übersetzt von M. Plessner. Fischer. Frankfurt a. M. 1969.

Bolten, J. 1985: Die Hermeneutische Spirale. Überlegungen zu einer integrativen Literaturtheorie. – In: Poetica 17 (3/4), 355–371.

Dawkins, R. 1976: The selfish gene. Oxford University Press. London. – Deutsch: Das egoistische Gen. Aus dem Englischen übersetzt von K. de Sousa Ferreira. Springer. Berlin 1978.

Deacon, T. W. 2021: How molecules became signs. – In: Biosemiotics 14 (3), 537–559.

Fleck, L. 1935: Entstehung und Entwicklung einer wissenschaftlichen Tatsache. Einführung in die Lehre vom Denkstil und Denkkollektiv. Schwabe. Basel.

Gadamer, H. G. [1]1960 [[6]1990]: Hermeneutik I. Wahrheit und Methode. Grundzüge einer philosophischen Hermeneutik. Mohr Siebeck. Tübingen.

Harari, Y. N. 2011: Ķizur Toldot Ha-Enoshut [קיצור תולדות האנושות]. Devir. Or Yehudah. – Deutsch: Eine kurze Geschichte der Menschheit. Aus dem Englischen von J. Neubauer. DVA. München 2013.

Koenig, O. 1990: Naturschutz an der Wende. Jugend und Volk. Wien.

Kuhn, T. 1962: The Structure of Scientific Revolutions. (= International Encyclopedia of Unified Science 2/2). University of Chicago Press. Chicago, IL. – Deutsch: Die Struktur wissenschaftlicher Revolutionen. Aus dem Amerikanischen von K. Simon. Suhrkamp. Frankfurt a. M. 1967.

Lewontin, R. C. 1983: The organism as the subject and object of evolution. – In: Scientia (Rivista di scienza): Rivista internazionale di sintesi scientifica 77 (18), 65–82.

Odling-Smee, J. 1988: Niche constructing phenotypes. – In: Plotkin, H. C. (ed.), The Role of Behavior in Evolution. MIT Press. Cambridge, MA, 73–132.

Roberts, A. 2017: Tamed. Ten species that changed our world. Penguin Random House. London. UK. – Deutsch: Spiel des Lebens. Wie der Mensch die Natur und sich selbst zähmte. Aus dem Englischen von S. Schmidt-Wussow. WBG Theiss. Darmstadt 2019.

von Uexküll, J. J. 1909: Umwelt und Innenwelt der Tiere. Springer. Berlin. – Digitalisat: www.biodiversitylibrary.org/item/15902

Zanella, M., Vitriolo, A., Andirko, A., Martins, P. T., Sturm, S., O'Rourke, T., Laugsch, M., Malerba, N., Skaros, A., Trattaro, S., Germain, P. L., Mihailovic, M., Merla, G., Rada-Iglesias, A., Boeckx, C., Testa, G. 2019: Dosage analysis of the 7q11.23 Williams region identifies BAZ1B as a major human gene patterning the modern human face and underlying self-domestication. – In: Science Advances 5 (12), eaaw7908.

Zum Schluss bleibt wieder herzlich zu danken: der Gemeinde Matrei in Osttirol und der Familie Hradecky im Gasthof Hinteregger für die Gastfreundschaft, der Otto-Koenig-Gesellschaft und ihren Unterstützerinnen und Unterstützern für die Ausrichtung der Tagung, dem Institut für Interdisziplinäre Gebirgsforschung der Österreichischen Akademie der Wissenschaften für das Lektorat des Bandes und vor allem den Kolleginnen und Kollegen, die vollständig ihre Manuskripte von der Tagung zur Verfügung gestellt haben.

Innsbruck, im Oktober 2024

Die Herausgeber
Oliver Bender, Sigrun Kanitscheider, Bernhart Ruso
mit Hans Winkler

Max Liedtke

Zum Erkenntniswert des Perspektivwechsels. Kognitive und normative Aspekte. Beispiel: Erziehungswissenschaft

Zusammenfassung

Nach einer kurzen terminologischen Darstellung des Begriffs ‚Perspektivwechsel' und seines Ranges in der Wissenschaftsgeschichte zwischen Kopernikus und Darwin werden hochbedeutsame Beispiele von ‚Perspektivwechseln' aus der Geschichte der Erziehungswissenschaft vorgestellt. Dazu zählt als basalste Erfindung der kulturellen Evolution die Erfindung der Schrift, durch die vergängliche akustische Sprachsignale mit Hilfe optischer ‚Schriftzeichen' fixiert und somit dauerhafter gemacht werden konnten: Es gehört dazu der Wechsel vom akustischen Sinneskanal in die optische Gebärdensprache beziehungsweise der Wechsel vom optischen Kanal in den Tastsinn, wodurch Gehörlosen die Sprache sichtbar beziehungsweise den Blinden die Schrift tastbar gemacht werden konnte. Schließlich aber wird der Sichtwechsel von einer bloß geisteswissenschaftlich verstandenen Erziehungswissenschaft in eine durch die Aufnahme naturwissenschaftlicher und speziell evolutionstheoretischer Aspekte diskutiert. Durch diese Aufnahme gewinnt die Erziehungswissenschaft nicht nur deutlich erweiterte Dimensionen, es stellen sich auch bezüglich der Begründung von Normen grundlegende neue Fragen.

1 Vom Perspektivwechsel zu ‚Kopernikanischen Wenden'

‚Perspektivwechsel' gilt umgangssprachlich als Hinweis auf eine veränderte Betrachtungsweise, gleich um welches Objekt es sich handeln mag. Es ist ein Begriff, der ursprünglich aus der optischen Raumwahrnehmung stammt und zunächst die optische Wahrnehmung eines Objektes aus unterschiedlichen Richtungen bezeichnete. Besonders auffällige Unterscheidungen in der Wahrnehmung eines Objektes wurden mit typisierenden Begriffen anschaulich gemacht. Die geläufigsten dieser Begriffe sind die ‚Frosch-' und die ‚Vogelperspektive'. In der darstellenden Geometrie, die sich mit der Darstellung dreidimensionaler Objekte auf eine zweidimensionale Fläche befasst und so auch ein grundlegendes Hilfsmittel für technische Zeichnungen und für die Visualisierung architektonischer Entwürfe ist, findet sich die stärkste Ausdifferenzierung von ‚Perspektiven' mit einer Vielzahl unterschiedlicher Fachtermini (z. B. Zentralperspektive, Parallelperspektive mit jeweils unterschiedlichen Darstellungsformen). Der hohe Differenzierungsgrad der Fachterminologie in der darstellenden Geometrie sowie im Feld der technischen Zeichnungen und architektonischer Darstellungen zeigt sicher schon an, wie bedeutsam der jeweilige Standort des Betrachters für die Wahrnehmung, für die ‚Ansicht' eines Objektes ist. Schon deswegen mag der ‚Perspektivwechsel' in einem übertragenen Sinn als günstiges Hilfsmittel zum Erwerb neuer Erkenntnisse genutzt worden sein. Aber erst die ‚Kopernikanische Wende' hat den ‚Perspektivwechsel' zu einem Inbegriff grundlegender Veränderungen tradierter und lange als gesichert geglaubter Sichtweisen gemacht. Das lag nach zeitgenössischer Diskussion offensichtlich daran, dass der Wechsel vom geozentrischen zum heliozentrischen Weltbild der alltäglichen Erfahrung in hohem Maße widersprach und auch aktuell – in Kenntnis der realen Zusammenhänge – scheinbar weiterhin widerspricht. Es gibt neben dem Terminus ‚Kopernikanische Wende' keinen anderen Terminus, der so eindrücklich und so ‚anschaulich' die Bedeutung eines Perspektivwechsels vor Augen führt.

Es spielte sich ein, einschneidende Neuerungen – fast inflationär – als ‚Kopernikanische Wende' zu bezeichnen. So wurde auch die Philosophie, die Immanuel Kant 1781 mit der ‚Kritik der reinen Vernunft' begründet hat, als eine ‚Kopernikanische Wende' bezeichnet. Kant hat dazu selbst Anlass gegeben, als er sich 1787 in der Vorrede zur zweiten Auflage der ‚Kritik der reinen Vernunft' auf Kopernikus bezog, „der, nachdem es mit der Erklärung der Himmelbewegungen nicht gut fort wollte, wenn er annahm, das ganze Sternheer drehe sich um den Zuschauer, versuchte, ob es nicht besser gelingen möchte, wenn er den Zuschauer sich drehen, und dagegen die Sterne in Ruhe ließ" (Kant 1787, XVI). Kants ‚Kopernikanische Wende' war insofern ein Perspektivwechsel, als Kant unsere Wahrnehmung der Außenwelt nicht als objektive Wahrnehmung hinnahm, sondern als ein Produkt aus Außenreizen und dem menschlichen Erkenntnisapparat. Eben daraus folgte, dass ‚unser Standort' es nicht erlaubte, ‚das Ding an sich' in einem strengen Sinn wirklich zu erkennen.

Man kann darüber streiten, ob es gerechtfertigt ist, Kants kritische Philosophie als ‚Kopernikanische Wende' zu bezeichnen. Weder hat sie deren Grad der ‚Anschaulichkeit', erst recht nicht deren geschichtlichen Rang weltweit

anerkannter Umwälzung eines Weltbildes. Es ist schlicht der in der Sprachgeschichte verbreitete Versuch, durch analoge Übertragungen den Rang eines bekannten Begriffs für ein neues Phänomen in Anspruch zu nehmen, so
wie man den anerkannten Rang des ‚Kaisers' nutzen kann, um damit die
Bedeutung eines neuen Phänomens herauszustreichen (zum Beispiel der
‚Kaiser unter den …'). Aber andererseits betraf das in Nürnberg erschienene
Buch ‚De revolutionibus orbium coelestium', mit dem Nikolaus Kopernikus
(1543) seine ‚Kopernikanische Wende' eingeleitet hat, nur eine schlichte
optische Frage. Davon war die Erkenntnisfähigkeit des Menschen selbst
nicht berührt. Durch Kants Philosophie hingegen ist die Erkenntnisfähigkeit
des Menschen insgesamt in Frage gestellt. Sie ist, wenn sie denn zutrifft,
eine ‚Kopernikanische Wende höheren Grades'.

Eine weitere, der ‚Kopernikanischen Wende' von 1543 in keiner Weise
nachstehende ‚Wende' hat ohne Zweifel Charles Darwin 1859 mit seiner
Arbeit ‚Über die Entstehung der Arten' eingeleitet. Diese ‚Wende' war insoweit ein Perspektivwechsel, als Darwin auf Grund seiner durch Jahrzehnte
gehenden Untersuchungen die Vielartigkeit von Pflanzen und Tieren meinte
besser erklären zu können, wenn er, statt von der Unveränderbarkeit der Arten auszugehen, von der kleinschrittig durch lange Zeiträume erfolgten Ver-
änderbarkeit der Arten ausginge. So schreibt er resümierend: „Ich habe jetzt
die hauptsächlichsten Erscheinungen und Betrachtungen wiederholt, welche
mich zur innigsten Überzeugung geführt, daß die Arten während langer
Fortpflanzungsperioden durch Erhaltung oder Natürliche Züchtung mittelst
zahlreich aufeinanderfolgender kleiner, aber nützlicher Abweichung von ihrem anfänglichen Typus verändert worden sind" (Darwin 1860, 483).

Dass seine Theorie über die Veränderlichkeit der Arten vielfach noch nicht
anerkannt werde, auch innerhalb der Wissenschaften nicht, erklärt er mit
einem Vergleich:

> „Die Schwierigkeit ist dieselbe, welche so viele Geologen gefühlt, als Lyell
> zuerst behauptete, dass binnenländische Fels-Klippen gebildet und grosse
> Thäler ausgehöhlt worden seyen durch die langsame Thätigkeit der Küsten-
> Wogen. Der Begriff kann die volle Bedeutung des Ausdruckes Hundert Mil-
> lionen Jahre unmöglich fassen; er kann nicht die ganze Grösse der Wirkung
> zusammenrechnen und begreifen, welche durch Häufung einer Menge klei-
> ner Abänderungen während einer fast unendlichen Anzahl von Generationen
> entsteht" (ebd., 485).

Darwin war sich auch bewusst, dass er aus seiner ‚Evolutionstheorie' heraus, mit dem seinerzeitigen Wissensstand, die Entstehung des Lebens nicht erklären konnte. Aber er hielt es für „keine triftige Einrede" gegen seine Theorie, „dass die Wissenschaft bis jetzt noch kein Licht über den Ursprung des Lebens verbreite" (ebd., 484). Er verweist auf Newton, dessen ‚Gesetz der Gravitation' er für „die grösste Entdeckung" hält, „welche der Mensch jemals gemacht" habe und fragt: „Wer vermöchte zu erklären, was das Wesen der Attraktion oder Gravitation seye?". Leibniz habe Newton vorgehalten, er habe mit dem Begriff der Gravitation beziehungsweise der Attraktion „ ‚verborgene Qualitäten und Wunder in die Philosophie' eingeführt". Aber, so argumentiert Darwin, „dieses unbekannte Element der Attraktion" sei „jetzt allgemein als eine vollkommen begründete vera causa angenommen" worden (ebd.).

Dass seine Evolutionstheorie wissenschaftlich außerordentlich erfolgreich sein werde, stand für Darwin aber außer Frage:

> „Ein großes und fast noch unbetretenes Feld wird sich öffnen für Untersuchungen über die Wechselbeziehungen der Entwickelung, über die Folgen von Gebrauch und Nichtgebrauch, über den unmittelbaren Einfluss äussrer Lebens-Bedingungen u.s.w. Das Studium der Kultur-Erzeugnisse wird unermesslich an Werth steigen" (ebd., 490).

Wenn man über den weltgeschichtlichen Rang der von Darwin entwickelten Evolutionstheorie nachdenkt, wird man niemals übersehen dürfen, dass seine Theorie ganz unmittelbar auch eingebunden war in das bisher größte Verbrechen der Menschheitsgeschichte. Es gibt weltweit ein weitgehendes Einverständnis darüber, dass dies ein entsetzlicher Missbrauch dieser Theorie war. Die Evolutionstheorie ist die gegenwärtig weltweit in allen Feldern der Biologie anerkannte und angewandte Grundlagentheorie und ist auch vielfach in anderen wissenschaftlichen Disziplinen als Instrument der Interpretation und Hypothesenbildung genutzt. Sie erklärt nicht nur Kampf und Streit, sie erklärt auch Frieden und Humanität. Aber weil sie diese Geschichte hat, wird man mit der Evolutionstheorie immer mit Vorsicht und Sensibilität umgehen müssen. Gleichwohl wird man Darwins Annahmen von 1860 zustimmen müssen, dass er mit seiner Evolutionstheorie ein „grosses und fast noch unbetretenes Feld [...] für Untersuchungen" eröffnet (ebd.). Seine Theorie hat sich vermutlich zur Theorie mit dem größten Erklärungspotential zu Natur und Kultur entwickelt. Grundlage war ein Perspektivwechsel, die bislang als unveränderlich angesehenen biologischen

Arten als geschichtliche und weiterhin in Geschichte und in Veränderungs-
prozessen befindliche Produkte anzusehen.

Als Mitglied der Matreier Gespräche, die sich auf Initiative von Otto Koenig
seit 1972 darum bemühen, kulturelle Phänomene auch unter evolutionsthe-
oretischen Thesen und Hypothesen anzusehen, wird man sich natürlich besonders durch Darwins Aussage von 1860 angesprochen fühlen, dass „das
Studium der Kultur-Erzeugnisse [...] unermesslich an Werth steigen" werde
(ebd.). Aus dem Kontext ist nicht sicher zu erschließen, welche ‚Kultur-Erzeugnisse' Darwin hier im Sinn hatte. Es ist eher unwahrscheinlich, dass
Darwin bei dieser Bemerkung an so etwas wie die durch Otto Koenig begründete ‚Kulturethologie' gedacht hat. Aber man kann sicher sein, er hätte
es begrüßt, die Evolutionstheorie auch in dieser Weise angewandt zu sehen.
Ohne Zweifel ist die ‚Kulturethologie' aber eine unmittelbare Frucht der
Evolutionstheorie und zugleich selbst ein weiterer Beleg für die erkenntnis-
theoretische Vorteilhaftigkeit des ‚Perspektivwechsels'.

Es ist unterdessen vielfach beschrieben worden, dass Otto Koenig bei einer
mehr zufälligen Lektüre zum Wandel militärischer Uniformen bemerkt
hatte, wie sehr die Geschichte der Uniformen Entwicklungsformen glich,
die ihm aus aktuellen zoologischen Beobachtungen wie aber noch mehr aus
der Evolutionsforschung geläufig waren: Phänomene der Funktionalität, der
Differenzierung, der Luxurierung, der Reliktbildung. Diese Feststellung beruhte zunächst auf einer bloßen Assoziation des Biologen, der aus seiner
Erfahrungswelt, aus seiner Sicht auf ein kulturelles Phänomen schaute. Wis-
senschaftsgeschichtlich war aber genau diese zufällige Assoziation der ‚Perspektivwechsel', aus dem sich ein neuer Forschungszweig, die Kulturethologie, entwickelt hat.

Der Rang dieser ‚Entdeckung' ist nicht mit Darwins Leistungen zu verglei-
chen. Aber dass sich hinter diesem Perspektivwandel, nämlich Erkenntnisse
aus der biologischen Evolution hypothetisch auf die Geschichte und die
Funktion der ‚Kultur' anzuwenden, erhebliche Chancen für die Weiterentwicklung der Kulturwissenschaften verbergen, ist bereits gehäuft belegt
(vgl. die Schriftenreihe der Matreier Gespräche; Übersichten in Liedtke
1994 und 2023). Dass auf diesem Weg nach Darwins Einschätzung „das
Studium der Kultur-Erzeugnisse [...] unermesslich an Werth steigen" wird
(Darwin 1860, 490), ist sicher eine zu hohe Erwartung. Aber dass sie deutliche Erkenntnisgewinne erzielen kann, ist belegt.

2 Perspektivwechsel in der Erziehungswissenschaft: Gewinne und Gewinnmöglichkeiten

2.1 Die Kulturelle Evolution und ihre basalste ‚Erfindung'

Die kulturelle Evolution ist ein Produkt der biologischen Evolution. In einer sich beständig verändernden Welt war es ein Vorteil, sich über Lernprozesse auf die jeweils veränderten Lebensbedingungen einstellen zu können. Bezogen auf die relativ stabilen ‚Variablen' der Umwelt war es vorteilhaft, wenn bestimmte Informationen weitergegeben werden konnten, wie etwa der Rat, ‚Iss keine Knollenblätterpilze!' Solche ‚Belehrungen' waren der Beginn der kulturellen Evolution. Die Sicherung dieser ‚Traditionen' hing von der Gedächtniskapazität der Individuen ab und von der Zahl derer, denen diese Informationen übergeben worden waren. Nur durch die Zahl der Informationsempfänger konnte sich ein dauerhafteres ‚kollektives Gedächtnis' bilden. Dies war der Gang der kulturellen Evolution durch Jahrhunderttausende.

Durch die Erfindung der Schrift vor etwa 5000 Jahren erreichte die kulturelle Evolution aber ein neues qualitatives Niveau. Es war die bisher konsequenzenreichste ‚Erfindung' im Verlauf der kulturellen Evolution. Dieses neue qualitative Niveau war einmal ein neues Mittel der Kommunikation. Es erlaubte Kommunikation, unabhängig von der Anwesenheit der Kommunikanten, es erlaubte zeitüberbrückende ‚Kommunikation' in die Zukunft hinein. Aber der entscheidende Vorteil dieser ‚Erfindung' war, dass auf diesem Weg neben das biologische ‚Gedächtnis' ein ‚kulturelles' Gedächtnis trat, das mit einer höheren und dauerhafteren ‚Speicherkapazität' ausgestattet war als das biologische. Seit diesem Datum wuchs der Wissensbestand der Menschheit in zunehmendem Tempo. Die Gefahr des ‚Vergessens' war geringer, der Zugang zu den überlieferten Erfahrungen größer.

Wir wissen nicht, wie die Erfindung der Schrift konkret verlaufen ist. Es ist kein Erfinder der Schrift bekannt. Wüsste man vom ihm, man hätte ihm längst hohe Denkmale gesetzt oder setzen müssen. Wir wissen auch nichts über vorgängige Überlegungen zu dieser Erfindung. Vielleicht war es nur ein spielerisches, über Generationen gehendes Hantieren und Probieren, das beiläufig zur ‚Entdeckung' geführt hat. Wir können nur versuchen, die Situation zu rekonstruieren oder wenigstens in abstrakter Weise das zu lösende Problem und mögliche Lösungsschritte zu benennen. Das Problem war: Wie kann man die flüchtige Sprache dauerhaft machen, so dass man die akustisch vernommenen Informationen erhalten und vielleicht auch transportabel machen kann? Ein möglicher Lösungsschritt war: Auf der Ebene des akustischen Sinnesbereichs ist die Lösung kaum zu erwarten, weil man es hier immer nur mit fließenden, schnell vergänglichen Reizen zu tun hat. Aber vielleicht bietet sich durch Übertragungen auf den optischen Sinnesbereich, der in der Regel dauerhaftere Reizangebote hat, eine Lösung an.

Die Lösung war: Man zeichnet Bilder, ‚liest‘ aber nicht das Bild, sondern nutzt, wie im Rebusrätsel nur deren ‚Lautwert‘, und zwar in allen Fällen, in denen dieser ‚Lautwert‘ auftaucht, gleich in welchem Zusammenhang.

So etwa stellt sich die ‚Erfindung der Schrift‘ als *abstractum* dar. Wie immer aber das ‚Wort‘ im geschichtlichen Prozess zur ‚Schrift‘ gekommen ist, es war ein Perspektivwechsel, nämlich von der akustischen Ebene in die optische. Der größte Effekt dieses Perspektivwechsels war, dem akustischen Bereich über den optischen Kanal Dauer zu verleihen. So schlicht dieser Perspektivwechsel erscheinen mag, er war in der kulturellen Evolution die bisher effektivste Erfindung. Ihre Bedeutung war so hoch eingeschätzt, dass sie in der frühen Geschichte Sumers und Ägyptens als ‚göttliche Erfindung‘ angesehen war.

Entsprechend besaßen die ‚Schreiber‘ als Vertreter dieser Spitzentechnik höchstes gesellschaftliches Ansehen. Die hohe gesellschaftliche Bedeutung dieser Technik zeigt sich auch darin, dass die ‚Schreiber‘ in Ägypten verpflichtet wurden, ihre Kenntnisse an ‚Schüler‘ weiterzugeben (Brunner 1983, 71). In den frühen sumerischen und ägyptischen Hochkulturen wird der ‚Schreiber‘ zum Lehrer (Waetzoldt 1989, 33f.). Lesen und Schreiben werden zu den ‚elementarsten Kulturtechniken‘. So falsch es ist, lesen und schreiben zu können, als Grundlagen der menschlichen Kultur anzusehen, so richtig ist ihre Einschätzung als ranghohe kulturelle Faktoren bei der Erhaltung und Weiterentwicklung der Kultur des Menschen. Seit es diese ‚Kulturtechniken‘ gibt, fängt bis auf den heutigen Tag jede systematische Beschulung mit der Vermittlung dieser Techniken an. Die Schule ist eine ‚literarische‘ Institution, deren auffälligste Funktion die Vermittlung der ‚elementaren Kulturtechniken‘ ist. Ohne Beherrschung dieser Techniken fällt man auch in den heutigen Gesellschaften, sofern man sich nicht unter dem Schutz irgendwelcher rechtlicher Abmachungen befindet oder über ererbte Machtmittel verfügt, auf ein Niveau der Hilfsbedürftigkeit, der Abhängigkeit zurück.

2.2 Nebenwirkungen: Perspektivwechsel als Schlüssel von Humanität

Es gibt geschichtliche Beispiele des Perspektivwechsels, bei denen nicht nur der kognitive Erkenntnisgewinn offensichtlich ist, bei denen vielmehr auch ein Gewinn an Humanität, an ‚menschlichem' Verständnis, deutlich wird. Dazu zählt der Umgang mit behinderten beziehungsweise kranken Menschen. Eine mit der Vorgeschichte beginnende und bis ins 20. Jahrhundert reichende Darstellung dieses, meist sehr bedrückenden Umgangs findet sich in dem Sammelband ‚Behinderung als pädagogische und politische Herausforderung' (Liedtke 1996a). Drei Beispiele, in denen der ‚Perspektivwechsel' eine zentrale Rolle spielt, seien angesprochen.

2.2.1 Wie sind Taubgeborene ‚bildungsfähig' geworden?

Der Umgang mit Taubgeborenen oder noch im frühen Kindesalter Ertaubten war in der gesamten Geschichte der Menschheit höchst belastet (Buchinger 1996, 187–189). Eine Gleichstellung mit ‚normalsinnigen' Mitmenschen war ihnen wohl weder im alltäglichen Umgang noch in den rechtlichen Ansprüchen bis in die jüngste Zeit der Menschheitsgeschichte jemals zugestanden. Noch im 16. Jahrhundert habe – belegt für den europäischen Raum – die Meinung vorgeherrscht, sie seien „schwach- und blödsinnigen Menschen gleichzustellen", weshalb ihnen „die Rechts- und Heiratsfähigkeit abzuerkennen sei" (Rammel 1991, 596). Noch um die Wende vom 18. zum 19. Jahrhundert waren führende Vertreter der Wissenschaften der Meinung, dass Taubgeborene nur bedingt bildungsfähig seien. Immanuel Kant meinte, sie könnten nur zu einem ‚Analogon der Vernunft' gelangen (Kant 1798, 49).

Am deutlichsten wird diese Position von Johann Gottfried Herder vertreten. Am Beispiel der ‚Taub- und Stummgeborenen' meint er belegen zu können, „wie wenig der Mensch auch mitten unter Menschen ohne Sprache zu Ideen der Vernunft" gelangt „und in welcher thierischen Wildheit alle seine Triebe bleiben" (Herder 1784, 220). Vom Kontext her spricht er „Taub- und Stummgebohrnen" ab, im Vollsinne ein Mensch zu sein: Der ‚Taub- und Stummgeborene' „ahmt nach was sein Auge sieht, Gutes und Böses; und er ahmt es schlechter als der Affe nach, weil das innere Kriterium der Unterscheidung, ja selbst die Sympathie mit seinem Geschlecht ihm fehlet" (ebd.). Es fällt schwer, nachzuvollziehen, wie Herder zu solchen apodiktisch vorgetragenen Aussagen kommen konnte. Natürlich lässt sich sagen, dass er

Positionen wiederholt, die im philosophischen Umfeld weitgehend anerkannt und tradiert wurden. Aber er übernimmt diese Positionen völlig unkritisch und mit dogmatischem Anspruch.

Es hing schlicht mit einer gegen Ende des 18. Jahrhunderts einsetzenden intensiveren Betreuung der Gehörlosen zusammen, dass sich diese Positionen als irrige Einschätzungen herausstellten. Zu dieser intensiveren Betreuung gehörten Überlegungen, wie sich das kommunikative Defizit der Gehörlosen, nämlich von sprachlicher Kommunikation und damit auch von Belehrung und schnellem Informationsaustausch weitgehend abgeschnitten zu sein, beseitigen oder wenigstens ausgleichen lasse. Es gab schon seit dem 16. Jahrhundert zahlreiche Versuche, den Gehörlosen die Lautsprache zu vermitteln oder sie lesen zu lehren (Rammel 1991, 596f.).

Aber welche Wege man auch immer einschlug, der Anfang war immer die ‚Gebärde‘, das heißt der Versuch, da der akustische Weg für die Kommunikation verschlossen war, den optischen Weg zur Kommunikation zu nutzen. Ebendies aber ist wiederum ein Perspektivwechsel, der auch schon mit der Erfindung der Schrift beschritten war, aber hier unmittelbar zur aktuellen Kommunikation verhalf. Es sind mit dem Hinweis auf die Gebärde, die durch die breite mediale Nutzung als dominierendes Kommunikationsmittel der Gehörlosen erscheint, keineswegs alle anderen Bemühungen, die Gehörlosen in die gesellschaftliche Kommunikation einzubinden, benannt. Aber die Gebärde, die in einem komplizierten und anspruchsvollen Zeichensystem als Gebärdensprache ausgebaut worden ist, ist ein großartiges Beispiel, wie durch die Nutzung eines differenzierten optischen Zeichensystems aus scheinbar bildungsunfähigen oder bildungseingeschränkten Menschen ohne jede herabwürdigende medizinische oder rechtliche Einschränkung ‚Menschen‘ geworden sind. Dies ist eine der größten humanitären Leistungen in der Geschichte der Schule.

2.2.2 Wie haben Blindgeborene lesen gelernt?

Blinde sind trotz ihrer schweren Behinderung nie vergleichbar den Gehörlosen als geistig beeinträchtigt oder als nicht bildungsfähig angesehen worden. Dieser Unterschied lässt sich leicht erklären. Offensichtlich ist die sprachliche Kommunikation für die kognitive Entwicklung des Menschen wesentlich wichtiger als die optische. Über die Sprache nimmt der junge Mensch nicht nur Informationen über seine aktuelle Umwelt auf, er kann auch die Summe aller sprachlich vermittelten Erfahrungen aufnehmen und hat durch die Struktur der Sprache auch ein Werkzeug zur Hand, mit dem man die Informationen nach Subjekt und Objekt, nach Vergangenheit, Gegenwart und Zukunft und nach mutmaßlichen Abhängigkeiten in gewisser Weise ordnen kann. Das sind Vorteile, die der Gehörlose nicht hat. Der Blinde hat andererseits den Nachteil, dass er nicht eigenständig auf das schriftliche Erbe der Menschheit zurückgreifen kann, es sei denn, es wird ihm vorgelesen.

Es war wiederum ein Perspektivwechsel, dass man schon Ende des 18. Jahrhunderts begann, die Leseschrift durch spezielle Prägedrucke „tastbar" zu machen (Liedtke 1993, 253). Diese Prägedrucke benötigten sehr dickes Papier und waren schon deswegen unhandlich. Eine wesentlich bessere Umsetzung der Leseschrift in eine Tastschrift war die von Josephe Jules Barbier als ‚militärische Nachtschrift', die sich auch in der Dunkelheit ertasten ließ, konzipierte Schrift. Diese Schrift wurde von Louis Braille 1825 zur Blindenschrift weiterentwickelt, zur geläufigen ‚Braille-Punktschrift' (ebd.). Durch ihren hohen Gebrauch ist geschichtlich belegt, dass diese Erfindung die Eigenständigkeit der Blinden erheblich vergrößert hat.

2.2.3 Wie ist eine ‚Strafe Gottes' zur Krankheit geworden?

Die gesellschaftliche Einschätzung von Krankheiten ist durch die Jahrhunderte eine außerordentlich bedrückende Geschichte (Liedtke 1996a). Belege, dass „Kinder oder auch Erwachsene" – gemeint sind nach dem Kontext „Geisteskranke" – „die sich jeder Erziehung widersetzen" als „krumme Äste" angesehen wurden, finden sich seit altägyptischer Zeit. Diese Menschen seien schon seit ihrer Geburt „von Gott [...] verworfen" (Brunner 1983, 71).

Weil Krankheiten und Verletzungen lebensbedrohend werden können, fanden sie auch eine wesentliche höhere öffentliche Aufmerksamkeit als andere Bereiche der alltäglichen Erfahrung. Weil man aber nur sehr geringe Kenntnisse über die Ursachen der Krankheiten hatte, wurden weltweit nahezu alle ‚Weltansichten' zur Erklärung herangezogen. Wenn man so will, eine Fülle an weitgehend untauglichen, mitunter das Elend vergrößernden ‚Perspektivwechseln'. Engt man die Frage auf den christlichen Bereich ein, so gilt generell, dass Krankheiten Folgen der Erbsünde seien. Durch die Erbsünde waren nach biblischer Tradition Krankheit und Tod in die Welt gekommen, damit auch jegliches Leid. Aber besonders nach neutestamentlicher Lehre war dies kein ‚trostloses Leid'. Die ‚Wunder Jesu' waren überwiegend ‚Heilungen' von Gebrechen (Aussatz, Blindheit, Gehörlosigkeit, Lähmungen usw.). In den ‚Seligpreisungen' der ‚Bergpredigt' werden auch die, „die da Leid tragen" als „selig" bezeichnet, „denn sie sollen getröstet werden" (Matthäus 5, 4).

Aber es gibt je nach Glaubensrichtung innerhalb der christlichen Kirchen und Vereinigungen im Ablauf der Geschichte eine Vielzahl unterschiedlicher Interpretationen dieser geglaubten, aber doch oft auch als problematisch empfundenen Zusammenhänge: Vererbbarkeit einer Schuld, Vererbbarkeit einer Strafe, Erleiden der Strafe auch durch schuldunfähige Kinder, Ausschluss ungetaufter Kinder von der Ewigen Seligkeit. Überdies war die Krankheit auch nicht nur generell eine jeden Menschen betreffende Folge der Erbsünde. Jede Krankheit konnte zugleich auch Folge ganz individueller Schuld sein. Jeder Mensch hatte sich zu fragen, inwieweit er sich schuldig gemacht hat, dass Gott ihn so strafe. Aber genau diese Ungewissheit über die individuelle Schuld war trotz der ‚Seligpreisungen der Bergpredigt' vielfach auch Anlass zu gesellschaftlichen Verdächtigungen und Diskriminierungen. Ein besonders düsteres Feld waren die Erkrankungen, die man als Formen von ‚Besessenheit' meinte auslegen zu können oder zu müssen, bei denen aber immer auch die Frage auftauchte, inwieweit individuelle Schuld in irgendeiner verdeckten Weise mit im Spiel war. Eckhardt Rohrmann hat die Entwicklung dieses bitteren Zweiges der Geschichte des Christentums anschaulich zusammengefasst (Rohrmann 2010, 140–149).

Zu welchen bedrückenden Aussagen man dann gelangen kann, wird häufig mit Textbeispielen aus Martin Luthers ‚Tischreden' illustriert. Man kann sich dabei nie sicher sein, ob es sich hier wirklich um originale Aussagen Luthers handelt oder um Nachformulierungen von Gesprächsteilnehmern. Schon für die Erstausgabe der ‚Tischreden' von 1566 gelten diese Unsicherheiten, erst recht für die späteren sprachlichen und stilistischen Anpassungen. Den Geist der Zeit illustrieren die Aussagen aber so oder so. Unter den ‚Behinderten' nahmen die extremeren Formen frühkindlicher physischer oder psychischer ‚Absonderlichkeiten' (Missgestaltungen, Verhaltensabnormitäten) eine ganz besonders belastete Position ein. ‚Teuflisch' verursacht waren alle Formen von Krankheit und Behinderungen, aber in extremen Formen, so heißt es nach Luthers Tischreden, hatte der Teufel sich des

Kindes bemächtigt und es mit einem teuflischen ‚Kielkropf', mit einer verunstalteten Missgeburt, ausgetauscht, eben mit einem ‚Wechselbalg'. In den Tischreden wird erläutert:

> „Solche Wechselbälge und Kielkröpfe supponit Satan in locum verorum filiorum[1] und plaget die Leute damit. Denn solche Gewalt hat der Satan, daß er die Kinder auswechselt, und einem für sein Kind einen Teufel in die Wiegen legt, das denn nicht gedeiet, sondern nur frisset und säuget" (Luther, WA TR 4, 4513, 368).

Ein solcher ‚Wechselbalg' sei in Wirklichkeit kein Mensch, vielmehr „nur ein Stück Fleisch, eine massa carnis [...], da keine Seele innen ist; denn solches könne der Teufel wol machen, wie er sonst die Menschen, so Vernunft, ja Leib und Seele haben, verderbt, wenn er sie leiblich besitzet, daß sie weder hören, sehen, noch etwas fühlen, er machet sie stumm, taub, blind" (Luther, WA TR 5, 5207, 9). Noch abwertender, als es sich durch Jahrhunderte in der christlichen Tradition finden lässt, kann man kaum reden. Rohrmann berichtet, dass mit solchen ‚Wechselbälgen' noch bis in die zweite Hälfte des 19. Jahrhunderts hinein „auf grausamste Weise", bis zum Totschlag, umgegangen worden sei (Rohrmann 2010, 145).

Selbst wenn man davon ausgeht, dass die Betroffenen selber diese menschenverachtende Disqualifizierung niemals gehört oder verstanden haben, kann man sich nicht vorstellen, dass Eltern und Angehörige fühllos ein solches Urteil hingenommen, fühllos bis zur Tötung gehende Misshandlungen dieser Kinder ertragen haben.

Ein Perspektivwechsel von religiösen Interpretationsmustern zu wissenschaftlichen Erklärungsversuchen erklärte hier nicht alles, aber befreite unschuldige Kinder von Schuld und Strafe, machte sie zu Menschen, die als Kranke Hilfe benötigten. Hier war nicht das Christentum die ‚Erlösung'. Die ‚Erlösung' kam in langwierigen Auseinandersetzungen aus der ‚Aufklärung'.

---

[1] Übersetzt: ‚unterschiebt Satan an Stelle wahrer Söhne'

3 Die Bedeutung des Perspektivwechsels für die Erziehungswissenschaft durch Integration evolutionstheoretischer Aspekte

3.1 Ethisch und menschenrechtlich bedingte Forschungsdefizite der Erziehungswissenschaft und ihre Ausgleichsmöglichkeiten

Wenn man wie ich – Jahrgang 1931, aus einer widerständischen katholischen Familie stammend (Liedtke 2011) – als Kind und Jugendlicher Nationalsozialismus und Krieg noch deutlich erfahren hat, war es in der frühen Nachkriegszeit geradezu ausgeschlossen, irgendeine wissenschaftliche oder gesellschaftliche Orientierung aus dem Umfeld Darwins zu holen. Wenn es aber schließlich darum ging, wissenschaftlich qualifizierte Aussagen über Erziehungsprozesse zu erhalten, konnte sich die Situation einschneidend ändern. Experimentierende Untersuchungen waren aus ethischen Gründen weitgehend ausgeschlossen. Bei der Suche nach Möglichkeiten, dieses ‚Defizit' auszugleichen, boten sich Untersuchungen biologischer Fachvertreter an, die glaubhaft auf Ähnlichkeiten von Entwicklungsverläufen und Entwicklungsbedingungen bei Tier und Mensch verwiesen. Zur Eingangsliteratur zählten hier insbesondere die Arbeiten von Adolf Portmann (1951), Bernhard Rensch (1959) und Konrad Lorenz (1965). Die Anstöße kamen zunächst aus der Schule des Schweizers Adolf Portmann, dann aber überwiegend aus den Schulen von Bernhard Rensch und aus der von Konrad Lorenz entwickelten ‚Vergleichenden Verhaltensforschung'.

Es zeigte sich alsbald, dass sich auf diesem Weg, das heißt durch eine vergleichende ‚phylogenetische' Betrachtungsweise, nicht nur einige *elementaria* der frühkindlichen Erziehung sichern ließen (Gefahr von Entwicklungsstörungen durch Isolation, durch mangelndes Reizangebot usw.), sondern dass sich so auch generell „das Verständnis von Erziehung und Erziehungsgesetzlichkeiten erleichtern" und sich „neue Perspektiven für die Bedeutung und Aufgabe von Erziehung und Erziehungswissenschaft eröffnen" ließen (Liedtke 1972, 12). Es kam dann 1971 an der Universität Hamburg zur ersten pädagogischen Habilitationsarbeit in diesem Gegenstandsbereich. Daraus ist 1972 meine Publikation ‚Evolution und Erziehung. Ein Beitrag zur integrativen Pädagogischen Anthropologie' (ebd.) hervorgegangen. Erhard Wiersing hat 2015 diese Arbeit in seiner umfassenden ‚Theorie der Bildung' sehr freundlich als ‚Pionierarbeit' bezeichnet, durch die „die traditionelle Bildungstheorie in ihren Grundvorstellungen [...] einerseits wirklich neu begründet, andererseits in vielem zugleich bestätigt" wird (Wiersing

2015, 67). Aber man darf gleichwohl keineswegs davon ausgehen, dass dieser Ansatz bereits eine allgemeine Zustimmung unter den Erziehungswissenschaftlern gefunden hätte. Wiersing verweist 2015 auch in aller Deutlichkeit auf die lange „fortbestehenden Vorurteile gegenüber der Biologischen Anthropologie", ist aber auch so kühn festzustellen, dass die anhaltenden „Bedenken – wo sie noch geäußert werden – jedoch zumeist auf der Unkenntnis über das" beruhen, „was die die heutige biologisch-pädagogische Anthropologie charakterisiert" (ebd., 68). Wiersing hat aber eine Anzahl Arbeiten benannt, die belegen, dass der evolutionstheoretische Ansatz innerhalb der Pädagogik Platz gegriffen hat. So nennt er in folgender Reihung Arbeiten von Zymek (1983), Promp (1990), Weber (1995), Dürr & Uher 1995, Treml (1996) und Scheunpflug (2002). Die Habilitationsarbeit von Gisela Miller-Kipp (1992) stellt er dabei besonders heraus (Wiersing 2015, 67ff.).

Rückschauend würde ich die pädagogischen Arbeiten von Treml (2004), von Miller-Kipp (1992), von Scheunpflug (2001), sowie den von Adick & Krebs 1992 herausgegebenen Sammelband als besonders gewichtige Beiträge zu einer Diskussion um eine evolutionstheoretisch orientierte Pädagogik einordnen. Darüber hinaus halte ich die in den Publikationen der Matreier Gespräche seit 1981 bis in die Gegenwart jährlich erschienenen pädagogischen Beiträge für Zentralstücke einer evolutionstheoretisch orientierten Pädagogik. Hier mussten sich die Beiträger wegen der engen interdisziplinären Kooperation, insbesondere auch mit Naturwissenschaftlern, interdisziplinär behaupten. Zugleich zeigte sich hier auch der fast 50 Jahre andauernde und nicht nur beiläufige oder gelegentliche Umgang mit dem Thema (Liedtke 2023).

Die Vergleichende Verhaltensforschung vermittelt Einblicke in die stammesgeschichtliche wie ontogenetische Entwicklung von Lernprozessen und ihren Motivationen, von „lernanalogen Gewöhnungsvorgänge[n]" (Liedtke 1972, 114) bis zum „Lernen auf assoziativer Basis" (ebd., 118), vom Erfassen einfacher optischer Signale (ebd.) bis zur Erfassung „abstrakter" Signale (ebd., 123f.: Relationen, unterschiedliche Wertigkeiten, kausale Zusammenhänge). Informationen über die Entwicklung der Lernmotivation ließen sich aus den Untersuchungen zur Entwicklung des explorativen Verhaltens gewinnen (ebd., 134f.).

Schon diese Auskünfte über die psychischen Fähigkeiten von Tier und Mensch waren große Gewinne, zeigten die breiten geschichtlichen Gemeinsamkeiten von Tier und Mensch, aber eben auch die Sonderstellung des Menschen. Aber so wichtig und aufschließend diese Auskünfte über die stammesgeschichtliche Herkunft der Lernprozesse waren, es waren in gewisser Weise triviale Ergänzungen der Erkenntnisse über die psychischen Fähigkeiten von Tier und Mensch. Die Gewinne lagen noch mehr in der Erweiterung des Blickwinkels und in der Analyse der Zusammenhänge.

Wilhelm Dilthey hatte in der Auseinandersetzung mit den aufstrebenden ‚Naturwissenschaften' des 19. Jahrhunderts neben den ‚Naturwissenschaften' die ‚Geisteswissenschaften' als eigenständigen Gegenstandsbereich konzipiert und als deren Erkenntnisquelle die vom Menschen gestaltete Geschichte angesehen (Dilthey 1883). Unter seinem Einfluss war auch die Pädagogik, die Erziehungswissenschaft, eine geisteswissenschaftliche Disziplin und beschnitt sich damit das Spektrum ihrer Quellen, engte den Blickwinkel ein, nahm sich die weiten Dimensionen der Menschheitsgeschichte, eben die Entwicklungsgeschichte des Menschen, in der der Mensch noch gar nicht in der Lage war, seine Geschichte zu gestalten, in der er vielmehr Objekt von Entwicklungen war, die ihn schließlich in die Lage versetzten, in gewissem Umfang Mitgestalter seiner Geschichte zu werden.

Dieses Feld als Erkenntnisquelle nicht oder auch nur beiläufig zur Kenntnis zu nehmen, war eine generelle Verarmung der ‚Geisteswissenschaften', so auch der Pädagogik. Allein der Blick in die Dimensionen der ‚Vor- oder Urgeschichte' war schon Gewinn, als man so auf das mögliche ‚Naturerbe' schaute, mit dem der ‚Kulturmensch' ausgestattet ist. Nur so ließ sich auch erkennen, welche Rolle schließlich der Mensch durch seine besondere Lernfähigkeit in der Entwicklung der ‚Kultur' gespielt hat, wie die kulturelle Evolution faktisch als eine Geschichte der ‚Erziehung' zu deuten ist (Liedtke 1972, 63–101). Das 1984 gegründete Bayerische Schulmuseum in Ichenhausen/Landkreis Günzburg hat diese Zusammenhänge besonders herausgestellt (Kriss-Rettenbeck & Liedtke 1983).

Die Sorge, auf diese Weise in eine monokausale, deterministische Ursachenkette zu geraten, ließ sich weitgehend ausräumen, weil alles Leben sich als Produkt aus ‚Anlage und Umwelt' darstellte, keiner der beiden Faktoren den Wert ‚0' annehmen durfte und die Veränderung eines der beiden Faktoren immer das Gesamtergebnis veränderte (Liedtke 1972, 102ff.).

3.2 Ein notwendiger, aber mit Aporien durchsetzter Perspektivwechsel: Die ‚kognitive Täuschung' und (Hilfs-)Wege zur Begründung von Normen

3.2.1 Die ‚kognitive Täuschung'

Über die evolutionstheoretische Perspektive und den Blick auf langfristige Zusammenhänge erkennt man auch die elementaren Funktionen des Phänomens ‚Lernen'. Es ist das erfolgreiche Mittel, in einer Welt, dessen Sinn und Ziel offensichtlich unbekannt ist, nach Wegen günstigster Formen des Überlebens zu suchen. Es ergeben sich daraus allerdings auch grundlegende Konsequenzen für die Tragweite unserer Lernfähigkeit und für die Tragweite der Instrumente unserer Lernfähigkeit. Wir haben uns in der Diskussion über den ‚Erkenntniswert des Perspektivwechsels' darum bemüht, möglichst auf den Bahnen zu bleiben, die empirisch belegbar sind und den Grundsätzen der tradierten Logik genügen. Aber wenn es zutrifft, dass alle für uns beobachtbaren Phänomene unter den Bedingungen der Geschichtlichkeit stehen und sich im Laufe der Geschichte in Wechselwirkung mit der jeweiligen ‚Umwelt' entwickelt haben, dann sind auch unsere Lern- und unsere Erkenntnismittel hochwahrscheinlich ‚nur' Instrumente, die ausreichen, um unter den gegebenen Bedingungen überleben zu können. Sie sind keine Mittel unbegrenzter Geltung.

Das gilt auch für die Logik, deren generelle Gültigkeit wir schlicht voraussetzen, ohne eine grundlegendere kognitive Rechtfertigung dafür zu verlangen, natürlich auch nach allen Erfahrungen, in welche Zirkelschlüsse wir geraten, wenn wir, weil andere Wege uns nicht bleiben, die Rechtfertigung der Brauchbarkeit eines Instrumentes eben genau mit Hilfe dieses Instrumentes belegen wollen. Noch bitterer ist die ‚kognitive' Erfahrung, sich als Wissenschaftler nur auf ‚Seinssätze' (deskriptive Sätze) zu beziehen, hingegen uns für ‚Sollenssätze' (normative Aussagen) aber als unzuständig zu erklären, obgleich genau dieses Vorgehen als ‚wertbesetzt', als ‚Norm' angesehen wird. Es ist ‚wertbesetzt', wenn wir sagen oder denken, man solle und könne sich auf die Regeln der Logik verlassen. Wir entkommen diesen ‚Zirkeln' schlicht nicht und sollten uns dies eingestehen, nicht als verzagtes ‚Armutszeugnis', sondern als kluges, pragmatisches Eingeständnis unserer begrenzten Mittel.

Es geht auch keineswegs nur um die argumentative Begründung der ‚logischen' Grundsätze, es geht konkret noch wesentlich häufiger um die Frage, was denn unter die logischen Schlussregeln subsumiert werden kann. Jedes konkrete empirische Phänomen hat unscharfe Grenzen. Das wird besonders deutlich, wenn man die Phänomene unter evolutiven, unter geschichtlichen Aspekten betrachtet: Wer genau hat den Schritt vom Tier zum Menschen getan? Wann genau wird aus dem unmündigen Kind ein mündiger Mensch? Es gibt nicht nur den gerne genutzten Hinweis auf den ‚naturalistischen Fehlschluss‘, vom faktischen Sein auf das Sollen zu schließen. Es gibt auch die ‚kognitive Täuschung‘. Sie besteht generell schon darin, dass sie in einem strengeren Sinn eigener Rechtfertigung bedürfte, man sie aber als faktisch ‚einleuchtend‘ begründet ansieht. Sie besteht zweitens darin, dass die Subsumptionen unter die abstrakten Konstruktionen nicht den Gewissheitsgrad der abstrakten Konstruktionen haben (Liedtke 1996b, 362f.).

3.2.2 Hilfswege: Annäherungen an Begründungen

Wenn gesicherte Wege zur Begründung unseres Erkenntnisvermögens, insbesondere unserer Möglichkeiten, Normen zu begründen, ausgeschlossen sind, so bedeutet das aber nicht, dass nicht gewisse Absicherungen unseres Verhaltens möglich sind: Näherungen an Begründungen, Begründungen mit relativer Gültigkeit, Begründungen in Kenntnis der Unsicherheiten.

Für den Pädagogen, den Erziehungswissenschaftler, sind normative Fragen keine ‚Nebensächlichkeiten‘. ‚Erziehung‘ ist ein relationaler Begriff. Es geht nicht nur um irgendwelche technischen Mittel der Beeinflussung, sondern immer auch um die Frage, ‚wohin‘ denn erzogen werden soll. Das solche absichernden Annäherungen möglich sind, habe ich schon 1972 in meiner Habilitationsarbeit in einem gesonderten Kapitel darzustellen versucht: ‚Die Frage nach dem Erziehungsziel unter phylogenetischem Aspekt‘ (Liedtke 1972, 251–270), schließlich nochmals unter dem Titel ‚Seins- und Sollenssätze im menschlichen Erkenntnisvermögen‘ im Sammelband zum Wiener Symposion von 1993 ‚Die Evolutionäre Erkenntnistheorie im Spiegel der Wissenschaften‘ (Liedtke 1996b).

Die Schlüsselfrage ist die Frage nach der Geschichte, nach der Entstehung des geltenden Rechts, nach anerkannten Normen des Verhaltens. Exemplifizieren lässt sich dies an der im Grundgesetz der Bundesrepublik Deutschland von 1949, Artikel 6, Absatz 2, festgelegten Bestimmung: „Pflege und Erziehung der Kinder sind das natürliche Recht der Eltern und die zuvorderst ihnen obliegende Pflicht". Das war keineswegs die erste Formulierung dieser Art. Sinngemäß finden sich diese Bestimmungen bereits in der UN-Menschenrechtskonvention von 1948, Artikel 26 und 29.

Aber auch dies war nicht die erste Formulierung dieser Art. Die Deutsche Verfassung von 1919 (,Weimarer Verfassung') bestimmte nach Artikel 120: „Die Erziehung des Nachwuchses zur leiblichen, seelischen und gesellschaftlichen Tüchtigkeit ist oberste Pflicht und natürliches Recht der Eltern, über deren Betätigung die staatliche Gemeinschaft wacht."

Doch in den geschichtlich früheren Verfassungen, in der ,Verfassung des deutschen Reiches' von 1871 und in der ,Frankfurter Verfassung' von 1848, taucht eine entsprechende Bestimmung nicht auf. Man könnte fragen, ob denn diese ,Erziehungspflicht' vor 1919 noch nicht galt. Doch sie ,galt' unformuliert faktisch durchgängig. Für 1871 ist das leicht erschließbar. Das Strafgesetzbuch von 1871 bestimmt in § 217: „Eine Mutter, welche ihr uneheliches Kind in oder gleich nach der Geburt vorsätzlich tödtet, wird mit Zuchthaus nicht unter drei Jahren bestraft." Noch deutlicher wird die Verpflichtung der leiblichen Eltern aus § 221:

> „Wer eine wegen jugendlichen Alters, Gebrechlichkeit oder Krankheit hülf-
> lose Person aussetzt, oder wer eine solche Person, wenn dieselbe unter seiner
> Obhut steht oder wenn er für die Unterbringung, Fortschaffung oder Auf-
> nahme derselben zu sorgen hat, in hülfloser Lage vorsätzlich verläßt, wird
> mit Gefängniß nicht unter drei Monaten bestraft. Wird die Handlung von
> leiblichen Eltern gegen ihr Kind begangen, so tritt Gefängnißstrafe nicht un-
> ter sechs Monaten ein."

Dem Umstand, dass ,Erziehungspflicht' nicht explizit als eine Pflicht oder als konkretes Gebot formuliert ist, Verstöße dagegen aber in irgendeiner Form sanktioniert werden, begegnet man in der weiteren Rechtsgeschichte beziehungsweise in der Geschichte der Verhaltensvorschriften durchgängig. Das auffallendste Zeugnis dieser Art sind die grundlegenden Texte des Christentums, die Bibel. Im Kanon der zehn Gebote gibt es zwar ein Gebot, das den Kindern vorschreibt, Vater und Mutter zu ehren, „damit du lange lebst und es dir gut geht in dem Land, das der Herr, dein Gott, dir gibt" (5. Moses 5, 16). Ein komplementäres Gebot, das die Eltern verpflichtet, sich um ihre Kinder zu kümmern, gibt es in diesem Kanon nicht. Es gibt auch unter den zahlreichen Strafandrohungen des Alten Testamentes keine Androhung für irgendwelche Formen der ,Kindesvernachlässigung' (2. Moses 21f.; 3. Moses 20, 234; 5. Moses 17ff.). Aber von den Kontexten her, gibt es nicht den geringsten Zweifel, dass die zentralen Teilstücke dessen, was man auch heute unter ‚Erziehungspflicht‘ verstehen kann, als geltend angesehen wurde.

Ein klassischer, nach Wort und Bild kaum zu übertreffender Beleg dazu ist das im Alten Testament überlieferte Urteil des Salomo (1. Könige 3, 16–28). Es geht um eine böswillige Kindesvertauschung. Zwei Frauen haben in gemeinsamem Haus etwa gleichzeitig ein Kind geboren. Im Schlaf hat eine der Frauen ihr Kind erdrückt. Sie tauscht ihr verstorbenes Kind mit dem Kind der anderen Frau. Die andere Frau bemerkt den Tausch und klagt dagegen. Das Verfahren kommt vor den König Salomon. Da beide Frauen darauf bestehen, dass ihnen das Kind gehöre, entscheidet er, das Kind mit einem Schwert zu teilen und jeder Frau eine Hälfte zu geben. Eine Frau ist mit diesem ‚Vorschlag‘ einverstanden, die andere wehrt sich dagegen und will eher das Kind der Täuscherin übergeben als es zerteilen zu lassen. Salomon spricht daraufhin der Frau das Kind zu, die eher bereit ist, das Kind herzugeben:

„Da entschied der König: Gebt ihr das lebende Kind! Ihr dürft es nicht töten! Sie ist seine Mutter" (1. Könige 3, 27).

Entscheidend ist die Frage, mit welcher Motivationslage der mutmaßliche Autor des Textes bei seinen Lesern rechnete, um überhaupt verstanden zu werden. Der Autor setzte voraus, jeder Leser würde erwarten, dass die leibliche Mutter im Konfliktfall dahin tendieren wird, die Erhaltung des Lebens ihres Kindes höher einzuschätzen als den ‚Besitz‘ des Kindes. Dieses ‚mütterliche‘ Verhalten wird, weil nicht primär auf den eigenen Vorteil, sondern auf den Vorteil des Kindes ausgerichtet, als sittlich wertvoll eingeschätzt und insoweit auch als ‚belohnenswert‘ angesehen.

Mit Salomons Urteil ist literarisch belegt, dass ‚Erziehungspflicht‘, das heißt, sich zum Vorteil des eigenen Kindes einzusetzen, selbstverständlich galt, selbst wenn sie nicht im Kanon der ‚Gebote‘ aufgeführt ist. Auch in noch älteren, fast bis in die Phase der Schrifterfindung zurückreichenden Texten der Sumerer und der Ägypter finden sich Hinweise auf ein vergleichbares Denken (Brunner 1957, 108 und 155).

Aber für Auskünfte über die ‚vorschriftliche‘ Zeit der Menschheitsgeschichte versagen die literarischen Mittel. Die geschichtliche Herkunft der Norm ‚Erziehungspflicht‘ ist auf diesem Weg kaum weiter als bis ins 3./4. vorchristliche Jahrtausend zurückzuverfolgen. In phylogenetischer Sicht ist diese Phase ein verschwindend geringer Zeitraum der Geschichte. Der Perspektivwechsel von ‚geisteswissenschaftlicher' Sicht in eine phylogenetische eröffnet auch hier neue Zugänge, durch die zwar wiederum auch nicht alle Fragen, die wir stellen können, lösbar sind, die aber doch Informationen vermitteln, aus denen man die evolutive Entstehung eines Phänomens, das man schließlich ‚Erziehungspflicht' nennen kann, verständlich wird. Phylogenetisch lässt sich zeigen, dass sich ‚Erziehungspflicht' offensichtlich im großen Umfeld der ‚Brutpflege' entwickelt hat, sowohl im ‚Antrieb', sich zum Vorteil der nachwachsenden Generation einzusetzen, wie auch in einzelnen Aktivitäten der Handlungsfelder wie etwa Ernährung, Schutz, Belehrung (Zusammenstellung bei Liedtke 1972, 160–170).

Resümierend lässt sich aus phylogenetischer Sicht sagen:

Die als ‚Erziehungspflicht' charakterisierte Norm hat die Funktion, das Überleben der Gesellschaft zu sichern, soweit die nachwachsende Generation in irgendeiner Weise auf Hilfe angewiesen ist (zum Beispiel alle Säugetiere). Die ‚Bereitschaft' der älteren Generation, sich für die nachwachsende Generation einzusetzen, kann als Ausgleich der Hilfsbedürftigkeit der nachwachsenden Generation verstanden werden. Bei Lebewesen, die sich der Hilfsbedürftigkeit der Nachkommenschaft noch kaum bewusst sein konnten (zum Beispiel bei den frühen Vorfahren des Menschen), konnte die Hilfsbedürftigkeit nur ausgeglichen werden, indem sich parallel zur Hilfsbedürftigkeit der Nachkommenschaft eine der Hilfsbedürftigkeit jeweils komplementäre Hilfsbereitschaft der älteren Generation entwickelte, das heißt also ein Antrieb, sich um die nachfolgende Generation zu kümmern. Eben mit diesem ‚Erbe' war der Mensch längst ausgestattet, bevor er den ‚Rubikon' zum ‚Menschsein' überschritt. Die spätere Formulierung dieser ‚Erziehungspflicht' – etwa in der ‚Weimarer Verfassung' von 1919 – war keineswegs die ‚Erfindung' oder erstmalige ‚Setzung' dieser Pflicht, sondern war das Bewusstwerden und die Formulierung eines uralten Erbes. Es ist ein mächtiges, weltweit auf die Zukunft der Gesellschaft gerichtetes Erbe, vermutlich eben das Erbe, das alle Gesellschaften in die Zukunft investieren lässt.

Es ist hochwahrscheinlich, dass die ‚Entstehungsgeschichte' der Norm ‚Erziehungspflicht' ein Musterbeispiel aller unserer Wertvorstellungen ist. Mindestens ist es keine unwahrscheinliche Hypothese, dass alle unsere Wertvorstellungen als das Bewusstwerden und die Formulierung primärer und sekundärer Antriebe (und Hemmungen) auszulegen sind, sowie als das

Bewusstwerden und die Formulierung angeborener Wertungsschemata und deren lernabhängiger Ergänzungen (Liedtke 1996b, 360f.).

Dem Vorwurf eines ‚naturalistischen Fehlschlusses' kann man nicht entgehen. Aber es ist andererseits wohl auch eine ‚kognitive Selbsttäuschung', den Anspruch zu erheben, man kenne bessere Wege. Ich wäre jedenfalls hoch skeptisch, wollte man Entscheidung über Normen treffen, ohne auf die geschichtliche und phylogenetische Entwicklung unseres Verhaltens zurückzuschauen.

4 Literatur

Adick, C., Krebs, U. (Hg.) 1992: Evolution, Erziehung, Schule. Beiträge aus Anthropologie, Entwicklungspsychologie, Humanethologie und Pädagogik. (= Erlanger Forschungen A 63). Univ.-Bibliothek. Erlangen.

Brunner, H. 1957: Altägyptische Erziehung. Harrassowitz. Wiesbaden.

Brunner, H. 1983: Schreibunterricht und Schule als Fundament der ägyptischen Hochkultur. – In: Kriss-Rettenbeck. L., Liedtke, M. (Hg.), Schulgeschichte im Zusammenhang der Kulturentwicklung. Vorträge des Symposions, das die Erziehungswissenschaftliche Fakultät der Universität Erlangen-Nürnberg und das Bayerische Nationalmuseum München in Ichenhausen vom 22.–25. September 1982 unter Leitung von Max Liedtke durchführten. (= Schriftenreihe zum Bayerischen Schulmuseum Ichenhausen 1). Klinkhardt. Bad Heilbrunn, 62–75.

Buchinger, H. 1996: Die Entwicklung der Sonderschulen für Gehörlose. – In: Liedtke, M. (Hg.), Behinderung als pädagogische und politische Herausforderung. Historische und systematische Aspekte. Vorträge des Symposions, das die Erziehungswissenschaftliche Fakultät der Universität Erlangen-Nürnberg und das Bayerische Nationalmuseum München in Ichenhausen vom 30. September bis 3. Oktober 1993 unter Leitung von Max Liedtke durchführten. (= Schriftenreihe zum Bayerischen Schulmuseum Ichenhausen 14). Klinkhardt. Bad Heilbrunn, 187–207.

Darwin, C. 1859: On the Origin of Species by Means of Natural Selection, or the Preservation of Favoured Races in the Struggle for Life. Murray. London. – Zitiert nach der deutschen Ausgabe: Über die Entstehung der Arten im Thier- und Pflanzen-Reich durch natürliche

Züchtung, oder Erhaltung der vervollkommneten Rassen im Kampfe um's Daseyn. Nach der zweiten [englischen] Auflage mit einer geschichtlichen Vorrede und anderen Zusätzen des Verfassers für diese deutsche Ausgabe aus dem Englischen übersetzt und mit Anmerkungen versehen von Dr. H. G. Bronn. Schweizerbart. Stuttgart 1860. – Digitalisat: https://services.ub.uni-koeln.de/cdm/com poundobject/collection/stueber/id/30542

Die Bibel. Einheitsübersetzung der Heiligen Schrift. Katholische Bibelanstalt. Stuttgart 2016.

Dilthey, W. 1883: Einleitung in die Geisteswissenschaften. Band 1: Versuch einer Grundlegung für das Studium der Gesellschaft und der Geschichte. Duncker & Humblot. Leipzig.

Dürr, W., Uher, J. (Hg.) 1995: Pädagogische Anthropologie. Beiträge der Humanwissenschaften zu Analyse pädagogischer Probleme. (= Erlanger Forschungen A 73). Univ.-Bibliothek. Erlangen.

Herder, J. G. 1784: Ideen zur Philosophie der Geschichte der Menschheit. Erster Theil. Hartknoch. Riga. – Digitalisat: www.deutschestextar chiv.de/book/show/herder_geschichte01_1784

Kant, I. [[1]1781] [2]1787: Critik der reinen Vernunft. Hartknoch. Riga. – Digitalisat: https://books.google.it/books?id=qZEPAAAAQAAJ

Kant, I. 1798: Anthropologie in pragmatischer Hinsicht. Nicolovius. Königsberg. – Digitalisat: www.digitale-sammlungen.de/en/view/bsb 10927127

Kopernikus, N. 1543: De revolutionibus orbium coelestium. Petreius. Nürnberg.

Kriss-Rettenbeck. L., Liedtke, M. (Hg.) 1983: Schulgeschichte im Zusammenhang der Kulturentwicklung. Vorträge des Symposions, das die Erziehungswissenschaftliche Fakultät der Universität Erlangen-Nürnberg und das Bayerische Nationalmuseum München in Ichenhausen vom 22.–25. September 1983 durchführten. (= Schriftenreihe zum Bayerischen Schulmuseum Ichenhausen. Zweigmuseum des Bayerischen Nationalmuseums 1). Klinkhardt. Bad Heilbrunn.

Liedtke, M. 1972 [[4]1997]: Evolution und Erziehung. Ein Beitrag zur integrativen Pädagogischen Anthropologie. Vandenhoeck & Ruprecht. Göttingen.

Liedtke, M. 1993: Spezialuntersuchung: Schulbücher. – In: Liedtke, M. (Hg.), Handbuch der Geschichte des Bayerischen Bildungswesens.

Band 2: Geschichte der Schule in Bayern von 1800 bis 1918. Klinkhardt. Bad Heilbrunn, 245–262.

Liedtke, M. (Hg.) 1994: Kulturethologie. Über die Grundlagen kultureller Entwicklungen. Realis. München.

Liedtke, M. (Hg.) 1996a: Behinderung als pädagogische und politische Herausforderung. Historische und systematische Aspekte. Vorträge des Symposions, das die Erziehungswissenschaftliche Fakultät der Universität Erlangen-Nürnberg und das Bayerische Nationalmuseum München in Ichenhausen vom 30. September bis 3. Oktober 1993 unter Leitung von Max Liedtke durchführten. (= Schriftenreihe zum Bayerischen Schulmuseum Ichenhausen 14). Klinkhardt. Bad Heilbrunn.

Liedtke, M. 1996b: Seins- und Sollenssätze im menschlichen Erkenntnisvermögen. – In: Riedl, R., Delpos, M. (Hg.), Die Evolutionäre Erkenntnistheorie im Spiegel der Wissenschaften. WUV-Universitätsverlag. Wien, 354–363.

Liedtke, M. 2011: Religion, natürliches Phänomen oder kulturelles Relikt? – Kritische Ergänzungen aus autobiographischer Sicht. – In: Bender, O., Kanitscheider, S., Treml, A. K. (Hg.), Religion. – Natürliches Phänomen oder kulturelles Relikt? (= 36. Matreier Gespräche zur Kulturethologie 2010. Schriftenreihe der Otto-Koenig-Gesellschaft). BoD. Norderstedt, 187–209.

Liedtke, M. 2023: 50 Jahre Matreier Gespräche – zur Entstehungsgeschichte einer Wissenschaft. Das Beispiel der ‚Kulturethologie‘, die Evolution von Kultur. – In: Bender, O., Kanitscheider, S., Ruso, B. (Hg.), Risiko. Gefahr und Wagnis. (= 47. Matreier Gespräche zur Kulturethologie 2022. Schriftenreihe der Otto-Koenig-Gesellschaft). BoD. Norderstedt, 207–247.

Lorenz, K. 1965: Über tierisches und menschliches Verhalten. Aus dem Werdegang der Verhaltenslehre. Gesammelte Abhandlungen. 2 Bände. Piper. München.

Luther, M.: Tischreden aus den Jahren 1538–1540. (= D. Martin Luthers Werke WA TR 4). Böhlau. Weimar 1916. – Zitiert als: ‚Luther, WA TR 4‘.

Luther, M.: Tischreden aus den Jahren 1540–1544. (= D. Martin Luthers Werke WA TR 5). Böhlau. Weimar 1919. – Zitiert als: ‚Luther, WA TR 5‘.

Miller-Kipp, G. 1992: Wie ist Bildung möglich? Die Biologie des Geistes unter pädagogischem Aspekt. (= Studien zur Philosophie und Theorie der Bildung 13). Deutscher Studien-Verlag. Weinheim.

Portmann, A. 1951 [²1956]: Zoologie und das neue Bild vom Menschen. Biologische Fragmente zu einer Lehre vom Menschen. (= Rowohlts deutsche Enzyklopädie 20). Rowohlt. Hamburg.

Promp, D. W. 1990: Sozialisation und Ontogenese. Ein biosoziologischer Ansatz. Parey. Berlin.

Rammel, G. 1991: Die schulische Situation von Gehörlosen und Körperbehinderten. – In: Liedtke, M. (Hg.), Handbuch der Geschichte des Bayerischen Bildungswesens. Band 1: Geschichte der Schule in Bayern von den Anfängen bis 1800. Klinkhardt. Bad Heilbrunn, 595–604.

Rensch, B. 1959 [²1965]: Homo sapiens. Vom Tier zum Halbgott. Vandenhoeck & Ruprecht. Göttingen.

Rohrmann, E. 2010: Zur gesellschaftlichen Konstruktion von Normalität und Anders-Sein. – In: Abraham, A., Müller, B. (Hg.), Körperhandeln und Körpererleben: Multidisziplinäre Perspektiven auf ein brisantes Feld. Transcript. Bielefeld, 139–164.

Scheunpflug, A. 2001: Evolutionäre Didaktik. Unterricht aus system- und evolutionstheoretischer Perspektive. (= Studien zur Schulpädagogik und Didaktik 18). Beltz. Weinheim.

Scheunpflug, A. 2002: Evolutionäre Pädagogik. Einführung in den Thementeil. – In: Zeitschrift für Pädagogik 48 (5), 649–651.

Treml, A. K. 1996: ‚Biologismus‘. Ein neuer Positivismus-Streit in der deutschen Erziehungswissenschaft? – In: Erziehungswissenschaft 7 (14), 85–98.

Treml, A. K. 2004: Evolutionäre Pädagogik. Eine Einführung. (= Urban Taschenbücher 588). Kohlhammer. Stuttgart.

Waetzoldt, H. 1989: Der Schreiber als Lehrer in Mesopotamien. – In: Prinz von Hohenzollern, J. G., Liedtke, M. (Hg.), Schreiber, Magister, Lehrer. Zur Geschichte und Funktion eines Berufsstandes. Vorträge des Symposiums, das die Erziehungswissenschaftliche Fakultät der Universität Erlangen-Nürnberg und das Bayerische Nationalmuseum München in Ichenhausen vom 1. bis 4. Oktober 1987 unter Leitung von Max Liedtke durchführten. (= Schriftenreihe zum Bayerischen Schulmuseum Ichenhausen 8). Klinkhardt. Bad Heilbrunn, 33–50.

Weber, E. [8]1995 [[1]1972]: Pädagogische Anthropologie. Phylogenetische (bio-kulturevolutionäre) Voraussetzungen der Erziehung. – In: Weber, E. (Hg.), Pädagogik. Eine Einführung. Band 1: Grundfragen und Grundbegriffe. 3 Teilbände. Auer. Donauwörth.

Wiersing, E. 2015: Theorie der Bildung. Eine humanwissenschaftliche Grundlegung. Schöningh. Paderborn.

Zymek, B. 1983: Evolutionalistische und strukturalistische Ansätze einer Geschichte der Erziehung. – In: Lenzen, D., Mollenhauer, K. (Hg.), Enzyklopädie Erziehungswissenschaft. Band 1: Theorien und Grundbegriffe der Erziehung und Bildung. Klett-Cotta. Stuttgart, 55–80.

Helmwart Hierdeis

Der Perspektivenwechsel als psychischer Prozess

Zusammenfassung

Ausgehend von einem bewusst als unscharf apostrophierten Begriff von ‚Perspektive‘ sieht der nachfolgende Beitrag ‚Perspektivenwechsel‘ als unauflösbare Verbindung von kognitiven und emotionalen Neuorientierungen auch in der Wissenschaft an. Episoden aus der Denkgeschichte des Autors schlagen eine Brücke zu Fallvignetten aus der psychoanalytischen Therapie, in denen die Unfähigkeit von Patientinnen und Patienten, Beziehungskonflikte durch neue Sichtweisen zu lösen, zutage tritt. Welche Rolle die von Sigmund und Anna Freud beschriebenen ‚Abwehrmechanismen‘ beim Beharren auf bisherigen Perspektiven dabei spielen, wird hypothetisch angedeutet. Der Beitrag schließt mit einem Verweis auf Konrad Lorenz, der die Notwendigkeit von auch schmerzhaften Perspektivenwechseln als Mittel gegen Denkblockaden und Ideologisierung betont hat.

1 Vorbemerkung

„Perspektivenwechsel fördern den Fortschritt in der Wissenschaft, solange die jeweiligen Sichtweisen selbst nicht verkrusten und zu neuen Vorurteilen herabsinken" (Vorwort zu diesem Band, 8). Ich verstehe diese These so, dass es bei unserem Tagungsthema ‚Organismus-Umwelt-Beziehungen‘ nicht um eine Deskription und Bewertung gegenseitiger Beeinflussung gehen soll, sondern um eine Reflexion darüber, inwieweit verschiedene wissenschaftliche Disziplinen forschend und Theorien generierend Konstruktionen ihrer Umwelt schaffen beziehungsweise sich ihrerseits als Produkte ihrer Umwelt verstehen (ebd.).

2 Zum Begriff ‚Perspektive‘

‚Perspektive‘ gehört zu den Begriffen, die in bestimmten Anwendungsfeldern eine präzise Fassung haben müssen, damit mit ihnen empirisch gearbeitet werden kann. In anderen Zusammenhängen dürfen sie jedoch Unschärfen aufweisen, damit sie heuristisch wirken, das heißt weitere Phänomene erschließen.[1] Bender et al. haben in ihrem Problemaufriss für die Tagung (ebd.) den Begriff ‚Perspektive‘ durch seine Übertragung in einen allgemein als ‚Wissenschaft‘ bezeichneten Kontext aus seinem ursprünglich empirischen Bedeutungsfeld herausgelöst und ihn durch seine Übersetzung mit ‚Sichtweise‘ für weitere, auch außerwissenschaftliche Verwendungen geöffnet. So können etwa ‚Blickwinkel‘, ‚Denkformen‘, ‚Denkstile‘, ‚Denkweisen‘, ‚Zukunftsvisionen‘ oder ‚Vergangenheitsdeutungen‘ (‚von heute aus gesehen ...‘) im Sinne von Perspektiven verstanden werden. Entscheidend sind jeweils zwei Pole: ein ‚Jetztstandpunkt‘, der entweder auf begründeten Annahmen oder Hypothesen oder theoretischen Konzepten oder auf Glaubenssätzen religiöser beziehungsweise sonstiger weltanschaulicher Art basiert, und ihm gegenüber ein Gegenstand der Beobachtung, Analyse, Deutung oder technischen Bearbeitung, der, warum und wie auch immer, in den Horizont eines Interesses gerückt ist.

Beim einzelnen Subjekt und in Kollektiven können sich diverse Perspektiven von unterschiedlicher Intensität und Dauer überlagern. „Als ich ein Kind war", schreibt der Apostel Paulus im 1. Korintherbrief, „da redete ich wie ein Kind und dachte wie ein Kind und war klug wie ein Kind; als ich aber ein Mann wurde, tat ich ab, was kindlich war" (1. Korinther 13, 11). – Hätte Paulus die Chance gehabt, Sigmund Freud zu lesen, dann hätte er gelernt, dass das Kind auf vielfältige Weise in ihm weiterlebt und -wirkt. – Wir alle leben mehrperspektivisch, ohne die einzelnen Sichtweisen immer bewusst gegeneinander abzuwägen. So leben zu dürfen und sich nicht andauernd rechtfertigen zu müssen, ist ein unserer Kultur geschuldetes, aktuell aber durchaus gefährdetes Privileg. Es gibt, wie wir wissen, nicht nur in der Geschichte, sondern gerade in der Gegenwart gehäuft politische, gesellschaftliche und gruppenspezifische Zwänge, bestimmte Perspektiven einzunehmen, und sollten sie noch so ‚verkrustet‘ oder ideologisch verblendet sein.

---

[1] Angeregt durch Bernhard Hassensteins Rede von ‚injunktiven‘ Begriffen hat Max Liedtke vor einem Vierteljahrhundert in einem Beitrag über die ‚pädagogische Fachsprache‘ den Nutzen und Nachteil präziser und unscharfer Begriffe gegeneinander abgewogen (Liedtke 1997, 85ff.; vgl. Hassenstein 1951 und 1954) und seine Argumentation vor wenigen Jahren im Zusammenhang mit der Unentbehrlichkeit von Analogieschlüssen noch einmal präzisiert (Liedtke 2021).

3 Persönlicher Zugang zur Fragestellung

Theoriebildung beginnt beim Subjekt, und zwar schon sehr früh, nämlich in Form von Glauben, Meinungen, Ansichten und vorläufigen Kenntnissen über Zusammenhänge, wie sie bei der Verarbeitung von Erfahrungen mit der Umwelt und in der Auseinandersetzung mit den vermittelten Welt- und Moralerklärungen entstehen – nicht zuletzt auch in den Beziehungen zu deren pädagogischen Agenten wie Eltern und Lehrern. Da sie von Emotionen getragen werden, ist auch die Aneignung des Blicks auf Welt und Mitmenschen, die zunehmend schärfer werdende Wahrnehmung des Eigenen und der Interaktion zwischen beiden Polen kein ausschließlich kognitiver Prozess.

Was meine Person angeht, waren die ersten bedeutsamen Perspektivenwechsel des jungen Erwachsenen eingebettet in eine Gefühlswelt, die von meinen Wünschen, Ängsten, Bedürfnissen nach Nähe und Schutz gefärbt und von meinen Triebimpulsen grundiert war – und vermutlich von einer vergleichbaren Gefühlsmischung bei denen, die mich erzogen und unterrichtet haben. Sie waren mächtig. Übereinstimmung mit ihnen versprach Konfliktfreiheit, Schutz, Zuwendung, Sicherheit. Mein Blick auf die Welt war katholisch geprägt. Sie war von einem guten Vatergott erschaffen; ich war sein Kind; das Leben war eine Zeit der Prüfung, die, bei Bewährung, belohnt wurde; die Kirche war eine unentbehrliche Wegweiserin; Rituale dienten der Erinnerung daran und der Verstärkung von Bindungen und Moral. Diese Sicht hielt sich lange. Zu groß war die Befürchtung, mit ihrem Verlust auch die Beziehungen zu bedrohen, die sie gefördert und mitgetragen hatten, ganz abgesehen vom Verlust der eigenen Selbstsicherheit.

Einen Aspekt des Perspektivenwechsels habe ich 1987 in einem Beitrag mit dem Titel ‚Von einer unkritischen zur Kritischen Theorie' (Hierdeis 1987) skizziert. Ich schrieb damals einleitend:

> „Weit entfernt davon, im vorangegangenen Denken die wichtigste Voraussetzung für das nachfolgende zu sehen, beschränke ich mich in diesem Zusammenhang doch darauf, die Entwicklung bestimmter Aspekte meines Denkens darzustellen, ohne jene Lebensumstände mit einzubeziehen, die ich persönlich als wesentliche Impulsgeber für das einschätze, was sich in meinem Kopf abgespielt hat und gegenwärtig abspielt" (ebd., 97).

Von den Gründen dafür, die ich damals genannt habe, will ich nur den letzten ausführen:

„Schließlich steht mir (noch) kein adäquates Modell für das Zusammenspiel von äußeren Bedingungen und Denken, für das Ineinander (oder Durcheinander) von Realgeschichte und Denkgeschichte zur Verfügung. Dass es ‚dialektisch‘ sei, sagt sich leicht. Aber wenn ‚Dialektik‘ nicht streng genommen wird, dann drückt die Kennzeichnung nicht viel mehr aus, als dass das eine das andere ‚irgendwie‘ bedingt oder gar nur beeinflusst – und umgekehrt. [...]. Übrigens hat auch die Kritische Theorie in den letzten Jahren ‚die Entfaltung kognitiver Strukturen von der geschichtlichen Dynamik der Ereignisse‘ deutlich abgetrennt (Habermas 1981, 562). – Wie auch immer: Ich gebe nicht vor, das hier zur Sprache Gebrachte sei die ganze Geschichte, ich zeige vielmehr nur die eine Seite, und auch sie nur lückenhaft“ (Hierdeis 1987, 97).

Und schließlich konkret werdend:

„So sehe ich den Anfang meines Denkens in einer Theozentrik, in der sich meine Person Sinn und Legitimation von außen holte und in der sie ihr Selbst- und Weltbild an der verinnerlichten, vermuteten, geglaubten Seinsweise Gottes orientierte. Die religiöse Sozialisation hatte ein Suchbild erzeugt, durch das sie selbst bestätigt werden wollte. So war ich vor allem auf Konvergierendes aus, nicht auf Gegensätze. Meine Neugier ging dorthin, wo ich mich, ohne Gefahr des Selbstverlustes, wiederfinden konnte: Identitätsgewinnung als Anreicherung eines Kerns, der ungefährdet bleiben wollte“ (ebd., 98).

So schreibt jemand, dessen religiöse Perspektive ihn etliche Jahre zuvor gedrängt hat, sich ihren theoretischen Überbau bei Thomas von Aquin und den Thomisten des 20. Jahrhunderts zu suchen. Bei der Ablösung spielte die Kritische Theorie der Frankfurter Schule eine entscheidende Rolle, nicht zuletzt, weil sie ihrem Konzept von ‚Erkenntnisinteresse‘ ein psychoanalytisches Verständnis von ‚Selbstreflexion‘ zugrunde legte (Habermas 1968). Damit war der Zugang frei zur Psychoanalyse selbst und mit ihr zu einer Befreiung von kirchlich-religiösen Über-Ich-Repräsentanzen.

Vergleichbare Denkgeschichten – nicht nur religiöser Provenienz – lassen sich zuhauf in der autobiographischen Literatur von Augustinus über Rousseau bis in die Gegenwart finden (vgl. von Wilpert 2001, 60f.). Als Beispiel aus der neueren Zeit kann ich Max Liedtke heranziehen, der im Tagungsband ‚Religion. Natürliches Phänomen oder kulturelles Relikt‘ in exemplarischer Weise seinen Weg von einer kirchlich-religiösen Eingebundenheit in die naturwissenschaftliche Begründung seiner Weltanschauung nachgezeichnet (Liedtke 2011) und einige Jahre später seine Einschätzung der „Reformpädagogik" als „Versuch" angesehen hat, „auf biographischem Hintergrund eine Summe zu ermitteln" (Liedtke 2016, 109).

Ein erster Exkurs: Autobiographien wie überhaupt autobiographisches Material erfreuen sich seit den 1970er Jahren einer besonderen bildungstheoretischen Aufmerksamkeit. Es gibt zwar unstrittig ein umfassendes empirisches Material aus Human-, Sozial-, Kultur- und Neurowissenschaften zu menschlichen Entwicklungsprozessen, aber ihnen ist nicht zu entnehmen, wie das die Individualität konstituierende Ineinander von Außen und Innen, von Weltaneignung und Beeinflussung durch die Welt, von Welt- und Selbstkonstruktion erlebt und wirksam wird. Um ein realistisches Wissen darüber zu erhalten, wie sich Bildung als das ereignet, „was ich aus meinem Leben gemacht habe bzw. was das Leben aus mir gemacht hat" (Bittner 2011, 11), bedarf es der Rezeption und der hermeneutischen Auswertung von Erzählungen. Perspektivenentwicklung und Perspektivenwechsel sind, so meine These, wesentliche Elemente von Bildungsprozessen.

4 Perspektivenwechsel in der psychoanalytischen Therapie

Die Alltagssprache verrät, dass nicht jedermann in ausreichendem Maß über die Fähigkeit zum Perspektivenwechsel verfügt. Wenn jemand ein ‚Aha-Erlebnis' hat, wenn ihm plötzlich ‚die Augen aufgehen', wenn es ihm ‚wie Schuppen von den Augen fällt', dann hat er offenbar eine neue Sichtweise gewonnen. Wenn ein anderer als ‚geistig unbeweglich', ‚stur', ‚dickköpfig', ‚blind', ‚festgefahren', ‚verbohrt', ‚unbelehrbar' usw. angesehen wird, dann ist das Gegenteil gemeint. ‚Versetz' dich mal in meine Lage!' gilt als Aufforderung zum Perspektivenwechsel. Ein solcher Appell kann auf mehreren Motiven beruhen: Die Appellierenden wollen entweder, dass ihre Perspektive verstanden wird, weil das die künftige Kommunikation und die Zusammenarbeit erleichtert, oder sie wollen die eigene Position stärken und durchsetzungsfähiger machen, mit welchem Ziel und mit welcher Rechtfertigung auch immer. Die Beibehaltung einer Perspektive kann ebenso wie der Perspektivenwechsel die Konsequenz aus einer kognitiven Leistung sein (einer plötzlichen Erkenntnis, einer neuen Theorie, einer Entdeckung) oder die Folge einer Anpassung – aus Liebe wäre die eine Möglichkeit, durch Zwang eine andere, aus dem Bedürfnis heraus, sich einem Mächtigeren oder als mächtig Phantasierten zu unterwerfen, eine dritte (vgl. Hierdeis 2023a). Spätestens seit Sigmund Freuds ‚Massenpsychologie und Ich-Analyse'

(Freud 1921c) vor mehr als hundert Jahren wissen wir, wie starke Identifikationswünsche dazu führen können, die eigene Position aufzugeben und die eines anderen oder einer Gruppe zu übernehmen. Solche Wünsche zu wecken und damit Anhänger zu rekrutieren, gehört zum Einmaleins jeder Propaganda, sei sie ideologisch oder politisch oder ökonomisch motiviert (vgl. Heiland 2020; Hierdeis 2023b; Wirth 2023).

William Shakespeare (ca. 1600) hat in seinem ‚Hamlet‘ einem Menschen, der scheinbar ‚sein Mäntelchen nach dem Wind hängt‘, in der Gestalt des Kämmerers Polonius am Hofe des Königs Claudius ein Denkmal gesetzt (3. Akt, 2. Szene):

Hamlet: Seht Ihr die Wolke dort, beinah in Gestalt eines Kamels?
Polonius: Beim Himmel, sie sieht auch wirklich aus wie ein Kamel.
Hamlet: Mich dünkt, sie sieht aus wie ein Wiesel.
Polonius: Sie hat einen Rücken wie ein Wiesel.
Hamlet: Oder wie ein Walfisch?
Polonius: Ganz wie ein Walfisch.

Das durch Shakespeare der Lächerlichkeit preisgegebene ‚Nach dem Mund reden‘ verdeckt leicht, dass es für einen am königlichen Hofe Untergeordneten sicherer war, im Kantschen Sinne „Hausvieh" (Kant 1784, 482) zu spielen und keine eigene Meinung zu haben. Ob sich allerdings Polonius, so wie Shakespeare ihn charakterisiert, dieser sein Denken und Handeln bestimmenden Perspektive bewusst war, darf bezweifelt werden.

Ich füge einen zweiten Exkurs ein (vgl. zum Folgenden Hierdeis & Scherer 2018, 10f.): Er gilt der Frage, wie bewusst wir uns überhaupt der Motive unseres Denkens und Handelns sind. Die Psychoanalyse sieht sich als Wissenschaft vom Unbewussten. Dabei geht es ihr nicht in erster Linie um die auch von anderen Wissenschaften (z. B. Verhaltensphysiologie, Kognitive Psychologie, Gehirnforschung) experimentell erforschten Sedimente vorbewusster und subliminaler Wahrnehmungen oder um Inhalte des prozeduralen und deklarativen Gedächtnisses, die in Vergessenheit geraten sind (vgl. Roth, 2003, 153ff.). Vielmehr stehen im Zentrum ihrer Praxis, Forschung und Theoriebildung Bereiche/Felder/Dimensionen des Unbewussten,

- deren Inhalte entweder einmal bewusst waren, aber durch psychische Energien (‚Widerstand‘) davon abgehalten werden, wieder ins Bewusstsein aufzusteigen – nach Freud das ‚Verdrängte‘ (Freud, 1923b);

- oder es geht um Inhalte, die als weiterwirkende archaische Erbschaft der Menschheitsgeschichte anzusehen sind – Freud hat sie unter dem Begriff ‚Es' subsumiert (Freud, 1923b);
- und schließlich blickt sie auf die in Form von frühesten, durch die Interaktion des vorgeburtlichen und frühkindlichen Subjekts und seines Körpers mit der sozialen Umwelt verursachten ‚Einschreibungen' (Quindeau, 2008, 17ff.), die seine psychische Struktur mitbedingen. Es handelt sich also um nicht-sprachliche Erinnerungsspuren, die daher sprachlich auch nicht fassbar sind und „allenfalls in poetisch-metaphorischen Bildern umkreist oder aus neuronalen und endokrinologischen Korrelaten erschlossen werden" können (Bittner 2018, 67; vgl. Buchholz & Gödde 2005a, 2005b und 2006).

In diesem Sinne ist das Unbewusste eine Art Gedächtnis. Es ist allerdings nicht mit einem geordneten Speicher zu verwechseln, sondern gleicht eher einem ‚Schwarm' von Inhalten, die dauernd ‚umgeschrieben' und damit neu kodiert und umstrukturiert werden. Dieses in Dauerbewegung befindliche Unbewusste hat Folgen für das Subjekt: „Die unbenannten, verdrängten, niemals mit Sprache verbundenen Interaktionsformen wirken im Unbewussten in einem dynamischen Sinne weiter, das heißt, sie beeinflussen das menschliche Erleben und Verhalten grundlegend" (Quindeau, 2008, 20) und gehen den bewussten Prozessen voraus. Daraus folgt ein besonderes Erkenntnisinteresse der Psychoanalyse: Sie

> „zielt in erster Linie auf die Aufdeckung unbewusster seelischer Handlungen und Erlebnisformen. Sie versucht, ein Erklären und Verstehen von Handlungszusammenhängen vorzunehmen, deren Gründe nicht bewusstseins- und argumentationszugänglich sind, die nicht oder nur unzureichend aus sich selbst heraus verstanden werden können, weil sie auf unbewussten Handlungsintentionen und Sinnzusammenhängen beruhen" (Mertens & Haubl 1996, 7).

Dies ist ähnlich, wie wir Bildungsprozesse unter dem Aspekt gelungener und misslungener Perspektivenwechsel ansehen können, so auch in der Psychotherapie. Hier begegnen uns Menschen in Lebensverhältnissen, in denen sie sich gefangen fühlen, in Gefühlsverstrickungen, aus denen sie aus eigenem Vermögen nicht mehr herauszufinden glauben, verhärtete, erschöpfte Menschen, fokussiert auf vergangene Enttäuschungen, unfähig, für sich eine lebenswerte Zukunft zu entwerfen, Menschen ohne Phantasie und Energie für die Lösung von Konflikten mit ihren Mitmenschen.

Wenn es darum geht, die Blockaden zu beschreiben (‚Was macht Sie so hilflos?' ‚Was lähmt Sie?' ‚Was für Szenen haben Sie vor Augen, wenn Sie sich hilflos fühlen?'), führt das Gespräch häufig zu einseitigen Selbstdeutungen:

Vier Beispiele:

- Eine etwa 25-jährige Medizinstudentin leidet unter den Gewalttätigkeiten ihres Freundes beim sexuellen Verkehr. Offenbar macht sie etwas falsch, sagt sie. Aber sie lässt sich weiterhin alles gefallen, weil sie ihn doch liebt. Und er sie auch, sagt er. Und das glaubt sie ihm auch. Trotzdem hat sie das Gefühl, dass ihr die Beziehung nicht guttut.

- Einem etwa gleichaltrigen jungen Mann, von Beruf Schreiner, ist von seinem Hautarzt anlässlich eines Neurodermitisschubs eine Psychotherapie empfohlen worden, weil er vermutet, dass sich der Patient in einer extremen Stresssituation befindet. Die Frage nach privaten Belastungen oder Schwierigkeiten im Beruf lächelt er weg: Keine. Er könne etwas und komme mit allen in der Firma bestens aus. Nur sein Vater mache ihn gelegentlich vor versammelter Mannschaft herunter, obwohl der ihm vor einem Jahr die Geschäftsführung übertragen habe. Aber das sei schon ok. Der dürfe das. Er sei ja schließlich sein Vater.

- Eine etwa 35-jährige Verkäuferin in einem Sanitätsgeschäft, überwiesen wegen Medikamentenmissbrauchs und Suizidalität, listet in einem ersten Anlauf alles Misslungene ihres Lebens auf: Flucht aus einem Jugendheim, Prostitution, Schwangerschaftsabbruch, Auseinandersetzungen mit dem Partner, Entfremdung der Kinder, Selbstmordversuche. ‚Es gibt keine Sauerei, die ich nicht gemacht habe', sagt sie. ‚Ich kann nur noch Schluss machen. Ich bin an allem schuld'.

- Ein 25-jähriger Pharmaziestudent steht vor der entscheidenden mündlichen Prüfung. Er hat sie schon einmal vermasselt. Wenn er sie wieder nicht besteht (er befürchtet das, weil er den Prüfer kennt, der sei ‚brutal' und ‚ungerecht'), dann habe er fünf Jahre umsonst studiert. Er hat Angst vor seinem Vater. Der möchte, dass er seine Apotheke übernimmt. Aber das will er selbst eigentlich nicht. Nur traut er sich nicht, ihm das zu sagen: ‚Das gäbe eine Katastrophe. Sie kennen meinen Vater nicht'.

Was ich einseitige Selbstdeutung genannt habe, beruht auf der Unfähigkeit beziehungsweise der fehlenden Bereitschaft zum Perspektivenwechsel. Die Notwendigkeit hierzu wird heruntergespielt: in den skizzierten Beispielen durch die Beschwörung der gegenseitigen Liebe, durch die Annahme der

Normalität eines Oben-Unten-Verhältnisses zwischen Vater und erwachsenem Sohn, durch den Rückzug in eine allumfassende Selbstbeschuldigung und durch ein Unterwerfungsspiel des Sohnes. In der psychoanalytischen Theorie fallen diese Verhaltensweisen unter die mehr oder weniger bewussten ‚Abwehrmechanismen', auf die Sigmund Freud 1896 im Zusammenhang mit seiner Hysterieforschung hingewiesen hat (z. B. Freud 1896b) und die 1936 von seiner Tochter Anna Freud ausdifferenziert und systematisiert worden sind (Freud, A. 1936).

Ihrer Auffassung zufolge signalisieren sie ein Sträuben des Ichs gegen peinliche und unerträgliche Vorstellungen und Affekte, damit die psychische Balance gewahrt bleibt (vgl. ebd., 1987, 224f., 227ff.). Also: Der Freund und die Väter dürfen nicht gehasst werden. Diejenigen, die mir mein miserables Leben in erster Linie eingebrockt haben (Mutter, Vater), müssen entschuldigt werden. Das Ich mag sich lieber nicht ausmalen, welche offenen Spannungen zu den nahestehenden Menschen entstünden, wenn es zum Konflikt käme durch ein einfaches ‚Ich will das' oder ‚Ich will das nicht' oder wenn es die Bilder, die es sich von ihnen gemacht hat (‚Meine Eltern wollten doch nur das Beste'), revidieren müsste (‚Du, Mutter, hast mich nicht vor meinem Vater beschützt, als er mich misshandelt hat.' ‚Deine Wut gegen mich, Vater, war ungerecht.' ‚Ihr habt mir beide geschadet.').

Die ‚Identifikation mit dem Aggressor', die ‚Rationalisierung' des als feindselig empfundenen Verhaltens anderer, die ‚Dämpfung' eigener aggressiver Impulse, das Herunterspielen der eigenen Wichtigkeit schützen vor Konflikten (vgl. ebd., 233ff.). Der Rückzug in eine wie immer geartete Ohnmacht und Untätigkeit erscheint dem Ich immer noch lebenswerter, als einen Dissens zu benennen und möglicherweise auszuhalten. Mag sein, dass mich die Umwelt so konstruiert hat, wie ich bin, ich jedenfalls konstruiere mir meine Umwelt auch so, dass ich darin leben kann. Wenn ich nur nicht diese Neurodermitisschübe hätte, diese innere Unruhe und diese plötzlichen Angstanfälle, nur nicht so viele sedierende Medikamente und so viel Alkohol bräuchte, und wenn ich nur nicht von diesen Albträumen geplagt würde!

Die Psychoanalyse bietet den Betroffenen keine neue Perspektive, aber sie kann Zweifel an der Sinnhaftigkeit und Tragfähigkeit der bisherigen wecken und damit einen Prozess einleiten, der zu neuen Sichtweisen führt und damit dazu beiträgt, ‚erstarrte Verhältnisse in Bewegung zu versetzen‘[2] oder, wie Sigmund Freud formuliert, den „Assoziationswiderstand durch psychische Arbeit zu überwinden" (Freud 1895d, 269).

Über die Ermöglichung von Perspektivenwechseln im Rahmen von psychoanalytischen Prozessen habe ich in einer ausführlichen Falldarstellung berichtet (Hierdeis 2017; vgl. dazu auch die Fallvignette bei der Matreier Tagung zum Thema ‚Analogie als Quelle der Erkenntnis‘; Hierdeis 2021). Zur Veranschaulichung greife ich auf eine Episode aus der eigenen Praxis zurück, die ich gleichfalls schon einmal in etwas ausführlicherer Form an anderer Stelle erläutert habe (Hierdeis 2019):

Eine Patientin, Mitte dreißig, erzählt in der Analysestunde diesen Traum:

> Ich bin in einem langen Gang. Da geht vorne eine Türe auf, und meine fünfzehnjährige Tochter kommt mir in Tränen aufgelöst entgegen. Ich sehe, dass ihr Kleid zerrissen ist. Sie sagt: ‚Mama, bitte, gib mir ein neues Kleid!‘ Da nehme ich sie bei der Hand und muss selber hemmungslos weinen.

Die Erschütterung durch den Traum ist auch in der Erzählung noch zu spüren.

Zur Person der Patientin: Sie wurde nach einem mehrmonatigen Psychiatrieaufenthalt zur ambulanten Weiterbehandlung an mich überwiesen. Grund für die seinerzeitige Einweisung: Depressionen, Medikamentenmissbrauch und Suizidalität. Sie ist die fünfte von sechs Geschwistern. Die Mutter starb an Krebs, als sie sechs Jahre alt war, der Vater drei Jahre später bei einem Unfall. Nach dem Tod der Mutter wuchs sie in einer sozialen Einrichtung auf. Gegenwärtig arbeitet sie in einem medizinisch-technischen Betrieb. Die Arbeit gefällt ihr, besonders der Umgang mit den Kunden. Sie ist verheiratet und hat zwei Kinder. Der Sohn ist ein Jahr älter als die Tochter.

Am Anfang der Therapie sitzen wir einander gegenüber. Sie wirkt unruhig und hat Schwierigkeiten, den Augenkontakt zu halten. Ich habe den Eindruck, als wolle sie jederzeit aufspringen und davonlaufen. Es dauert ein paar Wochen, bis sie den Mut aufbringt, zu liegen. Dabei stellt sie stets das mir zugewandte Knie hoch, als ob sie einen Schutzwall bräuchte. Ich darf auch nicht ganz aus ihrem Gesichtskreis verschwinden. Deshalb muss ich

---

[2] nach einem bislang unveröffentlichten Manuskript von T. Storck, das im 4. Band des Interdisziplinären Psychoanalytischen Forums vom Psychosozial-Verlag gedruckt werden soll.

so sitzen, dass sie mich aus den Augenwinkeln noch wahrnehmen kann. Wenn sie ein Thema nicht berühren möchte, hebt sie die rechte Hand und sagt ‚Stop!' Den Traum bringt sie kurz nach Beginn des geänderten Settings. Sie leitet die Stunde mit den Worten ein: ‚Ich möchte an bestimmte Dinge nicht erinnert werden.' Dann erzählt sie stockend die Traumepisode und weint.

Ihre ersten Assoziationen: Sie hat Angst um die Tochter. Sie befürchtet, das Mädchen könne sich vor dem eigenen Körper ekeln, und ihr könne etwas gegen ihren Willen passieren. Auf meine Frage verneint sie, dass sie Angst vor einer Vergewaltigung ihrer Tochter habe. Das Mädchen habe einen festen Freund. Da drohe keine Gefahr. Aber der junge Mann und seine Familie seien bei einer Sekte. Sie habe Angst, ihre Tochter könne ihr auf immer dorthin verloren gehen.

Ich frage, was ihr zum zerrissenen Kleid des Mädchens einfällt und warum sie Angst hat, ihre Tochter könne sich vor ihrem Körper ekeln. Sie schweigt. Ich frage sie, ob ‚Gib mir ein neues Kleid!' auch heißen könne: ‚Gib mir einen neuen Körper!' Da setzt sie sich ganz plötzlich auf und sagt: ‚Ich habe Angst um meine Tochter. Und ich bin solidarisch mit ihr, was auch geschieht.'

Ich bitte sie, sich vorzustellen, sie wäre die verstörte Tochter mit dem zerrissenen Kleid und würde ihre Mutter um ein neues Kleid bitten. Sie hält dagegen: ‚Ich habe keine Mutter gehabt, die ich hätte bitten können.' – Woran sie sich nicht erinnern möchte, bleibt für diesmal offen.

Wenig später, als sie ihre Geschichte doch ausführlicher, wenngleich in großen Abständen erzählt, legt sie auch einen Teil der vorher verbotenen Erinnerungen offen: sexueller Missbrauch durch einen Bekannten kurz nach dem Tod der Mutter, häufiger Missbrauch durch einen älteren Jungen in der sozialen Einrichtung, Flucht aus einem Mädchenheim, eine Phase wahlloser Männerkontakte zwischen dem 15. und 17. Lebensjahr außerhalb des Heimatortes.

Es liegt auf der Hand: ‚Sie' ist die Tochter im Traum. ‚Ihr' Kleid ist zerrissen. ‚Sie' ekelt sich vor ihrem Körper. ‚Sie' bittet um ein neues Kleid. Das Erinnerungsverbot gilt aber nicht nur dem, was ihr zunächst wider ihren Willen geschehen ist, sondern viel mehr ihrer zunehmenden Einwilligung in das Leben, das sie führt. Darin sieht sie ihre ‚Schuld'.

Der im Unbewussten rumorende Traumgedanke ‚Mir ist nicht alles nur passiert, sondern ich war auch selber schuld daran, wie mein Leben verlaufen ist, und ich schäme mich deswegen' darf nicht erinnert und sollte am besten ganz vergessen werden. Sein Drängen ins Bewusstsein stößt auf Widerstand. Die Traumarbeit symbolisiert die notwendige Konfrontation mit der eigenen Person durch das Bild einer Begegnung mit der Tochter in einem Gang, sie verdichtet ihr Lebensthema in der Bitte um ein ‚neues Kleid', sie verschiebt die Auseinandersetzung mit dem Ekel vor sich selbst und mit der eigenen Zerstörung in einer Weise, dass die Träumerin sich als gute Mutter sehen kann, die mit der Tochter leidet und ihr helfen will. Auch hier ist anzunehmen, dass der erinnerte und dann unter den Bedingungen der Therapie erzählte Traum nur das Überbleibsel aus einem viel umfangreicheren Traumgeschehen ist. Aber er reicht aus, um ihr Thema zwar verzerrt, jedoch so griffig darzustellen, dass der gemeinsame Weg zurück zum Auslöser des Traums möglich wird. Die bedrückenden Gefühle und die herumwabernden früheren Szenen können nun in eine Sprache übersetzt werden, die der Patientin angemessen erscheint und die der Therapeut verstehen kann. Nachdem auf diese Weise die Traumgedanken befreit worden sind, kann sie sich, um im Traumbild zu bleiben, wie eine mitleidende und mittrauernde Mutter selbst bei der Hand nehmen und sich darauf vorbereiten, ihre Schuld anzunehmen, vielleicht sogar einmal sich selbst zu verzeihen. Ihr Traum lässt das Bedürfnis erkennen, ihre alte Geschichte, von der niemand in der Familie weiß und von der sie selbst nichts mehr wissen will, durch eine neue, wenngleich falsche Geschichte zu überdecken.

Der Wechsel der Perspektive erfolgt nicht abrupt. Es ist ein zögerlicher, stockender, schmerzlicher, von zahlreichen Abwehrversuchen durchzogener Prozess. An seinem Ende steht ein neues Bild des Ich, mit dem die Person weiterzuleben versucht.

5 Resümee

Hendrik Ibsen hat sich für sein Drama ‚Nora oder Ein Puppenheim' (1879) eine Szene einfallen lassen, in der Helmer, der Ehemann, entdecken muss, dass sich seine Frau Nora weit von ihm und von seinen Vorstellungen eines gottgegebenen und gesellschaftlich gewollten Geschlechterverhältnisses entfernt hat (ebd., 2016, 97f.):

> „Helmer. Oh, es ist empörend. So kannst du dich über deine heiligsten
> Pflichten hinwegsetzen.

Nora. Was hältst du für meine heiligsten Pflichten?

Helmer. Das muß ich dir erst sagen? Sind es nicht die Pflichten gegen deinen Mann und deine Kinder?

Nora. Ich habe andere, ebenso heilige Pflichten.

Helmer. Das hast du nicht. – Welche Pflichten sollen *das* wohl sein?

Nora. Die Pflichten gegen mich selbst.

Helmer. Vor allem bist du Gattin und Mutter.

Nora. Das glaub ich nicht mehr. Vor allem bin ich ein Mensch, glaube ich, ebenso wie du – oder wenigstens will ich versuchen, einer zu werden ...

Helmer. Du sprichst wie ein Kind. Du verstehst die Gesellschaft nicht, in der du lebst.

Nora. Nein, ich versteh sie auch nicht. Aber jetzt will ich sie kennenlernen. Ich muß mich davon überzeugen, wer recht hat, die Gesellschaft oder ich."

Eine ,verkrustete' und eine neue Perspektive stoßen aufeinander. Die ,verkrustete' wird im Laufe der Zeit zumindest in einigen aufgeklärten Gesellschaften den Kürzeren ziehen. Aber das kann ihr Protagonist noch nicht wissen – allenfalls befürchten.

Meine eigene Biographie und Erfahrungen in der psychoanalytischen Praxis, nicht zu vergessen die jahrzehntelangen Auseinandersetzungen zwischen empirischen und geisteswissenschaftlichen Fächern an der Universität und die heftigen Diskurse innerhalb der Psychoanalyse etwa um Fragen, wie interaktionistisch oder wie kontextgebunden sie sein oder wie weit sie sich von den ,Vätern' entfernen dürfe (vgl. Püschel 2023; Theiss-Abendroth 2022) – diese Erfahrungen machen es für mich notwendig, die einem wissenschaftlichen Perspektivenwechsel zugrunde liegenden kognitiven Prozesse immer auch als emotionale Prozesse anzusehen. Sie werden umso spürbarer, je stärker die Perspektiven in die Selbstdeutung des Subjekts, in seine informellen wie formellen Beziehungen und in sein Gesellschaftsverständnis eingreifen. Nicht zuletzt können die emotionalen Prozesse die kognitiven Prozesse irritieren, unterbrechen, belasten oder sie bestätigen und ihnen die nötige Schubkraft verleihen.

Ein bekanntes Bonmot von Konrad Lorenz lautet:

> „Die meisten von uns – dessen müssen wir uns bewußt sein – lieben ihre Hypothesen, und es ist [...] eine zwar schmerzhafte, aber jung und gesund erhaltende Turnübung, täglich, gewissermaßen als Frühsport, seine Lieblingshypothese über Bord zu werfen" (Lorenz 1973, 88).

Was Lorenz damit gemeint hat, ist offensichtlich: Die Identifikation mit Theorien ist wie die Distanzierung von ihnen mit Emotionen verbunden. Der mit ihrer Verabschiedung verbundene ‚Schmerz‘ sollte uns nicht daran hindern, dem für angemessen, richtig oder wahr Gehaltenen zu folgen. Wir müssen gegenüber unseren eigenen Annahmen und Erkenntnissen so offen sein, dass sie nicht zu Ideologien werden.

6 Literatur

Bittner, G. 2011: Das Leben bildet. Biographie, Individualität und die Bildung des Proto-Subjekts. Vandenhoeck & Ruprecht. Göttingen.

Bittner, G. 2018: Körper ohne Gewicht? Über Gender, Gender Roles und Gender Identity. – In: Ahrbeck, B., Dörr, M., Gstach, J. (Hg.), Der Genderdiskurs in der Psychoanalytischen Pädagogik. (= Jahrbuch für Psychoanalytische Pädagogik 26). Psychosozial. Gießen, 71–92.

Buchholz, M. B., Gödde, G. (Hg.) 2005a: Macht und Dynamik des Unbewussten. Auseinandersetzungen in Philosophie, Medizin und Psychoanalyse. (= Das Unbewusste 1). Psychosozial. Gießen.

Buchholz, M. B., Gödde, G. (Hg.) 2005b: Das Unbewusste in aktuellen Diskursen – Anschlüsse. (= Das Unbewusste 2). Psychosozial. Gießen.

Buchholz, M. B., Gödde, G. (Hg.) 2006: Das Unbewusste in der Praxis: Erfahrungen verschiedener Professionen. (= Das Unbewusste 3). Psychosozial. Gießen.

Freud, A. 1936: Das Ich und die Abwehrmechanismen. Internationaler Psychoanalytischer Verlag. Wien. – Zitiert nach: Freud, A., Die Schriften der Anna Freud. Band 1. Fischer. Frankfurt a. M. 1987, 191–355.

Freud, S. 1895d: Studien über Hysterie. – Zitiert nach: Freud, S., Gesammelte Werke. Band 1: Werke aus den Jahren 1892–1899. Fischer. Frankfurt a. M., 75–312.

Freud, S. 1896b: Weitere Bemerkungen über die Abwehr-Psychoneurosen. – Zitiert nach: Freud, S., Gesammelte Werke. Band 1: Werke aus den Jahren 1892–1899. Fischer. Frankfurt a. M., 379–403.

Freud, S. 1921c: Massenpsychologie und Ich-Analyse. – Zitiert nach: Freud, S., Gesammelte Werke. Band 13: Jenseits des Lustprinzips; Massenpsychologie und Ich-Analyse; Das Ich und das Es; Und andere Werke aus den Jahren 1920–1924. Fischer. Frankfurt a. M., 71–161.

Freud, S. 1923b: Das Ich und das Es. – Zitiert nach: Freud, S., Gesammelte Werke. Band 13: Jenseits des Lustprinzips; Massenpsychologie und Ich-Analyse; Das Ich und das Es; Und andere Werke aus den Jahren 1920–1924. Fischer. Frankfurt a. M., 237–289.

Habermas, J. 1968: Erkenntnis und Interesse. Suhrkamp. Berlin.

Habermas, J. 1981: Theorie des kommunikativen Handelns. Band 2: Zur Kritik der funktionalistischen Vernunft. Suhrkamp. Frankfurt a. M.

Hassenstein, B. 1951: Belastete Begriffe. – In: Deutsche Universitätszeitung 6 (11), 14–15.

Hassenstein, B. 1954: Abbildende Begriffe. – In: Verhandlungen der Deutschen Zoologischen Gesellschaft 48, 197–202.

Heiland, K. (Hg.) 2020: Prinzip Infektion. Atmosphärische Übertragung in Gesellschaft, Kunst und Psychoanalyse. Psychosozial. Gießen.

Hierdeis, H. 1987: Von einer unkritischen zur Kritischen Theorie. – In: Paffrath, F. H. (Hg.), Kritische Theorie und Pädagogik der Gegenwart. Aspekte und Perspektiven der Auseinandersetzung. Deutscher Studienverlag. Weinheim, 97–110.

Hierdeis, H. 2017: Herr A. begegnet Jesus im Traum und lügt. – In: Ebrecht-Laermann, A., Löchel, E., Nissen, B., Picht, J. (Hg.), Lüge. (= Jahrbuch der Psychoanalyse. Beiträge zur Theorie, Praxis und Geschichte 74). Frommann-Holzboog. Stuttgart-Bad Cannstatt, 47–73.

Hierdeis, H. 2019: „Den Seinen gibt's der Herr im Schlaf" oder: Das Unbewusste kennt keine Muße. Traumarbeit und Arbeit am Traum in der Psychoanalyse. – In: Hierdeis, H. (Hg.), Fleiß und Faulheit. Interdisziplinäre Beobachtungen, Erfahrungen und Reflexionen. 75. Jahrestagung der ISG vom 21. bis 23 September 2018 in Würzburg. Asanger. Kröning, 143–158.

Hierdeis, H. 2021: Über die Bildung verzerrter Analogien im Traum. – In: Bender, O., Kanitscheider, S., Mehl, A., Ruso, B., Winkler, H. (Hg.), Analogie als Quelle der Erkenntnis. (= Matreier Gespräche zur Kulturethologie. Schriftenreihe der Otto-Koenig-Gesellschaft 43). BoD. Norderstedt, 167–180.

Hierdeis, H. 2023a: Anbetung der Unterwerfung – Zur Bereitschaft, sich bedingungslos führen zu lassen. – In: Hierdeis, H. (Hg.), Mechanismen der Unterwerfung. Perspektiven auf den Autoritarismus. 79. Jahrestagung der Interdisziplinären Studiengesellschaft vom 23. bis 25. September 2022 in Leipzig. Asanger. Kröning, 21–39.

Hierdeis, H. (Hg.) 2023b: Mechanismen der Unterwerfung. Perspektiven auf den Autoritarismus. 79. Jahrestagung der Interdisziplinären Studiengesellschaft vom 23. bis 25. September 2022 in Leipzig. Asanger. Kröning.

Hierdeis, H., Scherer, M. 2018: Einführung. – In: Hierdeis, H., Scherer, M. (Hg.), Psychoanalyse und Medizin. Perspektiven, Differenzen, Kooperationen. Vandenhoeck & Ruprecht. Göttingen, 7–24.

Ibsen, H. 1879: Et dukkehjem. Gyldendal. København. – Zitiert nach der deutschen Ausgabe: Nora (Ein Puppenheim). Schauspiel in drei Akten. Aus dem Norwegischen übertragen von R. Linder. (= Universal-Bibliothek 1257). Reclam. Stuttgart 2016.

Kant, I. 1784: Beantwortung der Frage: Was ist Aufklärung? – In: Berlinische Monatsschrift 4, 481–494. – Digitalisat: https://ds.ub.uni-bielefeld.de/viewer/image/2239816_004/513/LOG_0071/

Liedtke, M. 1997: Die Unvermeidbarkeit und Präzisierbarkeit unscharfer Begriffe – dargestellt am Beispiel der pädagogischen Fachsprache. – In: Köhler, J., Nolte, J. (Hg.), Vernunft und Bildung. Eine fortgesetzte Aufklärung. Rudolf W. Keck zum 60. Geburtstag. (= Beiträge zur historischen Bildungsforschung 18). Böhlau. Köln, 85–100.

Liedtke, M. 2011: Religion, natürliches Phänomen oder kulturelles Relikt? Kritische Ergänzungen aus autobiographischer Sicht. – In: Bender, O., Kanitscheider, S., Treml, A. (Hg.), Religion. Natürliches Phänomen oder Kulturelles Relikt? (= Matreier Gespräche zur Kulturethologie. Schriftenreihe der Otto-Koenig-Gesellschaft 36). BoD. Norderstedt, 187–209.

Liedtke, M. 2016: Reformpädagogik – Versuch, auf biographischem Hintergrund eine Summe zu ermitteln. – In: Gronert, M., Schraut, A. (Hg.), Sicht-Weisen der Reformpädagogik. (= Erziehung, Schule, Gesellschaft 76). Ergon. Würzburg, 109–127.

Liedtke, M. 2021: ‚Sozusagen' – die Weisheit eines zur Floskel gewordenen Adverbs, die grundsätzliche Unschärfe empirischer Begriffe und die Bedeutung von Analogieschlüssen. – In: Bender, O., Kanitscheider, S., Mehl, A., Ruso, B., Winkler, H. (Hg.), Analogie als Quelle der Erkenntnis. (= Matreier Gespräche zur Kulturethologie. Schriftenreihe der Otto-Koenig-Gesellschaft 43). BoD. Norderstedt, 93–113.

Lorenz, K. 1973: Die acht Todsünden der zivilisierten Menschheit. Piper. München.

Mertens, W., Haubl, R. 1996: Der Psychoanalytiker als Archäologe. Eine Einführung in die Methode der Rekonstruktion. Kohlhammer. Stuttgart.

Püschel, E. 2023: Ungleichheit und Fremdheit im therapeutischen Kontext. – In: Gödde, G., Püschel, E., Schneider, S. (Hg.), Psychodynamisch handeln lernen. Grundlinien Psychodynamischer Psychotherapie für Ausbildung und Praxis. Psychosozial. Gießen, 563–582.

Quindeau, I. 2008: Psychoanalyse. (= UTB Profile). Fink. Paderborn.

Roth, G. [2]2003 [[1]2001]: Fühlen, Denken, Handeln. Wie das Gehirn unser Verhalten steuert. Suhrkamp. Frankfurt a. M.

Shakespeare, W. ca. 1600: The Tragedy of Hamlet, Prince of Denmark. – Zitiert nach der deutschen Übersetzung von A. W. von Schlegel: Hamlet, Prinz von Dänemark. – In: Schücking, L. L. (Hg.), Shakespeares Werke, Vierter Band: englisch und deutsch. Deutsche Buch-Gemeinschaft. Berlin 1955, 73–184.

Theiss-Abendroth, P. 2023: Psychoanalyse an Hochschulen lehren und erforschen. – In: Gödde, G., Püschel, E., Schneider, S. (Hg.), Psychodynamisch handeln lernen. Grundlinien Psychodynamischer Psychotherapie für Ausbildung und Praxis. Psychosozial. Gießen, 583–598.

von Wilpert, G. [8]2001 [[1]1955]: Sachwörterbuch der Literatur. Kröner. Stuttgart.

Wirth, H.-J. 2023: Narzissmus, Macht und die Sehnsucht nach Unterwerfung. – In: Hierdeis, H. (Hg.), Mechanismen der Unterwerfung. Perspektiven auf den Autoritarismus. 79. Jahrestagung der Interdisziplinären Studiengesellschaft vom 23. bis 25. September 2022 in Leipzig. Asanger. Kröning, 41–58.

Achim Würker

‚Das menschliche Wesen ist das Ensemble der gesellschaftlichen Verhältnisse' (Karl Marx) – eine Horizonterweiterung. Überlegungen zur Perspektive einer materialistischen Sozialisationstheorie

Zusammenfassung

Der Beitrag bezieht sich auf einen Diskurs über das Zusammenspiel von Organismus und Umwelt aus der Perspektive einer psychoanalytisch-materialistischen Sozialisationstheorie. In den 1970er Jahren ging es um die Frage, inwiefern der Trieb lediglich eine neutrale Energiequelle sei oder als eine bereits inhaltlich strukturierte Wirkkraft aufgefasst werden müsse. Im Versuch, für Letzteres zu votieren, bezieht sich der Sozialwissenschaftler und Psychoanalytiker Alfred Lorenzer auf Konrad Lorenz. Dargestellt und erläutert werden die Passagen aus Lorenzers Vorlesungen, in denen diese Bezugnahme argumentativ aufgegriffen und im Sinne einer materialistischen Sozialisationstheorie erläutert werden.

1 Annäherung

„Meine früheste Erinnerung ist in Rot getaucht. Auf dem Arm eines Mädchens komme ich zu einer Tür heraus, der Boden vor mir ist rot [...]" (Canetti 1977, 9).

Dieser Anfang der Autobiographie von Elias Canetti besteht aus einer szenischen Schilderung. Wer die beiden Sätze liest, in dem wecken sie eine bildhafte Vorstellung und rufen Gefühle wach. Er wird in seinen Erfahrungen angesprochen beziehungsweise trifft umgekehrt die vorgelesene Schilderung in ihm auf Erfahrungsniederschläge, auf eine innere, persönliche Vorstellungswelt. Dieses Zusammentreffen setzt sich in kaum wahrnehmbare körperliche Reaktionen um, wenn beispielsweise bei der zwei Mal genannten Farbe Rot Blut oder royaler Purpur assoziiert wird – vielleicht auch, weil es naheliegt, sich unwillkürlich mit dem 'Ich' zu identifizieren, das da auf dem Arm eines Mädchens wie auf einem Podest platziert ist. Die geschilderte Szene trifft mithin auf ein Panorama innerer Szenen und löst so Wirkungen aus, und zwar unmittelbar, bevor Gedanken ins Spiel kommen und Bedeutungen rational erkundet werden. Was sind das für innere Szenen, die die Folie unserer Wahrnehmungen und Reaktionen bilden? Wie haben sie sich gebildet? Wann beginnt sich diese szenische Struktur zu bilden? Wie bildet sie sich? – Unter anderen diesen Fragen werde ich nachgehen, und zwar im Zusammenhang der Auseinandersetzung über die Beziehung von Organismus und Umwelt, die in den 1970er und 1980er Jahren in der psychoanalytischen Sozialisationstheorie beziehungsweise Metapsychologie geführt wurde. Dabei werden sich vielfältige Anknüpfungspunkte zu den von Konrad Lorenz und Otto Koenig gewonnenen ethologischen Erkenntnissen ergeben, auch wenn ich mich im Wesentlichen auf Überlegungen des Psychoanalytikers und Sozialwissenschaftlers Alfred Lorenzer beziehen werde. Ihm ging es unter anderem darum, Freud und Marx miteinander zu vermitteln beziehungsweise den Diskurs, der mit der Bezeichnung ‚Freudomarxismus‘ und Autoren wie Wilhelm Reich, Siegfried Bernfeld, Erich Fromm oder Herbert Marcuse verknüpft ist, weiterzuführen. Für viele Anhänger der Psychoanalyse war damals klar, dass Freud als emanzipativer Anreger für Gesellschaftsanalyse und praktische Veränderungen aufzugreifen war und dass Marx die Grundlage für eine gesellschaftlich aufgeklärte, kritische Psychoanalyse lieferte.

2 Die psychoanalytische Perspektive auf die Organismus-Umwelt-Beziehung

Einleitend möchte ich einige Charakteristika der psychoanalytischen Perspektive auf die Organismus-Umwelt-Beziehung nennen:

1. Als eine Erfahrungswissenschaft, die aus der Psychotherapie herauswächst, konzentriert sich Psychoanalyse auf den Menschen.

2. Mit ihrer Wertschätzung des Psychogenetischen beziehungsweise des Lebensgeschichtlichen ist eine Konzentration auf die Ontogenese verbunden.

3. Das Zusammenwirken von Umwelt und Organismus wird zunächst im therapeutischen Prozess sehr konkret verhandelt, und zwar als Faktoren von Konfliktgenesen und seelischem Leid.

4. Sowohl in der Therapie als auch in der Forschung wandten sich einige Psychoanalytiker Säuglingen und Kleinkindern zu und verbanden die hermeneutische Perspektive auf Lebensgeschichtliches mit Kleinkindbeobachtungen.

5. Abstrakt wird die Frage nach dem Verhältnis von Umwelt und Organismus metapsychologisch in der Triebtheorie beziehungsweise der Theorie vom ‚Es' verhandelt. Hierbei geht es um die Frage, inwiefern der Triebbegriff letztlich rein energetisch gefasst werden muss, der Trieb also lediglich eine Kraftquelle ohne Inhaltlichkeit darstellt oder ob und wie Trieb beziehungsweise Es strukturiert sind.

6. So ergibt sich die Folgerung, dass – falls man für Inhaltlichkeit und Struktur des Triebes votiert – angegeben werden muss, wie im Prozess der Strukturbildung phylogenetische und ontogenetische, biologische und gesellschaftliche Faktoren zusammenwirken.

3 Die Strukturiertheit des Triebs

Auf der Grundlage dieser Voraussetzungen möchte ich mich nun der sozialisationstheoretischen Frage zuwenden, wie die basalen Strukturierungsprozesse menschlicher Persönlichkeitsentwicklung ablaufen, auf denen lebensgeschichtlich spätere Differenzierungs- und Bildungsprozesse, zum Beispiel die Spracheinführung, aufruhen. Im Diskurs des ausgehenden 20. Jahrhunderts war oft eine bestimmte Aussage von Karl Marx Bezugspunkt der Überlegungen, nämlich seine sechste Feuerbachthese, in der es heißt:

„[...] das menschliche Wesen ist kein, dem einzelnen Individuum innewohnendes Abstraktum. In seiner Wirklichkeit ist es das Ensemble der gesellschaftlichen Verhältnisse" (Marx 1888, 71).

Diese These besaß die Funktion einer Provokation: Jede auf die menschliche Persönlichkeitsbildung bezogene Aussage hatte zu zeigen, dass beziehungsweise wie sie die Bedeutung gesellschaftlicher Verhältnisse berücksichtigte. Entsprechend nannte Lorenzer einen eigenständig publizierten Teil seiner Habilitationsschrift von 1972: ‚Zur Begründung einer materialistischen Sozialisationstheorie'. Hier formulierte er die Fragestellung, die er beantworten wollte, folgendermaßen:

„Wie wird die ‚innere Natur' des Kindes so in menschliche Praxis eingefädelt, daß kindliche Entwicklung in vollem Umfang zugleich als Naturgeschichte wie auch als soziale Bildungsgeschichte gelesen werden kann [...]?" (Lorenzer 1972, 11)

Lorenzer differenzierte seine Antwort auf diese Frage in verschiedenen Etappen später aus, zum Beispiel im Rahmen von zwei Vorlesungsreihen. Die eine habe ich damals gehört, die andere habe ich in der Manuskriptfassung gelesen und in einer Gruppe mit ihm diskutiert, bevor er sie anlässlich einer Gastvorlesung in Costa Rica vortrug. Beide wurden posthum publiziert, die eine 2002, die andere 2022. Im Folgenden werde ich Passagen dieser Vorlesungen aufgreifen, die sich auf Konrad Lorenz beziehen. In den ersten zwölf Vorlesungen der einen Reihe über Metapsychologie vollzieht Lorenzer (2022) die bisherige Diskussion über den Triebbegriff nach und problematisiert einerseits die Tendenz, den Trieb letztlich rein energetisch und inhaltsneutral zu bestimmen. Andererseits diskutiert er Bestimmungsansätze, die zwar von einer Strukturiertheit des Triebs ausgingen, jedoch einseitig entschieden, ob diese Struktur biologisch oder gesellschaftlich geprägt sei.

4 Lorenzers Bezug auf die Ethologie

Im Versuch, sowohl die Strukturiertheit von Trieb und Es nachzuweisen als auch die besagten Einseitigkeiten zu überwinden, bezieht er sich nun auf die Ethologie:

„Will man diesen Aufbau [der Triebstruktur] Schritt für Schritt verfolgen, dann empfiehlt es sich, [...] tiefer in die Ahnenreihe der menschlichen Gattung zurückzugehen und sich die Entwicklung der Vögel, wie sie uns die moderne Ethologie erschlossen hat, anzusehen" (Lorenzer 2002, 126). Er wendet sich Konrad Lorenz zu, um eng an einigen von dessen Beobachtungsschilderungen zu zeigen, wie dieser die These vom angeborenen Auslösemechanismus entwickelt, und zitiert (2022, 202) unter anderem Konrad Lorenz mit der zusammenfassenden Feststellung:

„Jenes In-Unruhe-Versetzen des Tieres, jener *Ansporn* zu gerichtetem oder ungerichtetem Suchen nach einer ganz bestimmten Reizsituation, in welcher dann erst das angeborene Auslöseschema der angestrebten Reaktion zum Ansprechen gebracht wird, ist dasjenige, was ich mit dem Wort *Trieb* bezeichnen möchte, wobei ich mir voll bewußt bin, daß dieser Triebbegriff noch weniger als der von mir angewandte Begriff der Instinkthandlung der herkömmliche ist" (Lorenz 1937, 328f.).

Konrad Lorenz ist sich – wie Lorenzer – offenbar bewusst, dass er sich mit diesem Triebbegriff von einer rein energetischen Bestimmung entfernt, indem er den Trieb als inhaltlich strukturierten Impuls bestimmt, der einen Verhaltensansporn nur bildet, wenn dieser inneren Strukturiertheit eine entsprechend strukturierte Szene als Auslöser gegenübertritt. Abwehrverhalten wird erst dann gezeigt, wenn eine äußere Situation Merkmale einer bestimmten Auslösesituation gewinnt, wenn beispielsweise Jungvögel im Nest das Vatertier nicht als Nahrungsbringer begrüßen, sondern es als Angreifer wahrnehmen, weil dieses den am Nest stehenden Konrad Lorenz attackiert, so dass das Vatertier zum Mitspieler in einer Bedrohungssituation wird. Damit wird ein anderes Verhaltensmuster als gewohnt aktiviert, und die Küken hacken gegen das Vatertier.

Mit Konrad Lorenz lasse sich – so Lorenzer weiter – nicht nur festhalten, dass „Tier und Umwelt [...] Pole in einer zusammenspielenden Einheit [sind], deren Angelpunkt das jeweilige konkrete Ineinander von Verhaltensschema und Situationsgefüge ist" (Lorenzer 2022, 207), sondern auch die Variabilität dieses Zusammenspiels:

> „Die Instinkthandlung in der Einheit von Verhaltensschema und Situation grenzt Lorenz nun ab von zweckgerichtetem Verhalten, und das heißt von Dressur und verstandesmäßigem Benehmen des Tieres. Beide greifen nach Lorenz in freigelassene Möglichkeiten der Instinkthandlung ein oder setzen sich der Instinkthandlung gleichsam ergänzend auf" (ebd., 203).

Doch all diese Übereinstimmungen, all diese Bestätigungen eines inhaltlichen Triebbegriffs oder eines strukturierten Es, lassen gewichtige Fragen offen, denn es bleibe – so erneut Lorenzer –

> „[...] die Nötigung, die Besonderheit der menschlichen Triebbildung in der Ontogenese aufzuzeigen in ihrer Gegensätzlichkeit zu den tierischen Entwicklungssituationen, wobei wir den Sprung erklären und nicht bloß behaupten dürfen. Und wenn wir nicht plötzlich doch noch auf den großartigen Fund der inhaltlichen Bestimmtheit des Instinkt- bzw. Triebbegriffs verzichten, dann müssen wir uns schon die Mühe machen, die geschichtsmaterialistische Grundthese einer gesellschaftlichen Bestimmtheit der Persönlichkeitsstruktur in ihrem Triebfundament denkbar zu machen, indem wir die Bedingungen für die Veränderlichkeit der menschlichen Instinktschemata in der einzelnen Ontogenese umreißen. Das bloße Herbeten der sechsten Feuerbach-These als Art Glaubensartikel bringt uns nicht weiter" (ebd., 208).

5 Lorenzers Folgerungen

Ich erinnere an die oben zitierte Fragestellung von 1973, die hier erneut anklingt. Nun gilt aber genauer: Einerseits sind die Lorenzschen Befunde einschließlich der Auffassung der biologischen Prägungen der Instinktschemata zu bewahren, andererseits müssen drei Anforderungen erst noch eingelöst werden:

1. Die ontogenetische Dimension muss konkreter verstanden werden, als es bei Konrad Lorenz nachzulesen ist.
2. Dabei ist die Besonderheit der menschlichen Entwicklung genau zu begründen.
3. Das Zusammenspiel von Natur und Kultur, von Biologie und Gesellschaft muss konkret beschreibbar gemacht werden.

Lorenzer hält zunächst noch einmal fest, dass es um das Zusammenspiel „der Systematik der Körperprozesse des Lebewesens" und „der Systematik des jeweiligen Organismus-Welt-Verhältnisses" in einem „sinnlich erfahrbaren Lebensraum" geht (ebd., 209f.).

Der Clou seiner hierauf fußenden Argumentation ist im Grunde außerordentlich einfach: Sie bezieht sich nämlich schlicht auf die Betrachtung der frühesten Entwicklungsphasen des menschlichen Wesens im Leib der Mutter. Der erwähnte ,sinnlich erfahrbare Lebensraum' ist für den Menschen zu allererst der Mutterleib: der Fötus wächst in einer geschützten Umgebung heran, diese jedoch gehört zum Körper eines artgleichen und bereits sozialisierten, erwachsenen Menschen, der Mutter. Insofern findet die Entwicklung im Mutterleib als sinnlich-unmittelbares Wechselspiel zwischen dem Organismus des Kindes beziehungsweise dessen physiologischem Bedarf und dem Organismus der Mutter statt, und dieser ist geprägt durch deren einsozialisierte Reaktionsmuster, die internalisierten sozialen Normen und kulturellen Prägungen sowie aktuelle Umwelteinflüsse materieller, gesellschaftlicher und historischer Art, denen der mütterliche Organismus ausgesetzt ist. Damit wird deutlich, dass ,angeboren' im Sinne von ,im Moment der Geburt' vorhanden nicht einfach eine biologisch-genetische Ausstattung ist, sondern eine innere Strukturiertheit, die eine Interaktionserfahrung abbildet. In der Komplexität und sozialen Einbindung des mütterlichen Organismus, in dem die Prägung des Fötus stattfindet, liegt die Besonderheit der vorsprachlichen und vorgeburtlichen Entwicklung des Menschen.

Lorenzer hat seine Bezugnahme auf Konrad Lorenz in der 2002 veröffentlichten Vorlesungsreihe so verdeutlicht:

> „Der Aufbau der Triebhandlungen der Vögel ist aus einer Reihe von Gründen instruktiv, uns den Aufbau der sozialen Struktur des Körpers und des Verhaltens durchsichtig zu machen. Ein Grund für die besondere Tauglichkeit dieses Anschauungsmaterials besteht darin, daß die Entwicklung bei diesen Lebewesen in zwei Stadien mit ganz unterschiedlicher Umweltbeziehung abläuft. Zunächst ist das junge Vogel-Lebewesen im Ei weitestgehend

abgeschirmt von den Umwelteinflüssen. Dann aber, mit dem Ausschlüpfen aus dem Ei, ist es momentan voll den Außeneinwirkungen ausgesetzt. Die Auseinandersetzung, die sich daraus ergibt, spielt sich vor unseren Augen ab" (Lorenzer 2002, 126f.).

Daraus ergibt sich eine Kontrastierung beziehungsweise eine Einsicht in die Besonderheit der Säugetierentwicklung:

„Bei ihnen sind Abgrenzung und sozialer Einfluß insofern von vornherein ineinander verschränkt, als das werdende Lebewesen in der intrauterinen Reifezeit sich zwar auch in einem geschützten Raum befindet, dorthin aber nicht nur starke Außenreize durchdringen können, sondern die Schutzhülle selbst als Organ der Mutter bzw. des Muttertieres Teil eines unablässig mit der Umwelt interagierenden Organismus ist. Vermittelt über diesen mütterlichen Organismus nimmt das werdende Lebewesen an den sozialen Verhältnissen teil. Natürlich läuft diese Teilnahme vor allem über die vegetativen Reaktionen der Mutter und greift damit tief und nachhaltig in die basalen Reaktionsweisen des Kindes ein" (ebd., 127).

Auf den Menschen bezogen gilt:

„Die pränatale Medizin [...] konnte bei den menschlichen Föten in einer Reihe von Beobachtungen eindrucksvolle Beispiele für die prägende Wirkung des Interaktionsspiels ausmachen. Daß Kinder in den Wochen nach der Geburt den Herzschlag ihrer Mutter erkennen, wenn er ihnen unter anderen Aufnahmen vom Tonband vorgespielt wird, indem sie darauf und nur darauf ruhig werden, ist eines der vielen Beispiele, an denen die psychophysische Abstimmung innerhalb der Mutter-Kind-Einheit verdeutlicht werden kann" (ebd.).

Selbstverständlich muss bei der Lektüre dieses Zitats mitbedacht werden, welche Fortschritte sowohl die pränatale Diagnostik als auch die Erforschung der Gene seit Mitte der 1980er Jahre gemacht haben. Die entsprechenden Erkenntnisse stellen Lorenzers Argumentation jedoch nicht in Frage, sondern können im Gegenteil zu ihrer Unterstützung herangezogen werden (vgl. Bauer 2021).

Deutlich wird jedenfalls, dass nach Lorenzer sich einerseits die früheste menschliche Entwicklung nicht grundsätzlich von der anderer Säugetiere unterscheidet. Andererseits hält er als Besonderheit fest, dass beim Menschen ein besonders krasser Kontrast zwischen biologischer Unbestimmtheit aufseiten des kindlichen Organismus und der hohen Strukturiertheit des mütterlichen Organismus existiert:

„Die schöne Situationsoffenheit des Menschen ist eingebettet in einen Mutterorganismus, der seinerseits in ein raffiniertes, hochaufgetürmtes System gesellschaftseigener, gruppen-, klassenspezifischer Verhaltensregulation je nach dem besonderen sozialen Ort der Mutter eingezwungen ist" (Lorenzer 2022, 212).

6 Interaktionsform statt Instinktschema

Eine wichtige Nuance der Lorenzerschen Theorie soll mit Hinweis auf einen Begriffswechsel nachgetragen werden: Indem er den von Konrad Lorenz geprägten Begriff des Instinktschemas durch den der ,Interaktionsform' ersetzt, verdeutlicht er, dass die basalen inneren Strukturelemente von Trieb und Es aus einer grundsätzlich beschreibbaren Interaktion zwischen Mutter und Embryo beziehungsweise später von Mutter beziehungsweise Beziehungsperson und Säugling beziehungsweise Kleinkind hervorgehen. Man könnte auch sagen, die entwickelte innere Struktur bildet eine ,szenische' Erfahrung ab, weil sie im Wechselspiel zwischen zwei Mitspielern abläuft. Veranschaulichen lässt sich diese Wertschätzung des Szenischen auch an Hand mancher Schilderungen von Konrad Lorenz: Seine Graugansepisoden beispielsweise sind allesamt Szenen, und seine daraus gewonnenen Erkenntnisse sind Einsichten in szenische Zusammenhänge. Naheliegend ist es auch, sich nachgeburtliche Szenen mit Mutter und Säugling als dem Zusammenspiel ähnlich vorzustellen, das bereits die intrauterine Situation ausmacht.

Die Skizze:

Interaktion (Mutter – Embryo) $\rightarrow$ Interaktionsform

soll verdeutlichen, dass ,Interaktionsformen' neuronale Niederschläge von Interaktionserfahrungen sind, die durch Wiederholung eine gewisse Festigkeit und Eindrücklichkeit erlangt haben. Sie haben nicht nur als Erfahrungsniederschläge einen Bezug zur Erfahrungsvorgeschichte, sondern sie besitzen zugleich Entwurfscharakter für zukünftige Interaktionen:

Interaktionsform = Niederschlag + (szenischer) Entwurf

Jede neue Situation wird auf dem Hintergrund von Erfahrungen erlebt und im Sinne der frustrierenden oder befriedigenden Erfahrungen bewertet und in Impulse für zukünftiges Handeln umgesetzt. Noch einmal möchte ich Lorenzer selbst zu Wort kommen lassen:

„So stellt sich uns die Alternative ‚anlagebestimmt oder sozial bestimmt‘ längst nicht mehr. Die Gleichsetzung von ‚vererbt und angeboren‘ ist angesichts der sozialen Prozesse, die erkennbar in der intrauterinen Entwicklung schon sich abzeichnen, nicht mehr haltbar.

Andererseits ist auch in unserer Sicht der Leib keine bloße Wachstafel, auf der sich die sozialen Figuren einschreiben. Unsere Rede von der Einzeichnung der Szenen in Erinnerungsspuren, die sich im Körper niederschlagen, war stets zu ergänzen um den Zusatz: Die soziale Einwirkung verläuft als Wechselspiel zwischen leiblicher und sozialer Einwirkung, zwischen der Körperlichkeit und der Sozialität des Menschen" (Lorenzer 2002, 131).

7 Fazit

Die von Lorenzer angestrebte Horizonterweiterung lässt sich als Aufhebung von Polarisierungen verstehen: An die Stelle von Anlagebestimmung versus Sozialbestimmung tritt bei ihm das ‚Sowohl- als-auch‘. Damit löst sich auch die Koppelung von vererbt und angeboren auf: Angeborene Strukturen werden nämlich als sowohl als ererbt wie als sozial bestimmt verstehbar.

Auf dieser basalen subjektiven Strukturbildung im intrauterinen Wechselspiel zwischen dem Organismus des Fötus und der durch die Mutter vermittelten Umwelt bauen die weiteren Etappen des Sozialisationsprozesses auf: Neben einer Ausdifferenzierung der Struktur der Interaktionsformen ist es besonders der nächste wichtige Schritt der Symbolbildung beziehungsweise der Spracheinführung, der in den Blick zu nehmen ist: Auf einem bestimmten Entwicklungsniveau ist das Kleinkind fähig, sowohl äußeren als auch inneren Szenen ‚einen Namen zu geben‘, wobei diese Namen zunächst nicht sprachlich sind. Gegenstände, mit denen spielerisch umgegangen wird, erlauben eine als bedeutsam erlebte innere Szene außen zu gestalten und zu manipulieren. Parallel und später folgt die Fähigkeit, mittels sprachlicher Laute Szenen zu repräsentieren, mitzuteilen und handelnd zu erproben.

Ich belasse es bei dieser stark verkürzten Andeutung und komme noch einmal auf das einleitende Canetti-Zitat zurück: Der Autor entwirft da am Anfang seiner Autobiographie mit wenigen Worten eine Szene, die die Assoziation zu einer intrauterinen Wahrnehmung (das Rot überall), zu einer Geburt (das Herauskommen) und damit die Vorstellung von einem Ich weckt, das bereits in diesem Moment existiert. Noch einmal das Zitat:

„Meine früheste Erinnerung ist in Rot getaucht. Auf dem Arm eines Mädchens komme ich zu einer Tür heraus, der Boden vor mir ist rot [...]" (Canetti 1977, 9).[1]

8 Literatur

Bauer, J. 2021: Das empathische Gen. Humanität, das Gute und die Bestimmung des Menschen. Herder. Freiburg i. Br.

Canetti, C. 1977: Die gerettete Zunge. Geschichte einer Jugend. Hanser. München.

Lorenz, K. 1937: Über die Bildung des Instinktbegriffes. – In: Die Naturwissenschaften 25 (19, 20, 21), 289–300, 307–318, 324–331.

Lorenzer, A. 1972: Zur Begründung einer materialistischen Sozialisationstheorie. Suhrkamp. Frankfurt a. M.

Lorenzer, A. 1991: Der Beitrag der Psychoanalyse zu einer materialistischen Sozialisationstheorie. – In: Lutz-Bachmann, M., Schmid Noerr, G. (Hg.), Kritischer Materialismus. Zur Diskussion eines Materialismus der Praxis. Für Alfred Schmidt zum 60. Geburtstag. Hanser. München, 322–335.

Lorenzer, A. 2002: Die Sprache, der Sinn, das Unbewußte. Psychoanalytisches Grundverständnis und Neurowissenschaften. Hg. von U. Prokop. Klett-Cotta. Stuttgart.

Lorenzer, A. 2022: Freuds metapsychologische Schriften. Vorlesungen zur Einführung. Hg. von E. Reinke. Psychosozial. Gießen.

Lüdde, H. 1986: Lesarten der Selbstdarstellung. Zu einem autobiographischen Text von Elias Canetti. – In: Lorenzer, A. (Hg.), Kultur-Analysen. Psychoanalytische Studien zur Kultur. Fischer. Frankfurt a. M., 375–396.

Marx, K. 1888: Anhang: Karl Marx über Feuerbach vom Jahre 1845. – In: Engels, F., Ludwig Feuerbach und der Ausgang der klassischen deutschen Philosophie. Dietz, Stuttgart, 69–72.

Würker, A. 1991: Sprache und Macht. Eine psychoanalytisch-tiefenhermeneutische Interpretation von Elias Canettis „Die gerettete Zunge". – In: KulturAnalysen 3 (1), 19–55.

---

[1] Zu einer tiefenhermeneutischen Interpretation der ‚Geretteten Zunge' vergleiche Lüdde (1986) und Würker (1991).

Roland Girtler

Perspektivenwechsel – vom bettelnden und verachteten Landstreicher zum romantisch verklärten Vagabunden – das ‚Gaudeamus igitur'

Zusammenfassung

In den folgenden Ausführungen wird vor dem Hintergrund der Kulturethologie beziehungsweise der Kulturanthropologie (Kultursoziologie) gezeigt, wie aus dem bemitleidenswerten Bettler und Landstreicher aus der Perspektive des ‚guten Bürgers' ein angesehenes Individuum werden kann. Das Stigma des Verachteten wird umgedreht und zum Charisma (im Sinne von ‚besondere Ausstrahlung'). Dies wird in einem weiten Bogen dargestellt von der Fremdenangst als eine anthropologische Konstante über die Landstreicher in Antike und Frühmittelalter (‚Gyrovagen' und ‚Asylanten') bis zur Verklärung im studentischen Leben des 18. und Jahrhunderts (im Besonderen bei Kindleben und Engels).

1 Vom Stigma des Verachteten zum Charisma des ‚Weltbürgers'

Man denke an den berühmten Fassbewohner Diogenes, der es verstand, sich als nobler und bedürfnisloser Herr zu geben – er wird der philosophischen Schule der Kyniker (von altgriechisch κύων, *kyōn,* der Hund) zugeordnet. Sogar der Welteroberer Alexander der Große hatte höchste Achtung vor ihm. Auch ein Vergleich mit den Aposteln, den Jüngern von Jesus, drängt sich hier auf. Im Neuen Testament werden sie als gerne Wein trinkende, vagabundierende Landstreicher geschildert. Christus wird daher im Lukas-Evangelium als Fresser und Weinsäufer und als Freund von Zöllnern und Sündern bezeichnet. Von einer anderen Perspektive aus werden die Aposteln heute allesamt als heiligmäßige und anbetungswürdige Leute gesehen. Sie trugen also zunächst das Stigma des Vagabunden und Weintrinkers. Aus diesem negativen, abwertenden Stigma wurde schließlich das Charisma des Heiligmäßigen[1].

2 Die Urangst vor dem Fremden

Ein klassisches Thema der Kulturanthropologie und der Kultursoziologie ist das des Umgangs mit dem Fremden. Spannend ist, gerade hinsichtlich der Perspektive, was Georg Simmel (1908, 509ff.) in seinem ‚Exkurs über den Fremden' dazu ausführt. Für ihn ist allerdings nicht der Fremde interessant, der als Wandernder heute kommt und morgen geht, sondern der, der heute kommt und morgen bleibt. Dieser Gedanke wird in gewisser Weise von dem amerikanischen Kultursoziologen Robert Ezra Park (1864–1944), der bei dem Kultursoziologen Georg Simmel in Berlin studiert hat, weitergeführt – und zwar in seinen Überlegungen zum *marginal man*, dem ‚Randseiter' (Park 1928).

Es gibt so etwas wie eine Urangst vor dem Fremden, wie der Schweizer Professor für Klassische Philologie Otto Hiltbrunner (1913–2017) in seinem Buch ‚Gastfreundschaft in der Antike und im frühen Christentum' (Hiltbrunner 2005) meint. Man ist seit Urzeiten vorsichtig dem Fremden gegenüber, weil man nicht weiß, ob er der Gemeinschaft schadet, so etwa durch mitgebrachte Krankheitserreger. Diese Angst ist nicht unberechtigt, denkt man an das schnelle Aussterben der einheimischen Bewohner der von Kolumbus entdeckten amerikanischen Inseln. Ihnen fehlte die Immunabwehr gegen die von den Europäern mitgebrachten Krankheitserreger, an die die Eindringlinge längst gewöhnt waren. Andererseits ist man über jene Fremden erfreut, die als Medizinmänner, Schmiede, Trommler, Musiker, Gelehrte, Philosophen usw. Nutzen bringen können. Vorsichtige Vorbehalte hatte man gegenüber Händlern, Bettlern und Schutzflehenden (vgl. ebd., 10ff.).

Von vornherein verdächtig ist meist jener Fremde, der allein kommt, denn er konnte jemand sein, der aus seiner Gruppe wegen eines Vergehens ausgeschlossen wurde oder mit einem Fluch beladen war. Es konnte sogar sein, dass man den Fremden nicht einmal als Menschen sah. So galt das altägyptische Wort *pirom* (Mensch) nur für Ägypter. Ähnlich bezeichneten manche

---

[1] Zum diesem Thema schrieb der schon verstorbene Wolfgang Lipp (1985) ein interessantes Buch.

afrikanischen Stämme sich selbst als ‚Menschen der Menschen' und die Fremden als Schlangen oder ähnliches.

3 Landstreicher, die für Götter gehalten werden

Es konnte jedoch auch sein, dass man meinte, der Fremde sei ein Gott, man müsse ihm daher ehrfurchtsvoll begegnen. Der Gott, der auf Erden weilt, ist ein uraltes Wandermotiv. So ist es im Altnordischen Odin beziehungsweise Wotan, der umherzieht und die Menschen besucht. Auch in der ‚Odyssee' des griechischen Dichters Homer wird davon erzählt, dass Götter in der Gestalt von Fremden durch die Dörfer und Städte ziehen, um sich über den Frevelmut und das Wohlverhalten der Menschen zu erkundigen (Odyssee, 17. Gesang, Verse 485ff.). An die Idee, dass Gott mit dem Fremden in Beziehung steht, erinnern die heute noch üblichen Dankesworte von wandernden Bettlern: ‚Vergelt es Gott'. Mir selbst fiel bei meinen Forschungen in Rumänien auf, wenn ich rumänischen Bettlern ein Geldstück überreichte, sie gewöhnlich mit *Domne ajuta* (‚Der Herr', also Gott, ‚möge dir helfen') antworteten. Als ich einmal müde von einer Wanderung durch Hermannstadt (Sibiu) mich in die dortige rumänische Kirche setzte, meinen alten Rucksack neben mich stellte und meinen Hut in der Hand hielt, kam eine Frau zu mir und überreichte mir ein paar Lei. Ich war sehr überrascht, dass man mich für einen Bettler hielt, ich antwortete aber höflich mit dem rumänischen Segensgruß *Domne ajuta*.

4 Spezielle Perspektiven des Vagabunden als Gast – die ‚Gyrovagen'

Zu den Perspektiven des Vagabunden gehört die Aussicht auf ein einigermaßen gutes Lager und eine entsprechende Bewirtung. Wird ein Fremder zum Gast, der in ein Haus eingeladen wird, so hat er auch bestimmte Pflichten, um sich als würdig für die Einladung zu erweisen. In einem altgermanischen Rechtssatz heißt es: ‚Zwei Tage Gast, vom dritten Tag an Hausgenosse'. Der als Gast aufgenommene Fremde verliert seine Fremdheit, da er nach zwei Tagen zu den täglich zu verrichtenden Arbeiten mit herangezogen werden kann. Er muss sich also dem Oberhaupt der Familie unterstellen. Tacitus schreibt über die Gastfreundschaft der Germanen in seiner ‚Germania', dass es als Frevel gilt, wenn man einen Fremden von der Tür seines

Hauses weist, man hat ihn gastlich zu bewirten. Mit diesem Thema des wandernden Fremden beschäftigt sich in wenigen Sätzen auch der heilige Benedikt (ca. 480–547), der Gründer des Ordens der Benediktiner, wenn er in seinen ‚Regeln‘ (Benedikt von Nursia, um 540) von jenen ‚abscheulichen‘ Mönchen schreibt, die er als ‚Gyrovagen‘ (Landstreicher) bezeichnet:

> „Ihr Leben lang ziehen sie landauf, landab und lassen sich für drei oder vier Tage in verschiedenen Klöstern beherbergen. Immer unterwegs, nie beständig, sind sie Sklaven der Launen ihres Eigenwillens und der Gelüste ihres Gaumens. In allem sind sie noch schlimmer als die Sarabaiten" (ebd., Kap. 1, 10–11).

Die Sarabaiten sind für Benedikt eine ebenso „ganz widerliche Art von Mönchen" (ebd.).

Auf die Gyrovagen, die ‚Landstreicher‘, hat mich in dankenswerter Weise der jetzige Abt des Schottenstiftes in Wien, Pater Nikolaus Poch, gebracht. Auch diskutierte ich mit Professor DDr. Hans Hofinger, einem lieben Freund, über die von Benedikt verachteten faulenzenden Gyrovagen. Schließlich hat mir in der Klosterschule Kremsmünster, die ich besuchte, Pater Rupert geraten, wenn ich einmal hungrig und müde durch die Lande ziehen sollte, zu einem Pfarrhaus zu gehen und dem Pfarrer diesen Spruch zu sagen: *Pauper studiosus sum, peto te viaticum* (‚Ich bin ein armer Student, ich bitte um eine Wegzehrung‘). Dieser Spruch würde Wunder wirken.

Gegenüber bettelnden Fremden waren nicht nur der heilige Benedikt, sondern auch die alten Griechen vorsichtig. Man bezeichnete die besonders frechen unter ihnen als ‚Parasiten‘ (das sind, aus dem Griechischen kommend, die bei Tisch Sitzenden, eigentlich Tischgenossen), nämlich als Menschen, die gut davon leben, von anderen eingeladen zu werden und an ihrem Tisch sich satt zu essen – ohne dafür etwas zu zahlen.

Die modernen Nachfolger dieser Leute sind jene Spezialisten, die beinahe täglich in Wien zu einer Vernissage oder einer ähnlichen Veranstaltung gehen, bei der Getränke und Brötchen gratis serviert werden.

5 Die Perspektiven der Asylanten

Auf die Griechen geht auch das Wort ‚Asyl‘ zurück. Asyl kommt vom griechischen Wort συλον, *sylon* für ‚Raub‘ und ‚a‘ (*alpha privativum*) als Verneinung. Ein Asylant ist also jemand, dem zugesichert ist, dass er nicht beraubt oder ähnlich schlecht behandelt wird. Der Asylant genießt also Schutz vor Zugriffen. Das latinisierte Wort *asylum* ist demnach ein Ort, an dem Menschen sicher sind, nicht beraubt oder verhaftet zu werden. Solche Orte waren in früheren Zeiten die Kirchen und auch die Universitäten. Der Asylant hatte allerdings bloß die Garantie der persönlichen Unversehrtheit, nicht aber einen Anspruch auf sonstige Unterstützung (Hiltbrunner 2005, 51f.). Hierin liegt wohl der Unterschied zum modernen Asyl.

6 Interessanter Wechsel der Perspektiven: Die Verklärung der alten Vagabunden in Studentenliedern

Die heutigen Farbenstudenten führen die Tradition der mittelalterlichen Vaganten weiter, die zum Teil als verbummelte Studenten und arbeitslose *Magistri* von Universität zu Universität oft bettelnd zogen. Sie führten ein heiteres, oft auch entbehrungsreiches Leben, aber sie dichteten schöne Lieder, wie das ‚Gaudeamus igitur‘, das heute weltweit als Universitätshymne gesungen wird. Die Farben tragenden Studenten, zu denen sich heute auch Damen gesellen, sind Teil einer alten europäischen Kultur.

Das klassische Liederbuch der Farbenstudenten findet man in allen farbenstudentischen Verbindungen – den liberalen, deutschnationalen, jüdischen und katholischen. Dieses Liederbuch ist das ‚Allgemeine Deutsche Commersbuch‘, das 1858 zum ersten Mal in Lahr (im Schwarzwald) im Verlag Schauenburg erschienen ist und seitdem viele Auflagen erlebt hat. Man spricht daher von diesem Buch als der Lahrer-Bibel.

7 Friedrich Engels und das ‚Gaudeamus igitur‘ – eine alte studentische Perspektive

1986 war ich über Initiative meines Freundes Univ. Prof. Dr. Heinz Grünert, Professor für Ur- und Frühgeschichte an der Berliner Humboldt Universität, für zwei Wochen Staatsgast der alten DDR. Ich hielt damals Vorträge an der Humboldt Universität in Berlin und an der Universität Jena. Besonders ehrte es mich, dass ich in der Aula der Universität Jena einen Vortrag über die Geschichte des Rotwelsch, das ist die alte Sprache der Vagabunden, halten durfte. Ich lernte im damaligen kommunistischen Ost-Berlin großartige Universitätsprofessoren kennen, unter ihnen einen Kreis von Herren, die alte deutsche Studentenlieder sangen. Sie brachten sogar eine Langspielplatte mit diesen Liedern heraus. Diese Platte erwarb ich und brachte sie mit nach Wien. Man zeigte in der alten DDR großes Interesse an den farbentragenden

Verbindungen und ihren Verdiensten in früheren Zeiten. Ein schönes Buch über die Burschenschaft verfasste ao. Professor Günter Steiger von der Universität Jena (Steiger & Ludwig 1986). Ich lernte diesen Herrn dort kennen und erfreute mich an seinem Wissen über die alte Burschenschaft, die in der DDR hochgeachtet war. So legte die kommunistische Jugend der DDR regelmäßig einen Kranz zu Füßen des Burschenschaftsdenkmals vor der Universität Jena nieder. In der offiziellen kommunistischen Universitätszeitung ‚Sozialistische Universität' las ich damals unter anderem über die Burschenschaft, dass diese ein Erbe sei, ‚dass es zu pflegen gilt'.

Professor Steiger schenkte mir damals ein kleines Büchlein mit dem Titel ‚Gaudeamus igitur – Lasst uns fröhlich sein', 1986 in Leipzig erschienen, also zu DDR-Zeiten. Zu meinem Erstaunen fanden sich in diesem ‚sozialistischen' Buch Studentenlieder, die heute noch in unseren farbentragenden Verbindungen gesungen werden. Bei diesem Büchlein handelt es sich im Wesentlichen um einen Auszug aus dem bekannten ‚Allgemeinen Deutschen Commersbuch'.

In diesem Liederbuch ist auch das ‚Gaudeamus igitur', die ‚Universitätshymne' enthalten. Es ist eigentlich ein Trinklied, mit den klassischen Perspektiven der in die Jahre gekommenen Studenten, die mit diesem Lied ausdrücken wollen, dass es gerade für Studenten wichtig ist, in dieser Zeit ein intensives Leben zu führen, da das Leben ohnehin kurz ist, und es sich nicht auszahlt, die paar Jahre, die man lebt, in Kümmernis und Sorgen zu verbringen. Es ist also eine eher heitere Perspektive, der man sich zuwenden soll, als bloß in der Langeweile und im oftmaligen Ärger an der Universität zu ‚versumpern'. Dies entspricht der Absicht des Dichters des ‚Gaudeamus', der dazu aufruft, sich zu freuen. Die Perspektive soll eine freudvolle sein.

Gedichtet beziehungsweise herausgegeben hat dieses ‚Gaudeamus igitur' ein heiter lebender und dem Wein und der Liebe zugetaner Herr, nämlich Christian Wilhelm Kindleben (geboren 1748 in Berlin und gestorben 1785 in Jena oder Dresden). Kindleben stammte aus ärmlichen Verhältnissen. Dank einer Gönnerin studierte er ab 1767 in Halle an der Saale evangelische Theologie. Nach seinem Studium betätigte er sich als Landprediger. Er musste jedoch wegen seines wilden Lebenswandels aufgeben. Dieser Lebenswandel verhinderte es, dass Kindleben eine Stelle als Dozent, dies war seine nächste Perspektive, an der Universität Halle annehmen konnte. 1781 wurde er wegen seines spannenden Lebens aus Halle ausgewiesen. Er hatte unter anderem ein ‚Studenten-Lexikon', in dem er sich vor allem mit der alten Sprache der Studenten beschäftigt, verfasst. Die damalige studentische Kultur galt als nicht besonders gesellschaftsfähig. In seinem Werk ‚Studentenlieder' veröffentlichte er die bis heute übliche Fassung von ‚Gaudeamus igitur', dem bekanntesten und bedeutendsten Studentenlied der Welt (Kindleben 1781). Kindleben starb mit 37 Jahren, wie es heißt, ‚als Liebhaber des ältesten Gewerbes' und des Alkohols.

Es ist wohl noch hinzufügenswert, dass Friedrich Engels, also der Kollege von Karl Marx, begeistert die alten studentischen Trinkrituale zu schätzen wusste und – allerdings ohne Erfolg, er war ein schlechter Sänger – noch in seinen letzten Lebensjahren versucht hat, seinem Kanarienvogel, den er auf seiner Hand vor sich her trug, das ‚Gaudeamus igitur' beizubringen (Steiger & Ludwig 1986), ganz im Sinne einer alten studentischen beziehungsweise akademischen Perspektive, zu der auch die Sehnsucht nach Freude gehört (vgl. Schillers Lied an die Freude).

8 Literatur

8.1 Zitierte Literatur

Allgemeines Deutsches Commersbuch [1]1858. Schauenburg. Lahr. [[167]2021. Morstadt. Kehl.]

Benedikt von Nursia (um 540): Regula Benedicti; Regeln. – Zit. n.: Benediktinerabtei Ettal, Regel des Hl. Benedikt. Regeltext in Deutsch. – www.benediktiner.de/regel-des-hl-benedikt/regeltext-in-deutsch/ (Zugriff: 14.08.2024).

Hiltbrunner, O. 2005: Gastfreundschaft in der Antike und im frühen Christentum. Wissenschaftliche Buchgesellschaft. Darmstadt.

Kindleben, C. W. 1781: Studentenlieder, aus den hinterlassenen Papieren eines unglücklichen Philosophen Florido genannt. O. V. Halle a. d. S.

Lipp, W. 1985: Stigma und Charisma. Über soziales Grenzverhalten. Reimer. Berlin.

Park, R. E. 1928: Human Migration and the Marginal Man. – In: American Journal of Sociology 33 (6), 881–893.

Simmel, G. 1908: Soziologie. Untersuchungen über die Formen der Vergesellschaftung. Duncker & Humblot. Berlin.

Steiger, G., Ludwig, H.-J. 1986: Gaudeamus igitur. Laßt uns fröhlich sein. Historische Studentenlieder. Deutscher Verlag für Musik. Leipzig.

8.2 Weiterführende Literatur

Girtler, R. 1980: Vagabunden in der Großstadt. Teilnehmende Beobachtungen in der Lebenswelt der „Sandler" Wiens. (= Soziologische Gegenwartsfragen 44). Enke. Stuttgart.

Girtler, R. 1992: Vaganten, Studenten, die Kultur des Alkohol und das Ideal der Freiheit. – In: Einst und Jetzt. Jahrbuch des Vereins für corpsstudentische Geschichtsforschung 37, 71–91.

Girtler, R. 2021: Gaudeamus igitur – Lasst uns also fröhlich sein. Farbenstudenten, ihre Lieder und Rituale. LIT. Wien.

van Gennep, A. 1909: Les rites de passage. Etude systématique des rites de la porte et du seuil, de l'hospitalité, de l'adoption, de la grossesse et de l'accouchement, de la naissance, de l'enfance. Nourry. Paris. – Deutsch: Übergangsriten. Aus dem Französischen von K. Schomburg und S. M. Schomburg-Scherff. Campus. Frankfurt a. M. 1986.

Dagmar Schmauks

Zwischen Schnellkompost und Ewigkeit. Wechselwirkungen zwischen Weltanschauungen und Bestattungstechniken

Zusammenfassung

Dieser Beitrag stellt einleitend dar, welche Faktoren den Umgang mit menschlichen Leichen beeinflussen. Physische Rahmenbedingungen wie Bodenbeschaffenheit und Vorhandensein von Holz legen fest, ob eine Erd- oder Feuerbestattung möglich ist. Tücher, Särge und Grabkammern sind immer stabilere Barrieren, welche die Toten vor Aasfressern sowie die Hinterbliebenen vor Ansteckung und dem Anblick von Verwesung schützen. Umgekehrt haben seltene Begegnungen mit unverwesten Eis- oder Trockenmumien vermutlich erste Vorstellungen einer Weiterexistenz nach dem Tod motiviert. Als wichtigste praktische Nutzung von Leichen sind sie heute unverzichtbare Wissensquellen für mehrere medizinische Disziplinen. Die vielen Umgangsweisen mit dem Leichnam bilden eine Skala zwischen zwei Extremen, nämlich seiner schnellstmöglichen Vernichtung und seiner möglichst langen Weiterexistenz. Es wird skizziert, dass jedes dieser Ziele durch sehr unterschiedliche Vorstellungen motiviert sein kann und durch sehr unterschiedliche alte und moderne Methoden erreicht werden soll. Abschließend werden einige Visionen vorgestellt, die den Tod weit hinauszögern oder ganz abschaffen wollen, wobei jeweils ergänzt wird, dass sie sich leicht als Dystopien erweisen könnten.

1 Einführung und Überblick

Bestattungstechniken zählen zu den ältesten Belegen von Kultur und erlauben Rückschlüsse auf die Weltanschauung der jeweiligen Menschengruppe. Welche Technik gewählt wird, hängt von vielen Faktoren ab, zum Beispiel erlauben felsige Böden keine Erdbestattung. Umgekehrt haben praktische Erfahrungen mit Leichnamen sicher die Vorstellungswelt geprägt, etwa verblüffende Begegnungen mit Trocken- oder Eismumien.

Im Zentrum des Beitrags stehen die vielfältigen Umgangsweisen mit dem Leichnam selbst. Weitgehend ausgeklammert bleiben die kulturspezifischen Zeichenprozesse rund um einen Todesfall, die von seiner Bekanntmachung über Trauerfeier und Beerdigung bis zur Grabgestaltung reichen. Festzuhalten ist jedoch, wie stark sich alle diese Rituale verändert haben. Während sie früher kulturell – vor allem religionsspezifisch – festgelegt waren, gibt es heute große individuelle Spielräume vom Ablauf der Trauerfeier bis zur Gestaltung von Särgen und Urnen. Ferner gewinnt die Digitalisierung immer mehr Einfluss: So gibt es zahlreiche virtuelle Friedhöfe, und man kann online an Bestattungen teilnehmen. Außerdem lassen sich persönliche Informationen wie Lebenslauf und Fotos abrufbar im Grabstein speichern. Ebenfalls ausgeklammert werden psychische Aspekte wie der Zusammenhang zwischen Bestattungsart und Trauerarbeit der Hinterbliebenen.

Abschnitt 2 stellt einleitend einige Überlegungen dazu an, inwiefern reale Erfahrungen mit Verstorbenen sowohl das Aufkommen bestimmter Bestattungspraktiken als auch erste vage Vorstellungen von einer Existenz nach dem Tod motiviert haben könnten.

Abschnitt 3 skizziert die erstaunliche Vielfalt der praktischen Nutzungen des Leichnams. So hat man etwa früher Medikamente aus Mumien hergestellt. Die weitaus wertvollste Nutzung heute ist die posthume Körperspende als Wissensquelle für die Medizin. Hinzu kommen rituelle und pathologische Umgangsformen mit dem Leichnam.

Zwei Umgangsweisen mit dem Leichnam stehen einander diametral gegenüber, nämlich seine völlige Vernichtung und sein (zumindest angestrebtes) ewiges Überdauern. Abschnitt 4 zeichnet nach, wie sich die Motive für die Vernichtung historisch gewandelt haben. Weil etwa der buddhistischen Lehre zufolge die Seele möglichst schnell freiwerden soll für eine Wiedergeburt, wird bei der tibetischen Himmelsbestattung der Leichnam für die wartenden Geier zerlegt. Heutige säkulare Kulturen hingegen haben ökologische Argumente für eine möglichst schnelle Rückkehr in den Kreislauf des Werdens. Während nämlich auch Baum- und Seebestattungen eine energieaufwendige Kremierung erfordern, bezeichnet der Ausdruck ‚Re-Erdigung' Methoden, in denen der Leichnam in einem Schnellkomposter zersetzt wird.

Abschnitt 5 stellt als Gegenmodell einige Methoden vor, durch die der Leichnam möglichst lange überdauern soll. Ihre natürlichen Vorbilder sind vor allem Trockenmumien. Während Mumien durch Einbalsamierung vor Verwesung geschützt wurden, ersetzt die moderne Plastination das Gewebewasser durch eine Kunststofflösung. Alternativ kann man eine kleine Menge Kremierungsasche in einen Diamanten verwandeln. Deutlich teurer ist die Entrückung in ‚ewige' Räume durch die Weltraumbestattung, im extremsten Fall durch eine extrasolare Sonde.

Einen ganz anderen Ansatz als diese ‚Verewigung' des Leichnams verfolgen Projekte, die den Tod ganz abschaffen oder zumindest möglichst lange hinauszögern wollen. Abschnitt 6 stellt einige dieser Visionen vor, die teils aus wissenschaftlichen, teils aus literarischen Quellen stammen. Sie alle könnten sich aber auch als Dystopie erweisen, und gegen sie lassen sich einige Argumente aus evolutionärer Sicht vorbringen, die den Beitrag abschließen.

2 Physische, weltanschauliche, medizinische und juristische Aspekte von Bestattungspraktiken

Bestattungspraktiken hängen von physischen Rahmenbedingungen ab (2.1) und sind eng mit einigen kulturellen Bereichen verknüpft. Dieser Abschnitt skizziert den Einfluss weltanschaulicher Vorstellungen (2.2), medizinischer Erkenntnisse (2.3) und rechtlicher Grundlagen (2.4). In vielerlei Hinsicht wird durch die Bestattung eine Barriere zwischen Lebenden und Toten errichtet (2.5). Interessant, aber eigentlich naheliegend ist die Feststellung, dass sich alle herkömmlichen Bestattungspraktiken der antiken Vier-Elemente-Lehre zuordnen lassen:

- Erde: Erdbestattung
- Wasser: Fluss- und Seebestattung
- Feuer: Feuerbestattung
- Luft: Tote in Bäumen beisetzen, Luftbestattung vom Ballon oder Flugzeug aus

2.1 Physische Rahmenbedingungen für Bestattungspraktiken

Wie ein Leichnam bestattet wird, hängt zunächst von der Beschaffenheit der jeweiligen Landschaft ab. So ist eine Erdbestattung bei felsigem oder gefrorenem Boden gar nicht oder nur schwer möglich. Feuerbestattungen wiederum setzen viel Holz voraus. Großen Flüssen kann man Urnen oder lose Asche anvertrauen. Werden hingegen Leichen unverbrannt in Flüsse gelegt, sind Seuchen wahrscheinlich, wie 2021 in Indien während der Corona-Pandemie.

Ein Sonderfall bei Platzmangel auf Friedhöfen ist eine zweistufige Bestattung. So hat man in Hallstadt (Salzkammergut) die Leichen zunächst normal bestattet. Da jedoch der Siedlungsraum am Seeufer sehr schmal ist, hat man sie wieder ausgegraben, sobald eine weitgehende Skelettierung sichergestellt war. Die Schädel wurden an der Sonne gebleicht und mit Blumenkränzen bemalt. Nach ihrer Beschriftung mit Namen und Lebensdaten wurden sie dann nach Familien geordnet im Beinhaus aufbewahrt.

2.2 Weltanschauliche Motive für Bestattungspraktiken

Unsere Vorfahren als Jäger und Sammler erlebten oft, wie schnell Aasfresser und Bodenlebewesen tote Mitmenschen zerteilen und ganz verschwinden lassen. Wegen der damit verbundenen Abscheu benutzen wir noch heute die Namen von Aasfressern als drastische Schimpfwörter wie ‚Profitgeier‘, ‚Hyäne‘ und ‚Schakal‘.

Während man lange glaubte, dass Tiere nur elementare Antriebe wie Angst oder Hunger haben, gibt es heute bei vielen Arten immer mehr Belege für komplexere Gefühle wie Trauer. Menschenaffen und Delphine behalten manchmal tagelang ihre toten Kinder bei sich, und Elefanten halten eine Art ‚Totenwache‘ für verstorbene Gruppenmitglieder. Es ist also gut verständlich, dass unsere Vorfahren ihre toten Verwandten nicht den Aasfressern überlassen wollten und sie daher als einfachste Methode mit Erde oder Steinen bedeckten. Leichentücher, Särge und Grabkammern sind zunehmend aufwendigere Hüllen, um Leichen möglichst lange vor unliebsamen Einflüssen zu schützen.

Eher selten und umso einprägsamer sind Begegnungen mit Trocken- oder Eismumien, die oft noch individuelle Züge erkennen lassen. Vielleicht waren sie ein Motiv für die vielen Vorstellungen eines Weiterlebens nach dem Tod. Allerdings könnten sie ebenso gut Vorstellungen von rachsüchtigen Untoten begründet haben, die als Zombies oder Vampire die heutige Horror-Literatur bevölkern.

Sogar die Wiedergeburt als anderes Lebewesen hat ein reales Modell, nämlich die Metamorphose von Insekten. Wer erlebt hat, wie aus einer plumpen Raupe ein anmutiger Schmetterling wird, kann auch an die Wiedergeburt eines Menschen als höheres Wesen glauben.

2.3 Medizinische Motive für Bestattungspraktiken

Im Christentum war die Feuerbestattung seit einem Dekret von Karl dem Großen (789) lange verboten, weil sie angeblich eine Auferstehung des Fleisches am Jüngsten Tag unmöglich macht. Ab dem 19. Jahrhundert wurden jedoch mit zunehmender Verstädterung die hygienischen Motive für eine Feuerbestattung immer dringlicher. Friedhöfe mitten in den Städten belästigten nicht nur durch Gestank und Ungezieferbefall, sondern erhöhten vor allem bei Seuchen auch die Ansteckungsgefahr. Ferner sind Einäscherungen raumsparender, preiswerter und dienten Freidenkern als Abgrenzung zum Christentum. Das erste deutsche Krematorium wurde 1878 in Gotha eröffnet, und heute sind laut Aussage der ‚Gütergemeinschaft Feuerbestattungsanlagen' rund drei Viertel aller Bestattungen Feuerbestattungen. In Folge dieser Entwicklung ist seit dem Zweiten Vatikanischen Konzil 1963 eine Kremierung auch für Christen erlaubt, während sie im Judentum und Islam weiterhin verboten bleibt.

2.4 Rechtliche Grundlagen von Bestattungspraktiken

Jeder Todesfall unterliegt rechtlichen Vorschriften, die mit der Leichenschau beginnen. Nur ein Arzt darf den Tod eines Menschen sowie Todeszeit und -ursache feststellen. Bei unklaren Todesfällen wird die Polizei verständigt und der Leichnam der Rechtsmedizin übergeben. Länderspezifische Gesetze legen fest, wie schnell ein Verstorbener bestattet oder eingeäschert werden muss und ob dabei ein Sarg zu benutzen ist. Regionale Ausnahmen von dieser Sargpflicht erlauben es etwa Muslimen, ihre Verstorbenen im Leichentuch zu bestatten.

In Deutschland besteht für Urnen ein Friedhofszwang, sie dürfen also weder mit nach Hause genommen noch an einem beliebigen Platz verstreut werden. Für diese Vorschrift spricht, dass eine feste Grabstätte eine erfolgreiche Trauerarbeit begünstigt (Sörries 2008, 13 und 205ff.). Eine Ausnahme ist die Seebestattung in ausgewiesenen Meeresgebieten, wobei wasserlösliche Urnen verwendet werden und die geographischen Koordinaten einen festen Ruheort ersetzen. Auch die oft von Hinterbliebenen gewünschte Aufteilung von Kremierungsasche ist verboten, ebenso eine Bestattung zusammen mit einem toten Haustier. Andere Länder erlauben zahlreiche Alternativen wie das Verstreuen der Asche auf Privatgrund oder die Luftbestattung, etwa von einem Ballon aus.

Der Ausdruck ‚Baumbestattung' ist mehrdeutig. Während man in der Schweiz die Asche in einem Friedwald oder unter ausgewiesenen Bäumen eines Friedhofs verstreuen darf, muss in Deutschland und Österreich eine Urne benutzt werden, wobei es biologisch abbaubare Modelle gibt. In Ländern ohne Friedhofszwang verspricht die Organisation ‚Tree of Life' eine freiere Wahl des Ortes. Zunächst wird die Asche des Verstorbenen portionsweise einem Substrat beigemischt, das einen Setzling der gewählten Baumart nährt. Dieser Erinnerungsbaum wird nach ausreichender Durchwurzelung den Hinterbliebenen übergeben, die ihn im eigenen Garten oder an einem Lieblingsplatz des Verstorbenen pflanzen (zum Pilotprojekt einer Leichenkompostierung siehe Abschnitt 4).

2.5 Das Errichten und Inszenieren von Barrieren zwischen Lebenden und Toten

Viele klassische Bestattungsarten schaffen Barrieren zwischen Lebenden und Toten, wobei viele Motive zusammenfließen. So sollen die Toten vor Aasfressern und Zersetzern geschützt werden, und zugleich werden kostbar wirkende Grabstätten vor Grabräubern geschützt.

Umgekehrt bewahren zuverlässige Barrieren die Lebenden vor Ungeziefer, Gestank und in Seuchenzeiten vor Ansteckung. Ihnen bleibt der Anblick der Verwesung erspart. und je nach Vorstellungswelt werden auch metaphysische Ängste wie die vor rachsüchtigen Toten gelindert. Hinsichtlich der Stabilität reicht die Skala vom Leichentuch über Särge und offene Grabeinsätze bis zur versiegelten Gruft. Der Sarg wiederum besteht aus beliebig kostbarem Material, von Pappe über Edelholz bis zu poliertem Kupfer für eine Gruftbestattung.

Wie alle Artefakte wurden nämlich auch diese Barrieren von einflussreichen Personen immer schon als Statussymbole inszeniert und um das ‚ewige Gedenken' an sie sicherzustellen. Berühmte Beispiele finden sich quer durch alle Epochen und Kulturen, von den megalithischen Großsteingräbern über die monumentalen ägyptischen Pyramiden bis zu den Mausoleen von Prominenten. Heute sind viele beliebte Touristenattraktionen, etwa der Taj Mahal (Agra) sowie die Mausoleen von Lenin (Moskau) und Mao Zedong (Peking).

Zu beachten ist, dass die Grenzziehungen zwischen Lebenden und Toten kulturspezifisch sind. Ein Gegenbeispiel zu gewollten Barrieren ist der mexikanische ‚Tag der Toten', an dem die Lebenden zusammen mit den Seelen ihrer verstorbenen Angehörigen ein Fest feiern, bei dessen Ende auf Friedhöfen gepicknickt, musiziert und getanzt wird.

3 Praktische Nutzungen des Leichnams

Dieser Abschnitt skizziert einige Fälle, in denen Menschen einen Leichnam praktisch nutzen. Als selbstverständlich wird vorausgesetzt, dass jede tierische oder menschliche Leiche vielen anderen Arten als Nahrung und Lebensraum dient.

Weitere Nutzungen von Leichnamen haben zahlreiche Motive. Am häufigsten und wertvollsten ist ihre Verwendung als Wissensquelle für die Medizin (3.1). Seltene Sonderfälle sind der Kannibalismus aus Hunger oder der Einsatz infizierter Leichen als Biowaffen (3.2). Bei rituellen Nutzungen werden etwa Körperteile den Göttern geopfert oder als Talismane präpariert (3.3). Zu den kriminellen Nutzungen schließlich zählen der pathologische Kannibalismus und die Nekrophilie (3.4).

3.1 Der Leichnam als Wissensquelle für die Medizin

Auch die medizinische Nutzung des Leichnams beruht auf epochenspezifischen Vorstellungen. So galten zeitweise die Leichen von hingerichteten Personen als heilkräftig, und bis ins 20. Jahrhundert diente ein Pulver aus ägyptischen Mumien als Wundermittel gegen vielerlei Symptome von Schwindel bis Schwindsucht.

Wichtig ist der Hinweis, dass die heute übliche Organspende keineswegs zur Nutzung von Leichen zählt. Vielmehr setzt sie voraus, dass zwar der Hirntod zweifelsfrei festgestellt wurde, zugleich aber der Blutkreislauf bis zur Organentnahme intensivmedizinisch aufrechterhalten wird. Dieses Vorgehen verdeutlicht zugleich, dass Sterben ein längerer Prozess ist und kein unmittelbarer Übergang vom Leben zum Tod. Während Personen, die nur dank einer Organspende überleben konnten, in der Regel dankbar von einem ‚Geschenk' sprechen, beklagen Gegner der Organspende, wegen ihr würden Personen ‚ausgeschlachtet'. Zusätzliche Probleme entstehen durch unterschiedliche rechtliche Vorgaben. Während etwa in Deutschland der potentielle Spender eine Organentnahme ausdrücklich erlauben muss (Zustimmungslösung), ist in Österreich jeder Organspender, der dem nicht ausdrücklich widersprochen hat (Widerspruchslösung).

Die heute wichtigste medizinische Nutzung von Leichnamen ist darum deren Verwendung als Wissensquelle für verschiedene Disziplinen. Die Anatomie erarbeitet an Leichen das Typische des gesunden Körpers. Jeder Medizinstudent nimmt an obligatorischen Präparierkursen teil, um mit der

Lage, dem Aussehen und den tastbaren Merkmalen der verschiedenen Organe ‚handgreiflich' vertraut zu werden. Nur so lernen künftige Ärzte den Aufbau des menschlichen Körpers kennen, und diese haptischen Erfahrungen sind durch keinerlei 3D-Darstellung des Körpers zu ersetzen. Weitere Einsatzbereiche sind das Ausprobieren neuer Operations- und Transplantationsverfahren sowie die Herstellung von Dauerpräparaten. Alle verwendeten Leichname stammen von freiwilligen Körperspendern, die zu Lebzeiten einen Vertrag mit einer medizinischen Einrichtung geschlossen haben. Im Gegensatz zu der Unterstellung, ein künftiger Spender würde aus Geldgier handeln, muss er sogar die spätere Bestattung der nicht verwendeten Körperteile bezahlen.

Für die Pathologie hingegen steht das Typische der Abweichung im Vordergrund, denn sie geht grundsätzlich davon aus, dass auch Missbildungen, Krankheiten und Verletzungen je spezifische Gesetzmäßigkeiten haben.

Die Rechtsmedizin untersucht bei verdächtigen Todesfällen den Leichnam und seinen materiellen Kontext. Auf sogenannten *Body Farms* wird erforscht, welche Rahmenbedingungen den Ablauf der Verwesung beeinflussen. Neben Alter, Geschlecht und Todesart des Leichnams sind dies vor allem physikalische Faktoren wie Bodenbeschaffenheit, Luftfeuchtigkeit und Temperatur. Die Leichen werden also an verschiedenen Orten gelagert, etwa in der Sonne, unter Bäumen oder im Wasser. Die festgestellten Gesetzmäßigkeiten erlauben es bei unklaren Todesfällen, den Todeszeitpunkt zu ermitteln und zu entscheiden, ob Fundort und Tatort identisch sind. Zusätzliche Hinweise liefert die Forensische Entomologie, die untersucht, welche Insekten in welcher Reihenfolge den Leichnam besiedelt haben (Benecke 2005). Bei gewaltsamen Todesfällen führt vom Opfer zum Täter im Idealfall der spezielle Zeichentyp der Spur.

Auch für die Modellbildung in der Unfallforschung sind Leichen freiwilliger Spender unverzichtbar (Mattern 2005). Durch biomechanische Versuche lässt sich feststellen, wie Aufprallbedingungen und Verletzungen zusammenhängen und welche technischen Maßnahmen wie Sicherheitsgurt und Airbag die Unfallfolgen mildern können. Versuche mit lebenden Menschen sind auf niedrige Geschwindigkeiten begrenzt und solche mit Tieren nur teilweise übertragbar. Aber auch Leichenversuche sind nicht repräsentativ, denn die Spender sind meist ältere Personen. Nur durch Versuche mit menschlichen Leichen konnten menschenähnliche Puppen mit aufgabenspezifischer Detailliertheit (*Dummies*) entwickelt werden, deren Sensoren bei

Kollisionen die wirkenden Kräfte messen. Sie sollen den Menschen immer genauer simulieren, bis Versuche mit Leichen und Tieren gänzlich überflüssig werden.

Die umstrittene Wanderausstellung Körperwelten (seit 1995) möchte ebenfalls den Wissenserwerb fördern, nämlich medizinischen Laien einen möglichst realistischen Einblick in tierische und menschliche Körper bieten. Ihr Begründer, der Anatom Gunther von Hagens, entwickelte ein Verfahren, das Gewebewasser von Leichen durch eine Kunststofflösung zu ersetzen. Die plastinierten Menschenkörper der Ausstellung verursachten Konflikte mit dem Bestattungsgesetz. Ferner gelten die spektakulären Posen einiger Leichen als pietätlos, etwa die eines Mannes, der seine abgezogene Haut über dem Arm trägt[1]. Dennoch gibt es eine lange Warteliste für die Körperspende, wobei die Motive der Spender vielfältig sind. In einer Ringvorlesung zur Ausstellung Körperwelten berichtete eine Spenderin, sie würde einer ästhetischen Aufstellung ihres Körpers positiv entgegensehen und auch gern ‚posthum reisen' (Schmauks & Winkelmann 2001).

3.2 Sonderfälle der praktischen Nutzung

Die spektakulärste Art, menschliche Leichen praktisch zu nutzen, ist der Kannibalismus. Er zählt in allen bekannten Kulturen zu den stärksten Tabus und kann profane, rituelle oder pathologische Motive haben. Beim profanen Kannibalismus werden Leichname nur darum verzehrt, weil andere Nahrung fehlt, etwa in belagerten Städten. Ferner wird vorausgesetzt, dass die Personen nicht eigens für den Verzehr getötet wurden, wie es etwa bei Schiffbrüchen vorgekommen ist. Ein besonders gut dokumentiertes Beispiel aus neuerer Zeit ist ein Flugzeugabsturz 1972 in den chilenischen Anden, dessen 16 Überlebende erst nach zehn Wochen gerettet wurden und bis dahin vom Fleisch ihrer toten Mitreisenden lebten (Read 2012).

In früheren Kriegen hat man außer Tierkadavern auch Pestleichen in Brunnen geworfen oder über die Mauern belagerter Städte geschleudert, um deren Bevölkerung zu infizieren. Diese Taktik ist demnach ein Vorläufer heutiger Biowaffen.

Als außergewöhnlicher Fall kann ein Leichnam dazu dienen, eine fiktive Person zu erzeugen. Der britische Spielfilm ‚The Man Who Never Was'

---

[1] Eine Diskussion der Kritikpunkte erfolgt bei Sörries (2008, 148ff.), vergleiche auch Abschnitt 5.1.

(Ronald Neame 1956) beschreibt, wie im Zweiten Weltkrieg der Leichnam eines Zivilisten mit einer falschen Identität ausgestattet wurde, um die deutsche Heeresleitung zu täuschen. Er wurde als angeblich britischer Major mit fingierten Geheimdokumenten vor der spanischen Küste ausgesetzt. Die deutsche Abwehr hielt nach Überprüfung ihn und seine Dokumente für echt, denen zufolge die Invasion der Alliierten in Sardinien und Griechenland stattfinden sollte – und nicht wie tatsächlich geplant in Sizilien.

3.3 Rituelle Nutzungen

Viele Glaubenssysteme kennen rituelle Nutzungen von Leichenteilen, wobei die Motive das ganze Spektrum vom liebevollen Gedenken bis zur posthumen Rache abdecken. Ihre Skizzierung hier dient nur zur Einordnung in das Schema der prinzipiellen Möglichkeiten.

Im Christentum gelten alle Körperteile von Heiligen als wundertätige ‚Reliquien erster Klasse‘. In der Regel handelt es sich um Knochen oder Haare, aber in Sonderfällen wie dem ‚Schweißtuch der Veronika‘ zählen auch Körperflüssigkeiten wie Blut und Schweiß zu den Reliquien.

In anderen Religionen wurden Körperteile von Feinden als Opfer für die Götter verwendet oder zu Talismanen verarbeitet, um als dauerhafter Beweis eigener Überlegenheit zu dienen. Beim rituellen Kannibalismus etwa wird die Asche von Verstorbenen unter die Nahrung gemischt und bei einem gemeinsamen Mahl verzehrt. Wieder sind die Motive vielfältig: Man möchte etwa einen Verwandten auf denkbar innigste Weise bei sich behalten, die Eigenschaften einer bewunderten Person übernehmen oder die Wiederkehr eines Feindes verhindern. Die Übergänge zu pathologischen Nutzungen sind fließend.

3.4 Pathologische Nutzungen

Der Ausdruck ‚Nekrophilie‘ bezeichnet sexuelle Handlungen mit menschlichen Leichen. Wer etwa den Leichnam oder Körperteile eines geliebten Menschen auch posthum bei sich behalten möchte, begeht lediglich eine ‚Störung der Totenruhe‘. Das andere Extrem sind Personen, die nur durch Leichen sexuell befriedigt werden und deswegen ihr Liebesobjekt zuerst töten.

Eine vergleichbare Bandbreite von Motiven findet sich bei der pathologischen Nekrophagie. Frühe mediale Bekanntheit erlangte Fritz Haarmann (1879–1925), der seinen 24 jungen männlichen Opfern beim Sexualverkehr die Kehle durchbiss. Im Jahr 2002 wurde der Fall des sogenannten ‚Kannibalen von Rotenburg' ähnlich bekannt. Der Täter Armin Meiwes hatte durch Kontaktanzeigen im Internet einen Mann gefunden, der bereit war, sich töten und teilweise verzehren zu lassen. Der Prozess war sehr kompliziert, da die Verteidigung auf ‚Tötung auf Verlangen' plädierte, der Täter aber schließlich wegen ‚Mord und Störung der Totenruhe' zu lebenslanger Haft verurteilt wurde (Petricius 2004).

4 Die möglichst schnelle Vernichtung des Leichnams

Auch der Wunsch nach möglichst schneller Vernichtung des Leichnams hat ganz unterschiedliche Motive. Bei einem Mord geht es oft ganz profan um das Verschwinden des Leichnams, etwa durch Auflösen in Säure oder Verfüttern an Tiere.

Viele religiöse Gemeinschaften glauben, dass nur der Körper stirbt und dabei die Seele für eine Wiedergeburt frei wird. Bei der tibetischen Himmelsbestattung, wo felsiger Boden und Holzmangel eine Erd- oder Feuerbestattung unmöglich machen, zerlegen Mönche den Leichnam für die wartenden Geier. Nicht verzehrte Knochen werden zerstampft, so dass die Geier noch das Mark fressen können. Natürlich ist dieses Vorgehen nur in dünn besiedelten Gegenden praktikabel, denn in Ballungsräumen würden verschleppte Körperteile schnell Seuchen auslösen.

Heutige säkulare Kulturen hingegen haben ökologische Argumente für eine möglichst schnelle Rückkehr in den Kreislauf des Werdens, denn herkömmliche Bestattungsarten haben je massive Nachteile. Erdbestattungen verbrauchen Raum sowie Rohstoffe für den Sarg. Eine Feuerbestattung wiederum ist sehr energieaufwendig, denn eine Verbrennung im Krematorium dauert rund 90 Minuten bei rund 1000 Grad. Ferner ist auch hier zumindest ein einfacher Verbrennungssarg erforderlich.

Erste Teilschritte hin zu mehr Nachhaltigkeit sind kompostierbare Särge sowie Pappsärge für die Kremierung. Nicht durchgesetzt hat sich die sogenannte ‚Promession', eine Art Gefriertrocknung. Bei diesem patentierten Verfahren werden die Leichen in flüssigen Stickstoff (minus 196 Grad) getaucht und dann durch Vibration in ein grobkörniges Granulat zerlegt, das in eine kompostierbare Urne gefüllt wird.

Ein noch weiterreichendes Pilotprojekt unter dem Namen ‚Re-Erdigung' verspricht eine schnelle und vollständige Verwandlung des Leichnams in

Humus. Ein Turbo-Komposter soll durch Luftzufuhr und feuchte Wärme ein optimales Klima für Mikroorganismen bieten, die den Leichnam in nur 40 Tagen weitgehend zersetzen. Zähne und Knochen werden zerkleinert, und der entstandene Humus wird in ein nur 30 cm tiefes Grab verbracht. Da der Fachausdruck ‚Komposter‘ zu pietätlos klingt, wird von einem ‚Kokon‘ gesprochen, in dem sich der Verstorbene wie eine Insektenlarve verwandelt. Dieses Verfahren ist jedoch noch in der Erprobung. Es liegt nahe, dass es religiöse und juristische Einwände gibt, während Naturwissenschaftler kritisieren, das Verfahren würde Fleisch nicht völlig zersetzen und zerstöre nicht alle Krankheitserreger[2].

5 Das möglichst lange Überdauern des Leichnams

Bestimmte natürliche Rahmenbedingungen wie Eis, Trockenheit oder Moor verhindern ein Verwesen des Leichnams, so dass er im Extremfall noch nach Jahrtausenden als Individuum erkennbar bleibt. Solche Kälte- und Trockenmumien sowie Moorleichen sind nicht nur wertvolle Quellen heutiger Archäologie, sondern haben vermutlich auch unsere Vorfahren zu Vorstellungen motiviert, dass die individuelle Existenz vielleicht nicht mit dem Tod endet.

Zoologisch interessant sind die Mumien großer Säugetiere aus dem Permafrostboden Sibiriens, etwa von Wollhaarmammuts. Die berühmteste menschliche Eismumie ist der ‚Ötzi‘ genannte Mann, der 1991 von Wanderern am Tisenjoch in den Ötztaler Alpen entdeckt wurde. Langjährige Untersuchungen ergaben, dass er vor etwa 5300 Jahren gelebt hat und sein Erbgut zum größten Teil von frühen europäischen Ackerbauern stammt. Trockenmumien entstehen in abgeschlossenen luftigen Räumen wie Höhlen und Kellern. International bekannt sind etwa die rund 2000 Trockenmumien in der Kapuzinergruft in Palermo sowie die der Michaelergruft in Wien. Der unverweste Leichnam des märkischen Edelmanns Christian Friedrich von Kahlbutz (1651–1702) ist in Kampehl (Brandenburg) zu besichtigen. Der Sage nach wurde Kahlbutz für den Mord an einem Schäfer angeklagt und soll vor Gericht seine Unschuld mit dem Zusatz beteuert haben, dass Gott ihn im Falle eines Meineids unverweslich machen soll.

---

[2] Eine Zusammenfassung aktueller Einwände findet sich bei Latsch (2023).

Viele Kulturen haben die natürliche Mumifizierung durch technische Mittel nachgeahmt, um die Leichname wichtiger Personen dauerhaft zu konservieren (Rácek 1985). Im Alten Ägypten wurden sie nach Entnahme des Gehirns einbalsamiert, gegerbt und mitunter mit dauerhaften Materialien ausgestopft. Beispiele aus neuerer Zeit sind die Mumien von Lenin und Mao.

5.1 Die stoffliche Verwandlung in etwas Dauerhaftes

Die bereits erwähnte Plastination (Abschnitt 3.1) ersetzt Gewebewasser und Körperfett durch eine Kunststofflösung, so dass der Leichnam seine Form behält und langfristig vor Verwesung geschützt ist. Ökologisch gesehen ist diese Technik unvorteilhaft, weil sie eine besonders dauerhafte Art von Plastik erzeugt.

Bei der Diamantbestattung wird ein kleiner Teil der Kremierungsasche, die aus reinem Kohlenstoff besteht, unter hohem Druck und bei rund 3000 Grad Celsius zu einem Diamanten gepresst. Das Ergebnis trägt Namen wie ‚Lebensjuwel' oder ‚Erinnerungsdiamant' und kann dann zu einem Schmuckstück geschliffen werden (Sörries 2008, 140ff.). Sogar die Herstellung mehrerer Diamanten ist möglich, wenn die Erben es wünschen. Eine Alternative ist das Abfüllen geringer Aschemengen in Amulette.

Diese Varianten klingen makaber, sind aber vom Motiv her moderne Varianten klassischer Haarbilder, die aus echten Haaren kunstvoll hergestellt und oft als Wandschmuck ausgestellt wurden. Bei beiden Techniken geht es darum, einen unverweslichen Teil einer geliebten Person bei sich zu behalten.

5.2 Die Entrückung in ‚ewige' Räume

Wenn im Zusammenhang mit der Weltraumbestattung von ‚ewigen Räumen' gesprochen wird, liegt immer eine Gleichsetzung der beiden Bedeutungen von ‚Himmel' zugrunde, nämlich als Raum über der Erde und als überirdischer Raum (die englische Sprache ist hier mit *sky* versus *heaven* deutlich präziser).

Für Weltraumbestattungen gibt es unterschiedlich aufwendige Varianten. Zunächst werden wenige Gramm Asche *pars pro toto* in eine winzige Mikrourne gefüllt, während der Rest herkömmlich bestattet wird. Diese Urnen werden einer Rakete mitgegeben, die ohnehin fliegt – etwa, um einen Satelliten in eine Umlaufbahn zu bringen. Bei einer orbitalen Bestattung werden die Urnen auf niedriger Umlaufbahn ausgesetzt und verglühen später wie eine Sternschnuppe (aber nicht zu einer vorhersagbaren Zeit an vorhersagbarer Stelle). Eine Mondbestattung hat bis heute lediglich 1999 der US-amerikanische Astronom Eugene Shoemaker bekommen. Praktisch möglich, aber außerordentlich teuer wäre es, Urnen einer extrasolaren Sonde für eine Reise in ‚unendliche Weiten‘ mitzugeben. Ein Vorbild wäre etwa die Raumsonde Voyager 1, die 1977 gestartet ist, 2012 unser Sonnensystem verlassen hat und im Dezember 2023 von der Erde bereits über 24 Milliarden Kilometer entfernt ist.

5.3 Gemeinsamkeiten der Techniken

Auf den ersten Blick wirken die beiden beschriebenen Techniken höchst unterschiedlich. Die Diamantbestattung verwandelt die ‚schmutzige‘ Asche geradezu alchemistisch in den härtesten natürlichen Stoff, also in das absolute Gegenteil zur Verweslichkeit. Falls hingegen die Urne bei einer Weltraumbestattung verglüht, verwandelt sich die Asche in reine und als solche nun unzerstörbare Energie.

Eine nähere Betrachtung zeigt erstaunliche Gemeinsamkeiten. In beiden Fällen wird nämlich die Asche in Licht verwandelt, das seit jeher in allen Religionen eine zentrale Rolle spielt. Entweder man trägt einen Diamanten als Schmuckstück, das funkelnde Strahlen in alle Richtungen sendet, oder man sieht (zumindest in seiner Vorstellung), wie seine Lieben finale Leuchtspuren über den Himmel ziehen. Es klingt also jeweils der uralte Mythos der Transsubstantiation an, denn die dumpfe vergängliche Materie wird in immaterielles ewiges Licht verwandelt. Und als banale Gemeinsamkeit sind es genau wie bei den ägyptischen Pyramiden wohl nur wenige Menschen, die sich einen so furiosen Abschied aus der irdischen Welt leisten können.

6 Visionen zur Lebensverlängerung oder völligen Abschaffung des Todes

Da der Mensch – angeblich als einziges Lebewesen – um seine Sterblichkeit weiß, hat er immer schon Visionen geschaffen, die den Tod ‚besiegen‘ oder zumindest in weite Ferne rücken sollen. In meinem Matreier Beitrag von 2011 habe ich unter dem Titel ‚Von der Makrobiotik zum Transhumanismus‘ deren Entwicklung bereits nachgezeichnet, die mit Erzählungen von Jungbrunnen, Zaubertränken oder einem Zauberschlaf beginnt (Schmauks 2012).

Eine sehr berührende ‚Lebensverlängerung' beschreibt der französische Schriftstellers Éric-Emmanuel Schmitt in seiner Erzählung ‚Oskar und die Dame in Rosa' (Schmitt 2002). Oskar ist zehn Jahre alt und weiß, dass er sehr bald an Leukämie sterben wird. Seine Eltern weichen einem Gespräch aus, aber im Krankenhaus begegnet er einer Dame, die ehrenamtlich Kranke besucht und die er wegen ihrer rosa Kleidung bald ‚Oma Rosa' nennt. Sie schlägt ihm eine Art ‚Schnelldurchgang' durch ein komplettes gelungenes Leben vor, indem er jeden Tag im Geist zehn Jahre durchlebt. In dreizehn Briefen an Gott beschreibt er alle Gedanken und Gefühle, die ihm bei seinen Vorstellungen von Pubertät, erster Liebe, Familienleben, Berufstätigkeit und schließlich Alter begegnen, so dass er schließlich ‚lebenssatt' im vorgestellten Alter von 120 Jahren stirbt. Zu ergänzen ist, dass man diese Vorgehensweise heute durch *Virtual Reality*-Technik sehr realistisch gestalten könnte.

6.1 Wissenschaftliche Visionen zur Lebensverlängerung

Heutigen wissenschaftlichen Projekten zur Lebensverlängerung liegt oft die Vorstellung zugrunde, Altern sei eine behandelbare Krankheit. So fordert die ‚Partei für schulmedizinische Verjüngungsforschung' (eine deutsche Kleinpartei), dass viel mehr Forschungsgelder für die ‚effiziente Reparatur' altersbedingter Schäden ausgegeben werden sollten. Ihr Ziel ist es, dass die Menschen durch regelmäßige Verjüngungskuren schließlich Tausende von Jahren gesund leben können.

Die Kryonik beabsichtigt, unheilbar Kranke unmittelbar nach ihrem Tod einzufrieren und erst dann wieder aufzutauen, wenn in der Zukunft ein Heilmittel vorhanden ist. Falls nur das Gehirn aufbewahrt wird, sieht die Vision vor, dass es nach dem Auftauen auf einen neuen (also vorzugsweise auf einen viel jüngeren) Körper übertragen wird.

Durch Klonen könnte man die genetische Kopie eines Menschen erzeugen, wobei jedoch völlig unklar ist, wie dabei auch Persönlichkeit und Erinnerungen des Originals übertragen werden könnten. Beim Klonen entsteht ja zunächst nur dasselbe wie ein eineiiger, aber deutlich jüngerer Zwilling, also eine ganz eigenständige Person.

Der Ausdruck ‚Digitale Unsterblichkeit' bezeichnet Verfahren, mit denen Teile des Gehirns gescannt und auf externe Datenträger ausgelagert werden sollen, indem man zu Lebzeiten eine ‚Sicherungskopie' erstellt.

Projekte mit Namen wie *Digital Afterlife* und *Virtual Eternity* setzen Methoden der Künstlichen Intelligenz ein. Sie wollen kein Leben verlängern, sondern die Eigenschaften und Erinnerungen eines Menschen so perfekt auf einen *Chatbot* oder Avatar übertragen, dass Hinterbliebene sich mit ihm unterhalten können. Die Übergänge zu bestehenden Gewohnheiten sind fließend: So wie man heute Videos anschauen kann, in denen der verstorbene Großvater eine Gute-Nacht-Geschichte erzählt, könnte ein *Chatbot* mit Opas Stimme auch Fragen beantworten, ganz neue Geschichten erfinden und am Alltag der Enkel teilhaben. Unklar ist, inwieweit die nötige Trauerarbeit behindert wird und welche Vorstellungen vor allem bei Kindern über Leben und Tod entstehen.

6.2 Ewigkeit als Dystopie

Alle aufgelisteten Ewigkeitsversprechen haben eine ganz handfeste materielle Basis, denn irgendwer verdient daran ganz prächtig. Man könnte also darüber nachdenken, ob man die Kosten seiner posthumen Projekte nicht lieber für mehr Freude im Diesseits oder ein würdiges Leben für alle Menschen verwenden sollte.

Ferner gilt es zu hinterfragen, inwieweit die versprochenen Ewigkeitsvisionen sich als Dystopien erweisen könnten (Schmauks 2012, 131ff.). Bereits ein griechischer Mythos zeigt, wie leicht bloße Lebensverlängerung zum Fluch wird. So bat Eos, die Göttin der Morgenröte, Zeus darum, ihrem Liebhaber Tithonos das ewige Leben zu verleihen. Weil sie es aber versäumte, zugleich ewige Jugend zu erflehen, wurde Tithonos immer älter und schrumpfte schließlich zu einer Zikade. Auch in den Geschichten des Ewigen Juden und des Fliegenden Holländers ist Unsterblichkeit ein Fluch.

Kryonik ist für Menschen derzeit nur eine Vision, denn ein Wiederauftauen aus dem Kälteschlaf ist bisher nur bei niederen Organismen wie Insekten und Fischen gelungen. Ferner setzt sie stillschweigend voraus, dass künftige Epochen, die ganz sicher viele eigene Probleme haben, ein Interesse am Auftauen solcher ‚Altlasten' haben könnten. Eine Welt mit unzähligen digitalen Aufzeichnungen bräuchte aber vermutlich nur wenige echte Zeitzeugen als exotische Unterhaltung. Man müsste schließlich jedem Aufgetauten so lange einen Betreuer an die Seite stellen, bis er sich mit einer weitgehend unbegreiflichen Umwelt hinreichend vertraut gemacht hat.

Klonierung hingegen ließe sich gut kommerziell ausnutzen als eine Art ‚Ersatzteillager'. Im Film ‚Die Insel' (Michael Bay 2005) leben zahlreiche

Klone wohlhabender Menschen in einem abgeschotteten Gelände, wobei ihnen suggeriert wird, sie seien die Überlebenden einer Pandemie. Hin und wieder findet eine Lotterie statt, die begehrte Plätze auf einer angeblich unverseuchten Insel verlost. Der jeweilige Gewinner verabschiedet sich erfreut – tatsächlich braucht gerade einer der sogenannten ‚Sponsoren' ein Ersatzorgan und sein Doppelgänger geht unwissend in den Tod.

Am problematischsten scheint die ‚Digitale Unsterblichkeit', welche den Geist eines Menschen auf einen Datenträger bannen will. Sie setzt voraus, der menschliche Geist lasse sich prinzipiell auf eine andere Hardware übertragen. Offen ist, inwieweit man eine Datenstruktur ohne Sinnesorgane, Gefühle und Handlungsmöglichkeiten überhaupt ‚Person' nennen kann.

7 Kritik an kommerziellen Ewigkeitsversprechen

Alle skizzierten Verfahren zur Abschaffung des Todes übersehen die grundlegende Tatsache, dass der individuelle Tod zweigeschlechtlicher Lebewesen der Motor der Evolution ist. Bei jeder Zeugung vermischen sich vorhandene Erbanlagen neu, so dass im Idealfall einige Nachkommen dann Eigenschaften haben, dank derer sie auch in einer veränderten Umwelt überleben können. Die Kehrseite dieses Vorteils ist jedoch der Tod der nicht mehr vorteilhaften Individuen.

Ein paar positive Aspekte unseres vergänglichen Lebens sollen diesen Überblick abschließen. Seit einigen Jahrzehnten wissen wir, dass alle irdischen Atome schon eine lange Geschichte haben, in der sie sich mehrfach aus kosmischem Staub zu Sternen zusammenballten und in deren Explosionen wieder zerstreuten. Max Liedtke formulierte diese Tatsache in Matrei 2010 viel poetischer: ‚Wir sind alle Sternenstaub'. Darum können wir davon ausgehen, dass die Atome unseres Körpers noch viele kosmische Vorgänge überleben werden, etwa die Verwandlung unserer Sonne in einen Roten Riesen in etwa fünf Milliarden Jahren. Wir müssen also nicht sehr aufwendig unsere Asche in den Weltraum schießen lassen, denn dort landet sie irgendwann ohnehin.

Und ist es nicht eine schöne und tröstliche Vorstellung, dass jeder unserer Atemzüge auch schon zahllose Dinosaurierlungen erquickt hat? Und dass der Mensch gar kein Individuum im traditionellen Sinn ist, sondern ein hochgradig vernetztes Ökosystem, in dem auch Billionen von Darmbakterien sich wohlfühlen, wenn wir in Matrei bei gutem Essen zusammensitzen?

Als letzte Anmerkung sei darum ein Spruch zitiert, welcher deutlich macht, wieviel Schönheit in einem endlichen Leben stecken kann:

Was ist des Menschen Leben?
Der Hauch eines Büffels im Winter
Das Aufleuchten eines Glühwurms in der Nacht
Der kleine Schatten, der im Abenddämmer über das Gras huscht.
(Indianischer Spruch)

8 Literatur

Benecke, M. 2005: Insektenbefall am Leichnam als Wissensquelle in der Gerichtsmedizin. – In: Zeitschrift für Semiotik 27 (4), 389–406.

Latsch, G. 2023: Beschleunigte Verwesung. – In: Der Spiegel 39, 36–38.

Mattern, R. 2005: Der Leichnam als Wissensquelle in der Unfallforschung. – In: Zeitschrift für Semiotik 27 (4), 379–387.

Petricius, E. 2004: Der Kannibalen-Fall von Rotenburg. Branchenforum. Alheim.

Rácek, M. 1985: Die nicht zu Erde wurden. Kulturgeschichte der konservierenden Bestattungsformen. Böhlau. Wien.

Read, P. P. 2012: Überleben. Die wahre Geschichte des Flugzeugabsturzes in den Anden. Riva. München.

Schmauks, D. 2012: Von der Makrobiotik zum Transhumanismus. Wissenschaftliche Visionen der Lebensverlängerung. – In: Bender, O., Kanitscheider, S., Treml, A. K. (Hg.), Enhancement – Die zweite Evolution? (= 37. Matreier Gespräche zur Kulturethologie 2011. Schriftenreihe der Otto-Koenig-Gesellschaft). BoD. Norderstedt, 127–144.

Schmauks, D., Winkelmann, A. 2001: Bericht über die Ausstellung „Körperwelten. Die Faszination des Echten". – In: Zeitschrift für Semiotik 23 (2), 234–239.

Schmitt, É-E. 2002: Oscar et la dame rose. Hachette. Paris. – Deutsch: Oskar und die Dame in Rosa. Übersetzung von A. und P. Bäcker. Ammann. Zürich 2003.

Sörries, R. 2008: Alternative Bestattungen. Formen und Folgen: Ein Wegweiser. Fachhochschulverlag. Frankfurt a. M.

Thomas Simon

Evolutionsökonomik – der alternative Ansatz zum Funktionsprinzip der Wirtschaft?

Zusammenfassung

Soweit man anerkennt, dass Lebewesen offene Systeme sind, besteht kein Zweifel an der Abhängigkeit des Systems ‚Leben' von seiner Umgebung. Das heißt, es gibt keinen Organismus ohne Umwelt. Die Methoden, die den Austausch zwischen den beiden Systemen ermöglichen, sind sehr unterschiedlich entwickelt, jedoch ist eine wesentliche davon sicher die Wirtschaftstätigkeit. Nach Konrad Lorenz sind diese existenziellen Aufgaben eines Lebewesens, wie auch die Atmung und die Ausscheidung, lebenswichtige Funktionen. Dabei beschränkt sich die Funktion der Wirtschaft nicht nur auf die Beschaffung von Elementen, die wir aufnehmen müssen, um weiter existieren zu können (insbesondere Energie), sondern auch auf alle Maßnahmen, die dazu dienen, den Input aus der Umwelt effizient zu verwerten, sei es nun der Bau eines Hauses oder die Müllabfuhr.

In der Folge ordnete Konrad Lorenz diesen lebenswichtigen Funktionen ‚analoge' Eigenschaften zu. Dahinter verbirgt sich die Erkenntnis, dass die Entwicklung dieser Funktionen innerhalb der verschiedenen Arten ‚in Analogie' erfolgt, also in einer ähnlichen oder gleichen Form, wenn die Umweltbedingungen ähnlich oder gleich sind. Es liegt nahe, dahinter einen ähnlichen oder gleichlaufenden Mechanismus zu vermuten. Wenn die Wirtschaft eine der lebenswichtigen Funktionen des Systems ‚Leben' ist, dann ist es folgerichtig, ihr auch die Eigenschaft einer ‚analogen' Entwicklung zuzuordnen. Der vorliegende Beitrag untersucht, in welcher Form der neue Zweig der ‚Evolutionsökonomik' tatsächlich den Prozess der Evolution als Paradigma unterstellt und zu welchem Prozess er in Analogie stehen könnte.

1 Die Evolutionsökonomik und ihre Charakteristika

Die Evolutionsökonomik ist ein neuer Zugang zu den Wirtschaftswissenschaften, der wegen diverser, kausaler Zusammenhänge schon lange überfällig ist, nicht nur weil es immer wieder Ideen gegeben hat, die das Prinzip der Evolution in der Wirtschaft erkennen konnten und auch dokumentiert haben (u. a. bei Schumpeter 1943, von Hayek 1945, später King 2021), sondern weil sich diese Frage sowohl aus naturwissenschaftlicher Sicht, aber auch als Entwicklungsprinzip in kulturellen Strukturen immer wieder von Neuem stellt. Eine Strömung dieser Art darf aber auch nicht überrascht sein, wenn man ihr vorliegendes Modell darauf hin überprüfen will, ob seine evolutionären Eigenschaften tatsächlich der Realität entsprechen.

Die Evolutionsökonomik betrachtet die Wirtschaft als ‚lebendes System‘, ein Ansatz, der stark an die Jahrzehnte andauernde Diskussion erinnert, ob das System ‚Leben‘ denn ein geschlossenes System wäre, mit entsprechenden physikalischen Konsequenzen – oder ob es ein offenes System ist, also ein System, das ständig mit seiner Umwelt kommuniziert, ja das die Umwelt sogar ultimativ benötigt, um überhaupt ‚leben‘ zu können. Heute wissen wir, das System ‚Leben‘ ist ein offenes System[1], aber ist es die Wirtschaft auch?

Die klassische Nationalökonomik ist eher einen anderen Weg gegangen. In ihrem Modell dominiert das Streben nach einem Gleichgewicht, das aber nur dann erreicht werden kann, wenn zwei Voraussetzungen erfüllt sind:

1. vollkommene Information und

2. vollkommene Rationalität (verkörpert durch den *homo oeconomicus*).

Besonders Punkt 1 wird von der Evolutionsökonomik ins Visier genommen. Die Frage nach der vollkommenen Information gipfelt in einer Diskussion über die Bedeutung des ‚Wissens‘ im Allgemeinen und speziell in einem ‚lebenden System‘, wie es die Wirtschaft darstelle. So entwickelt sich die Frage des Wissens zu einem zentralen Baustein der Evolutionsökonomik – oder präziser: „Einheit der Evolution ist Wissen" (Hermann-Pillath 2002, 38).

Noch wesentlicher ist jedoch die Frage nach dem Gleichgewicht in ‚lebenden Systemen‘. Solche Systeme sind ja schon *per definitionem* nicht zu einem Gleichgewicht fähig, weil sie in einem ständigen Austausch mit ihrer Umwelt stehen. Der permanente Zustand in diesen Systemen kann daher nur das Ungleichgewicht sein. Nun war auch schon jedem Menschen klar, der im 20. Jahrhundert Wirtschaftswissenschaften studiert hat, dass sich alle Systeme der Ökonomie immer nur auf dem Wege zum Gleichgewicht befinden und dieser Punkt kaum jemals erreicht werden wird. Es ging dabei in

---

[1] Vergleiche dazu die Position des Physikers Schrödinger (1944).

erster Linie um die Entwicklungsrichtung, ein Zweck, der in jedem Fall erreicht wurde. Eine weitergehende Beschäftigung mit der Evolutionsökonomik lässt erkennen, dass dort ein Streben nach Gleichgewicht über die Bildung von Strukturen und durch Ordnungsprinzipien ersetzt wird. Trotzdem besteht kein Zweifel, dass die Gleichgewichtssituation ein Differenzierungsmerkmal zwischen klassischer und evolutionärer Ökonomie ist.

2 Evolutionsökonomik als Gegenmodell zur klassischen Ökonomik

Zunächst erfolgt eine kurze Rekapitulation der elementaren Prinzipien der klassischen Ökonomik, soweit sie in unmittelbarer Relevanz zur Evolutionsökonomik stehen:

1. Die klassische Ökonomik studiert das menschliche Verhalten als Beziehung zwischen Bedürfnissen und knappen Ressourcen mit alternativen Verwendungsoptionen.

2. Die Umsetzung dieser wirtschaftlichen Tätigkeit erfolgt auf Märkten, die dem Tausch von Gütern dienen.

3. Aus dem dualen Anspruch von Angebot und Nachfrage bildet sich dort der Preis eines Gutes, der gleichermaßen auch die gehandelte Menge bestimmt.

4. Dieser Prozess strebt immer zu einem Gleichgewicht von Preis und Menge des gehandelten Gutes.

5. Das Gleichgewicht wird aber nur dann erreicht, wenn zwei Bedingungen erfüllt sind:

   a. vollkommene Information und

   b. vollkommene Rationalität.

Beide Forderungen wurden von verschiedenen Seiten immer wieder in Frage gestellt und auch mit neuen Modellansätzen unterlegt. In der Folge haben sich jedoch die theoretischen Erklärungsversuche der wirtschaftlichen Tätigkeit immer stärker auf die Ebene von Modellkonstruktionen verlagert, die durch einen immer intensiveren Bezug zur Mathematik und eine immer größere Entfernung von der realen Wirtschaft gekennzeichnet waren. Um Carsten Herrmann-Pillath (2011, 194) zu rezipieren: Die Probleme der Wirtschaftswissenschaften im 20. Jahrhundert sind durch den Import von „Konzepte[n] und mathematische[n] Instrumenten der Physik" verursacht.

„Die Wirtschaftswissenschaft geriet in den Bann der Idee, ökonomische Phänomene exakt messen und durch mathematisch abbildbare, einfache gesetzesmäßige Zusammenhänge erklären zu wollen, ähnlich wie das die Physik für die Natur erreicht hatte." Und weiter: „So entstand das Bild der Wirtschaftswissenschaft in der Gegenwart, nämlich die Koexistenz zwischen hoch aufgerüsteter theoretischer Modellierung und weit ausgebautem ökonometrischem Instrumentarium."

Diese Meinung von Herrmann-Pillath wird schon seit geraumer Zeit von vielen Ökonomen, vor allem aber von den meisten Praktikern in der Wirtschaft geteilt. Die genannten Modelle haben unter verschärften Bedingungen grobe Schwächen gezeigt, was zu schwerwiegenden Fehleinschätzungen geführt hat. Besonders dramatisch war der Vertrauensverlust während und nach der Finanzkrise des Jahres 2008 wie auch in den vergangenen Jahren der Pandemie (2020–2023) und des Ukraine-Konfliktes (2022ff.).

Es erweist sich, dass die Treffsicherheit der Resultate nicht durch den Einsatz besonders aufwendiger mathematischer Systeme verbessert werden kann, sondern nur durch das bessere Verständnis wirtschaftlicher Zusammenhänge. Vorweg ist es aber wichtig, einige Positionen der Evolutionsökonomik zu hinterfragen, um sicherzustellen, dass diese neue Richtung auch ihrem eigenen elementaren Anspruch genügt, den Prinzipien der Evolution zu folgen.

3 Evolutionsökonomie als ‚lebendes System'

Nach eigener Definition der Evolutionsökonomik (Herrmann-Pillath 2002, 203f.) ist die Wirtschaft durch folgende Eigenschaften bestimmt:

„Das Wirtschaftssystem ist eine Ausprägung des allgemeinen Strukturtyps ‚lebende Systeme'. Lebende Systeme zeichnen sich dadurch aus, dass sie in der Lage sind, durch Zufuhr freier Energie bzw. niedrig entropischer Materie Zustände höherer Ordnung zu stabilisieren. Thermodynamisch betrachtet, sind also lebende Systeme stabile Zustände fern vom Gleichgewicht. Neben dieser Eigenschaft der Stabilität zeichnen sie sich aber auch durch fortlaufenden Wandel aus. Die besondere Eigenschaft des Wirtschaftssystems besteht darin, erstens Wissen in Netzwerken von Aktoren zu speichern und zu übertragen, und zweitens, extrasomatisch Neuheit durch intentionale Produktion zu schaffen und in materiell-energetischen Strukturen zu speichern und zu übertragen (Kapital, Technologie)."

Die Eigenschaften, die hier dem Wirtschaftssystem zugeschrieben werden, sind bereits zum wesentlichen Teil Eigenschaften des Systems ‚Leben' und werden dort von der Funktion ‚Wirtschaft' sichergestellt. Dabei kann es durchaus sein, dass die Wirtschaft diese Aufgabe ebenfalls in Form eines (lebenden) Systems erfüllt. Wichtig ist aber in diesem Zusammenhang, dass die Zufuhr freier Energie beziehungsweise entropischer Materie bereits das Kennzeichen und integrales Element des Systems ‚Leben' sind, ohne die, mangels Leben, auch keine Wirtschaft stattfinden würde, sei es als ‚lebendes System' (vgl. Abbildung 1) oder als Funktion des Systems ‚Leben'. Der Wirtschaft werden hier also Eigenschaften zugeordnet, die bereits in einem vorgeordneten System (dem System ‚Leben') verwirklicht sein müssen (vgl. Abbildung 2).

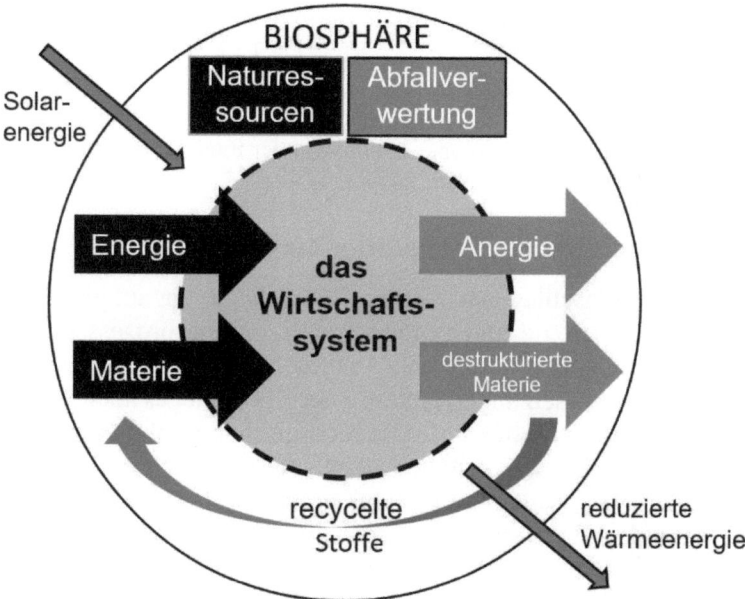

Abb. 1: Wirtschaft als ‚lebendes System' (Eigene Darstellung, nach einer im Internet mehrfach verwendeten Abbildung[2]).

---

[2] zum Beispiel: https://commons.wikimedia.org/wiki/File:Diagram_of_natural_resource_flows.jpg (Zugriff: 09.09.2024)

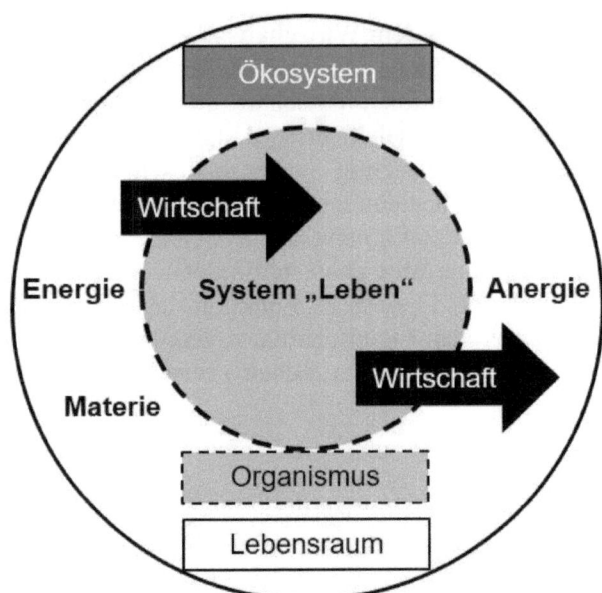

Abb. 2: Die Darstellung des Systems ‚Leben' mit der Funktion Wirtschaft (Eigene Darstellung; Quelle: Simon 2022, 245).

4 Evolutionsökonomie als evolutionärer Prozess

Unabhängig von einschlägigen Warnungen, nicht zu sehr auf einer kompletten und exakten Analogie zum biologischen Evolutionsprozess zu bestehen, müssen für eine Ökonomie, die den Anspruch erhebt, evolutionär zu sein, gewisse Grundvoraussetzungen gelten. Zuerst bedeutet es aber, den Gegenstand der Evolution zu fixieren. In der biologischen Evolution ist es das lebende Wesen oder aber das System ‚Leben', das bereits zum Aufbau höherer Strukturen fähig ist, wenn man ihm aus der Umwelt die nötigen Elemente zuführt. In Analogie dazu müsste in einer Evolutionsökonomik die Ausprägung der Wirtschaft, sagen wir die ‚Wirtschaftsform', der Gegenstand der Evolution sein.

In zweiter Linie ist der allgemein anerkannte Variations-Selektions-Reproduktions (VSR)-Mechanismus der Evolution analog zur Biologie zu manifestieren. Dazu gehört die Ausbildung verschiedener Variationen von Eigenschaften (Merkmalen), deren äußerer Selektionsmechanismus schlussendlich zum analogen Ergebnis der (biologischen) Evolution führt, nämlich zur Dominanz der am besten an die Umwelt angepasste Variante. Schon wesentlich schwieriger ist die Zuordnung des inneren Selektionsprozesses, der analog der sexuellen Selektion ablaufen müsste. Jede Variation eines Merkmals muss nicht nur an die Umwelt angepasst sein (äußere Selektion), sondern auch mit anderen Merkmalen des Systems harmonieren (innere Selektion). Das hat zur Konsequenz, dass die Übernahme von selektierten Merkmalen erst dann erfolgen kann, wenn die Abstimmung mit den anderen Merkmalen des Systems ‚möglich' geworden ist. Diese beiden Prozesse müssen auch keineswegs immer gleichgerichtet sein. Daher hat auch Darwin ebenfalls zwischen natürlicher und sexueller Selektion unterschieden.

Wenn man den Ansatz der Evolutionsökonomik nur in Bezug auf seine fundamentalen Grundsätze untersucht, die logischerweise im Bereich der Evolutionsprinzipien liegen, dann ist, neben einer Anzahl anderer Diskussionsgründe, zuerst einmal die zuvor angesprochene Frage zu klären. Hilfreich könnte bei der Klärung dieser Fragestellung sein, die Konsequenzen der Evolution in beiden Fällen zu skizzieren. Ist die Wirtschaft ein eigenes (lebendes) System, dann würde der gesamte VSR-Prozess der Evolution in diesem System ablaufen, also sowohl der äußere Selektionsprozess (als Anpassung an die Umwelt), als auch der innere Selektionsprozess, also die Inkorporation in die eigenen Strukturen. Damit ist es aber noch nicht im eigentlichen System ‚Leben', also im jeweiligen Organismus, angelangt.

Anders verhält es sich bei der Sichtweise als Funktion des Systems ‚Leben', wo eine äußere (umweltbedingte) Selektion nur im Bereich der jeweiligen Funktion stattfindet und eine innere Selektion erst dann einsetzt, wenn die analoge Selektion einen bestimmten Punkt erreicht hat. Es bleibt somit alles in einem einzigen ‚lebenden' System. Das würde der Konkurrenz verschiedener ‚lebender' Systeme einen Riegel vorschieben und eine unmittelbare Inkorporation von äußeren Anpassungen ermöglichen. Es würde jedoch auch die treibende Kraft von Konkurrenzverhältnissen ausschalten. Denn es ist klar, dass es sich in beiden Fällen des Selektionsablaufes (biologisch und ökonomisch) um Wettbewerbsprozesse handelt.

5 Evolutionsökonomik versus evolutionäre Ökonomik

Die Darstellung der Evolutionsökonomik wirft bezüglich der evolutionären Eigenschaften eine Reihe von Fragen auf. Die zentrale und vorgeordnete Fragestellung ist jene nach der tatsächlichen Natur der Wirtschaft im Rahmen des Systems ‚Leben'. Zwei Optionen bieten sich an. Zum einen wird die Wirtschaft als ein ,lebendes System' interpretiert, wie die Evolutionsökonomik es als gegeben ansieht. Oder die Wirtschaft stellt sich ,nur' als lebenswichtige Funktion des Systems ,Leben' dar, wie sie Konrad Lorenz (1974) auch für die Atmung und Ausscheidung feststellen konnte. Beides könnte theoretisch in der Form eines Systems erfolgen, möglicherweise sogar in der Form eines ,lebenden Systems'. Jedoch bleibt zu bedenken, dass im ersten Fall zwei ,lebende' Systeme nebeneinander existieren würden und wohl auch auf Grund ihrer Systemeigenschaften in Konkurrenz zueinander stünden. Und es stellt sich die weitere Frage, ob es neben dem System ,Leben' überhaupt noch andere ,lebende' Systeme geben kann und ob diese Aufgaben nicht durch nachgeordnete Funktionen eines Organismus besser erfüllt werden können und in der Realität auch tatsächlich übernommen wurden.

In diesem Fall, der Wirtschaft als lebenswichtige Funktion des Systems ,Leben', erscheint hingegen die Entwicklungsrichtung klar vorgegeben. Analog zur Atmung erfolgt die evolutionäre Ausgestaltung der Funktion durch den auswählenden Mechanismus der Umwelt. Die am besten an die Umwelt angepasste Form bleibt schlussendlich übrig. Das bedeutet für die Wirtschaft, dass die Art und Weise, wie sie betrieben wird, dem Auswahlverfahren durch die Umwelt folgt. Oder einfacher, die Wirtschaftsform wird durch die Umwelt bestimmt. In diesem Fall finden der äußere und der innere Selektionsprozess innerhalb eines Systems statt, in jenem des Systems ,Leben', also in den einzelnen Organismen.

Wirtschaft ist keine von den Menschen erfundene ,Geheimwissenschaft' oder eine alles umfassende Sozialwissenschaft, sondern eine Funktion des Systems ,Leben', ohne die kein Organismus existieren könnte. Diese Funktion beginnt bereits beim Einzeller und ermöglicht es einem Lebewesen, aus der Umwelt jene Energie zu beziehen, die es für seinen Erhalt und seine Duplizierung benötigt, also um zu leben. Nur die Art und Weise, wie die von ihrer Umwelt abhängige Wirtschaft diese Aufgabe erfüllt, kann in den Sozialwissenschaften weiter diskutiert werden. Das Grundprinzip der Wirtschaft aber unterliegt mit Sicherheit naturwissenschaftlichen Regeln, wie zum Beispiel der Evolution. Es sollte aber darauf hingewiesen werden, dass diese Zuordnung der Wirtschaft vor allem für die ersten vier Milliarden Jahre der Entwicklung des ,Lebens' auf der Erde Gültigkeit gehabt haben dürfte, in den letzten 0,0002 Milliarden Jahren könnten auch noch andere Prozesse dazu gekommen sein.

6 Resümee

Es wird deutlich, dass mit dem Konzept der Evolutionsökonomik und ähnlichen Konzepten, die den Wirtschaftsprozess als ‚lebendes System' auffassen, ein Gegenpol zum eigentlichen System ‚Leben', also dem einzelnen Organismus, geschaffen wird. Denn dieser ist es, der die Transformation von Energie und niedrig entropischer Materie zu eigenen Strukturen sicherstellt, dafür aber eine Reihe von Funktionen benötigt, um diesem Anspruch auch gerecht zu werden. So gesehen ist die Wirtschaft, wie die Atmung und die Ausscheidung, zwar eine lebenswichtige, aber nur eine Hilfsfunktion des Systems ‚Leben'.

Daraus ergeben sich zwei unterschiedliche Ansätze für die Beurteilung des jeweiligen Evolutionsprozesses. Im ersten Fall würde das System dem von der Evolutionsökonomik vorgezeichneten Weg folgen. Dazu empfehle ich das Studium von drei einschlägigen Werken, die vom offensichtlichen *Mastermind* der Evolutionsökonomik entweder selbst geschrieben (Herrmann-Pillath 2002) oder von ihm als Sammelbände (Herrmann-Pillath 2000; Herrmann-Pillath & Hederer 2023) herausgegeben worden sind. Sie enthalten eine sehr umfangreiche Einführung in die Überlegungen der Evolutionsökonomik zu diesem Thema. Man sollte sich aber im Klaren sein, dass die Fundamentierung der Wirtschaft als ‚lebendes System' eine Mehrzahl an Alternativen eröffnen würde (zum Beispiel wie sie King 2021 in der Form eines ‚Superorganismus' beschreibt). Das müsste dann allerdings Gegenstand einer weiterführenden Diskussion sein.

Eine solche Diskussion wäre, meiner bescheidenen Ansicht nach, in jedem Fall ein Gewinn für alle Beteiligten, von welcher Meinungsplattform sie auch immer kommen mögen. Aber auch die klassische Nationalökonomik täte gut daran, die eine oder andere Überlegung der Evolutionsökonomik zu berücksichtigen. Insbesondere der generelle Einfluss rein biologischer Wirkungszusammenhänge auf die Wirtschaft ist noch lange nicht vollständig erfasst worden und würde zu elementaren neuen Erkenntnissen führen. Eine davon wäre wohl die Erkenntnis, dass die Wirtschaft als ein ‚verlängerter Arm' von Lebewesen zu sehen ist, wie andere Funktionen des Systems ‚Leben' auch. Das gilt so lange, wie die natürliche DNA noch zu einer angemessen schnellen Anpassung in der Lage ist und die Spezies ‚Mensch' nicht selbst Kriterien verfolgt, die zum Evolutionsprozess im Widerspruch stehen.

7 Literatur

7.1 Zitierte Literatur

Herrmann-Pillath, C. 2000: Evolution von Wirtschaft und Kultur. Bausteine einer transdisziplinären Methode. (= Institutionelle und evolutorische Ökonomik 12). Metropolis. Marburg.

Herrmann-Pillath, C. 2002: Grundriß der Evolutionsökonomik (= UTB 2340). Fink. München.

Herrmann-Pillath, C. 2011: Evolutionsökonomik. – In: Otto, K.-S., Speck, T. (Hg.), Darwin meets Business. Evolutionäre und bionische Lösungen für die Wirtschaft. Gabler. Wiesbaden, 193–200.

Herrmann-Pillath, C., Hederer C. 2023: A New Principles of Economics. The Science of Markets. Routledge. London.

King, C. W. 2021: The Economic Superorganism. Beyond the Competing Narratives on Energy, Growth, and Policy. Springer. Cham.

Lorenz, K. Z. 1974: Analogy as a source of knowledge. – In: Science 185 (4147), 229–234.

Schrödinger, E. 1944: What is Life? The physical aspect of the living cell. Based on lectures delivered under the auspices of the Institute at Trinity College, Dublin in Febr. 1943. Cambridge University Press. London, UK. – Deutsch: Was ist Leben? Die lebende Zelle mit den Augen des Physikers betrachtet. Übersetzung von L. Mazurczak. Francke. Bern 1946.

Schumpeter, J. 1943: Capitalism, socialism and democracy. Allen & Unwin. London. – Deutsch: Kapitalismus, Sozialismus und Demokratie. Übersetzt aus dem Englischen von S. Preiswerk. (= Mensch und Gesellschaft 7). Francke. Bern 1946 [²1950].

Simon, T. 2022: Nachhaltiger Umgang mit Wäldern – die ökonomische Sichtweise. – In: Bender, O., Kanitscheider, S., Ruso, B. (Hg.), Nachhaltigkeit. Das Fortbestehen komplexer Systeme. (= 46. Matreier Gespräche zur Kulturethologie 2022. Schriftenreihe der Otto-Koenig-Gesellschaft). BoD. Norderstedt, 231–248.

von Hayek, F. 1945: The Use of Knowledge in Society. – In: The American Economic Review 35 (4), 519–530.

7.2 Weiterführende Literatur

Dawkins, R. [2]1989 [[1]1976]: The Selfish Gene. Oxford University Press. Oxford, UK. – Deutsch: Das egoistische Gen. Aus dem Englischen übersetzt von K. de Sousa Ferreira. [[1]Springer. Heidelberg 1978]. [2]Spektrum. Heidelberg 1994.

Krugman, P. R. 1996: The Self-Organizing Economy. Blackwell. Cambridge, MA.

Lane, N. 2015: The Vital Question. Energy, evolution, and the origins of complex life. Profile Books. London, UK. –Deutsch: Der Funke des Lebens. Energie und Evolution. Aus dem Englischen von M. Niehaus, M. Wiese und J. Wissmann. Theiss. Darmstadt 2017.

Simon, T. 2021: Ist Wirtschaft ein analoger Prozess? – In: Bender, O., Kanitscheider, S., Mehl, A., Ruso, B., Winkler, H. (Hg.), Analogie als Quelle der Erkenntnis. (= 43. Matreier Gespräche zur Kulturethologie 2017. Schriftenreihe der Otto-Koenig-Gesellschaft). BoD. Norderstedt, 221–238.

Veblen, T. 1898: Why is Economics not an Evolutionary Science. – In: The Quarterly Journal of Economics 12 (4), 373–397.

Thomas Simon

Hannibals Weg über die Alpen

Zusammenfassung

Diese Arbeit geht der Frage nach, wo Hannibal im Zweiten Punischen Krieg (218 v. Chr.) mit seinem Heer die Alpen ‚geographisch nachvollziehbar' überqueren konnte. Im Gegensatz zu den meisten Veröffentlichungen zu diesem Thema begnügt sich die vorliegende Arbeit mit den modernen Landschafts- und Ortsbezeichnungen und führt historische Bezeichnungen nur dort an, wo es sinnvoll und notwendig erscheint. Der vorliegende Zugang stellt einen Perspektivenwechsel in der Erforschung des Themas dar, der sich allerdings schon seit einigen Jahren abzeichnet. Die Disziplinen, welche zur Identifikation des Alpenübergangs herangezogen werden, erreichen ein immer größeres Ausmaß. So wurden vor einiger Zeit auch Biologen und Geomorphologen bei einer Kampagne zu dieser Frage einbezogen, was an und für sich begrüßenswert ist. Man sollte jedoch die prinzipiell gegebenen räumlichen und menschlichen Voraussetzungen des Unternehmens dabei nicht übersehen.

Die vorliegende Analyse wird von einer umfangreichen persönlichen Recherche getragen, welche die topographischen und klimatischen Möglichkeiten des Alpenzuges in den Mittelpunkt stellt. Zielsetzung ist daher die wirklichkeitsnahe Reproduktion der Wegstrecke. Quellen und Literatur wurden nur im notwendigen Ausmaß, vor allem zur Verifizierung, herangezogen. Der Beitrag wendet sich nicht nur an die Wissenschaft, sondern an alle, die an der Lösung dieser Frage interessiert sind.

1 Einführung

Die Entstehung des römischen Reiches und seiner Kultur kann als ein wesentlicher Entwicklungsschritt in der Menschheitsgeschichte gesehen werden und ist zu Recht Bestandteil des europäischen Selbstverständnisses. Aber nicht nur in Europa hat man diese Entwicklungsschritte immer schon mit großem Interesse verfolgt, sondern auch im nahen und fernen Ausland erfreuen sich die Ereignisse und Vorgänge der europäischen Antike großer Aufmerksamkeit. Das hat verschiedene Gründe und überrascht auch lokale

Historiker immer wieder. Das mag an der unmittelbaren Beteiligung asiatischer und afrikanischer Kulturen liegen oder aber an der weltweiten Verbreitung insbesondere römischer oder romanisierter Erkenntnisse.

Ein solches breit rezipiertes Ereignis bildet die Alpenüberquerung Hannibals zusammen mit dem bisher ungelösten Rätsel, wo diese tatsächlich stattgefunden haben könnte. Sie fällt in die Frühzeit der römischen Expansion und war zu dem Zeitpunkt sicher eine, bis dorthin für unmöglich gehaltene, menschliche Ausnahmeleistung. So liegt es in der Natur der Sache, dass seit diesem Ereignis vor rund 2200 Jahren viele tausend Versuche unternommen wurden, der Lösung des Rätsels näher zu kommen. Das Interesse ist durchaus gerechtfertigt, denn die Geschehnisse dieser Zeit hätten den Lauf der Geschichte leicht verändern können und haben letztlich zum Untergang einer Kultur beigetragen, die jener der Römer zu diesem Zeitpunkt wohl ebenbürtig war. Und solange der genaue Weg nicht wirklich nachgewiesen wurde, bleibt er im Bereich der Sage, auch wenn kaum jemand daran zweifelt, dass der Zug über die Alpen tatsächlich stattgefunden hat.

Um den sehr unterschiedlichen Perspektiven auf das epochale Ereignis entgegenzukommen und den Einstieg in die Vorgänge auf kurzem Weg zu ermöglichen, ist eine allgemeine Einführung sinnvoll. Im 8. Jahrhundert v. Chr. begannen sich, sicher begünstigt durch klimatische Stabilität, vier große Kulturgruppen im europäischen und mediterranen Raum zu formieren. Die Phönizier beziehungsweise Punier (wie sie von den Römern genannt wurden), die Griechen, die Römer und, lange Zeit vernachlässigt, die Kelten. Eine weitere erstaunliche Gemeinsamkeit ist, dass alle vier Kulturgruppen spätestens um Christi Geburt im römischen Kaiserreich aufgingen. Die Geschichte von Griechen und Römern ist zu gut dokumentiert, als dass man hier eine weitere Vertiefung benötigen würde. Der Schwerpunkt liegt auf dem Beitrag von Karthagern und Kelten zur wachsenden Dominanz der Römer in diesem Raum der Welt – und zu Hannibals Zug während dieser Periode.

2 Die Vorgeschichte

Am Anfang des 8. Jahrhunderts v. Chr. entwickelte sich im kleinasiatischen Raum, etwa im Bereich des heutigen Libanon, ein loser Bund von anfangs acht Städten, die zwar auf älteren mesopotamischen Kulturen basierten, aber in Sprache, Religion und Wirtschaft eine eigene Identität entwickelten. Die Rede ist von den Phöniziern. Durch den Handel zwischen Asien und Europa gewannen sie bald an Macht und Einfluss. Ihr ,Geschäftsmodell' war die Handelsbeziehung über das Mittelmeer, und sie waren, trotz erheblicher Konkurrenz, dort bald die dominierende Seemacht und eine wohlhabende Gemeinschaft.

Im Zuge ihrer Handelstätigkeit im Mittelmeerraum gründeten sie eine Reihe von Städten, die auch heute noch große Bedeutung haben (Palermo, Málaga, Cádiz u. a.). Es ist weiterhin bezeugt, dass Erkundungsreisen der Phönizier bis weit an die westafrikanische Küste und bis zu den britischen Inseln reichten (Hanno der Ältere).

Vermutlich schon im Jahre 814 v. Chr. gründeten sie im Raum Tunis die Stadt Karthago. Die günstige Lage im Zentrum des Mittelmeerraumes und die permanente Bedrohung des phönizischen Ursprungsgebietes an der levantinischen Küste ließen Karthago sehr rasch wachsen und zum international bekannten Zentrum der phönizischen Handels- und Seemacht werden. Grundsätzlich beruhte Karthago daher auf phönizischen Wurzeln, wie seine Kultur, Religion und Sprache, die durch lokale Einflüsse und internationale Usancen ergänzt wurden.

Um die nachfolgenden Ereignisse besser einordnen zu können, soll als zeitliche Einstiegsbasis die Mitte des 3. Jahrhunderts v. Chr. verwendet werden, kurz vor einer neuen Angriffswelle der Römer auf die Völker der östlichen Po-Ebene. Die phönizischen Städte in der Levante litten auch damals, wie oft in ihrer Geschichte, unter dem Einfluss von Großreichen wie Ägypten, Assyrien, Babylonien und schließlich dem Perserreich, waren aber auf Grund ihrer Prosperität in der Lage, gegen die Zahlung hoher Tribute ihre Selbständigkeit zu wahren. Das Verhältnis zu den Römern war zu dieser Zeit gut, denn man hatte in den genannten Großreichen einen gemeinsamen Feind, die Griechen beziehungsweise die Diadochenreiche Alexanders.

Das änderte sich im Jahre 264 v. Chr. mit Beginn des Ersten Punischen Krieges. Anlass war ein Streit um sizilianische Getreidevorräte. Der Krieg endete im Jahre 241 v. Chr. mit einer Niederlage Karthagos unter Hamilkar Barka, dem Vater von Hannibal, Hasdrubal und Mago Barka[1]. Die Niederlage hatte zur Folge, dass Karthago nach dem Verlust von Sizilien, Sardinien

---

[1] Namhafte Entscheidungsträger aus Karthago (K) und Rom (R) sowie ihre zeitliche Einordnung – man beachte die Namensgleichheiten sowohl auf punischer, besonders aber auf römischer Seite [Fortsetzung auf S. 110]:

und Korsika seinen Einfluss weiter in das westliche Mittelmeer ausdehnte. Besonders die iberische Halbinsel lag im Interesse der Punier. Die Verfügbarkeit von Bodenschätzen, wie Silber und Gold, machte die Exploration dieses Landes lukrativ und führte zu einem Zuwachs an Reichtum in den Kassen Karthagos, der natürlich nicht unbeobachtet blieb. Auch die Römer hatten ein Auge auf Spanien geworfen und wollten ihre Interessen auf verschiedenste Art und Weise geltend machen.

Die unmittelbare militärische Auseinandersetzung zwischen Karthago (Hannibal) und Rom (Scipio) begann im Jahre 219 v. Chr. mit einer Art Stellvertreterkrieg um Sagunt, einer damals prosperierenden Hafenstadt, ungefähr 30 km nördlich der heutigen Stadt Valencia. Sagunt war mit den Römern verbündet und leistete Hannibal über Monate Widerstand, bevor es dessen Überlegenheit anerkennen musste und kapitulierte. Hannibal zog sich danach in sein Winterquartier in die kurz davor gegründete Stadt Neu Karthago (Cartagena) zurück und verbrachte den Winter 219/218 v. Chr. mit den Vorbereitungen für einen außergewöhnlichen Schritt gegen die Römer. Die reichlichen Vorräte an Edelmetall ermöglichten es ihm, ein Söldnerheer ungewöhnlicher Größe aufzustellen, natürlich mit einem karthagischen Kern. Unbestritten ist, dass schon zu diesem Zeitpunkt ein intensiver Kontakt zu oberitalienischen keltischen Völkerschaften bestand, unter Sicherheit mit den Insubrern.

K1. Hamilkar Barka (~270–229 v. Chr.): Karthagischer Feldherr im Ersten Punischen Krieg, Vater von (a) Hannibal Barka (247–183 v. Chr.), (b) Hasdrubal Barka (~245–207 v. Chr.), (c) Mago Barka (vor 245–203 v. Chr.).

K2. Hasdrubal (der Schöne) (~270–221 v. Chr.): verheiratet mit einer Tochter Hamilkars und Nachfolger Hamilkars als Feldherr in Spanien, gilt als Lehrer Hannibals im Kriegshandwerk.

R1. Publius Cornelius Scipio (der Ältere) (260–211 v. Chr.) war direkter Gegenspieler Hannibals am Anfang des Zweiten Punischen Krieges und Vater von (neben weiteren Söhnen und Töchtern) (R1a) Publius Cornelius Scipio Africanus (235–183 v. Chr.), dem römischen Feldherrn, der durch seinen Sieg über Hannibal in der Schlacht bei Zama auch den Zweiten Punischen Krieg beendete.

R2. Publius Cornelius Scipio Africanus Aemilianus (der Jüngere) (185–129 v. Chr.) besiegelte durch seine Erfolge in Spanien und im Dritten Punischen Krieg das Schicksal der Karthager. Er war ein Adoptivsohn von Scipio A. (R1a).

Hannibal startete seinen Zug nach Italien (und somit den Zweiten Punischen Krieg) im Jahre 218 v. Chr. um den Monatswechsel April/Mai im heutigen Cartagena. Er überschritt nach schweren Kämpfen am Ebro die Pyrenäen über den Col du Perthus und gelangte in Eilmärschen bis Anfang September an die Rhône, die er mit seinem Heer in insgesamt sieben Tagen überquerte.

3 Die Ausgangslage, die Zeit und das Umfeld

Um die tatsächliche Alpenüberquerung Hannibals lokalisieren zu können, sind die Voraussetzungen der damaligen Zeit, die Größe der Heerschar und der Zeitrahmen, der dafür zur Verfügung stand, realistisch einzuschätzen. Dazu kommen noch die zwei (später verfassten) Wegbeschreibungen von Polybios[2] und Titus Livius[3]. Man muss sich bei dieser Situation vor Augen halten, dass im Jahr 218 v. Chr. der römische Einflussbereich noch nicht sehr weit nach Oberitalien hinein reichte. Die Etrusker waren 276 v. Chr.

---

[2] Polybios (ca. 200 – ca. 118 v. Chr.) war ein griechischer Geschichtsschreiber, der im Zuge von Kampfhandlungen mit den Römern als Kriegsgefangener nach Rom gekommen war. Seine beim Militär erworbenen Fähigkeiten und seine Kenntnisse der griechischen Geschichtsschreibung machten ihn in Rom zum gefragten Historiker und ermöglichten ihm den Eintritt in die Familie der Scipionen, welche in Fragen Karthagos sicher die höchste Kompetenz besaßen. Er begleitete Scipio den Jüngeren zu den Feldzügen in Spanien gegen die Karthager und zudem während des Dritten Punischen Krieges (149–146 v. Chr.), der zum Untergang Karthagos führte. Wenn er auch kein unmittelbarer Zeitgenosse Hannibals (247–183 v. Chr.) war, gilt er doch zu Recht als zentrale Quelle zum Thema der Alpenüberquerung Hannibals. Im Gegensatz zu allen späteren Geschichtsschreibern hatte er noch die Möglichkeit, mit Zeitzeugen des Zweiten Punischen Krieges zu sprechen und auch Teile der von Hannibal begangenen Wege persönlich aufzusuchen.

[3] Titus Livius (~59 v. Chr. – 17 n. Chr.), der ebenfalls eine ausführliche Beschreibung des Zweiten Punischen Krieges hinterlassen hat, bezieht Glaubwürdigkeit aus seiner Reputation als allgemein anerkannter römischer Geschichtsschreiber. Er hat eine sehr ausführliche Zusammenfassung der römischen Geschichte erstellt (‚Ab urbe condita‘) und hatte mit Sicherheit Zugang zu allen Quellen, die in der römischen Kaiserzeit noch vorhanden waren. Die Ähnlichkeit der Schilderungen lässt darauf schließen, dass er in vielen Bereichen den Aufzeichnungen des Polybios gefolgt ist, jedoch auch andere Quellen mit einbezogen hat. So stellen die Werke von Polybios und Livius heute, aber auch in der Vergangenheit, die zentralen Quellen für die Vermittlung der Alpenüberquerung des Hannibal dar.

besiegt worden, deren nördliche Grenze zwischen Pisa und La Spezia verlief; die Veneter wurden im Bereich der oberen Adria um 225 v. Chr. unterworfen. Der restliche Teil Oberitaliens, vor allem der Alpenbogen, war nicht in der Hand der Römer, sondern in der von freien Völkern im Wesentlichen keltischer Herkunft. Nur entlang der Küste gab es einige Bundesgenossen der Römer (Teile der Ligurer und die Stadt Marseille), was auch ein Grund für Hannibal bildete, diesen Weg zu meiden. Sinnvollerweise beginnen wir den Nachvollzug der Alpenpassage deshalb an einem Ausgangspunkt, der relativ genau bestimmt werden kann und der auch nicht in Zweifel steht: Die Überquerung des Flusses Rhône zwischen den Städten Orange und Avignon.

Dass diese Überquerung stattgefunden hat, ist unbestritten; was bis heute unklar geblieben ist, sind der genaue Ort und der genaue Zeitpunkt. Die Evidenz der verfügbaren Quellen weist jedoch auf einen Zeitrahmen zwischen dem 1. und 10. September hin, da auch auf römischer Seite zu dieser Zeit Aktivitäten dokumentiert sind, speziell die Ankunft Scipios des Älteren in Marseille. Bekanntlich war die Ankunft von dessen Flotte der Anlass für Hannibal, seinen Lagerplatz Richtung Norden zu verlassen und dadurch einer direkten Konfrontation auszuweichen. Die Römer erreichten diesen Lagerplatz, höchst erstaunt, erst drei Tage später. Es war offensichtlich Hannibals Ziel gewesen, den Römern erst in Italien gegenüber zu treten.

Der Ort der Rhône-Überquerung wird heute deswegen im Bereich zwischen Avignon und Orange vermutet, weil eine Überquerung südlich von Avignon eine weitere große Flussüberquerung notwendig gemacht hätte, nämlich jene über die Durance. Dazu kam die Bedrohung von der Küste. Die Durance (lat.: Druentia) ist der größte Alpenzufluss der Rhône und mündet knapp südlich von Avignon in diese. In einer der frühen Aufzeichnungen über die Alpenüberquerung Hannibals, jener von Titus Livius, wird eindeutig der Fluss Druentia als Ausgangspunkt der Passüberschreitung genannt. Auch das ist ein wichtiger Hinweis auf den Wegverlauf der karthagischen Bergtour. Denn selbst wenn Hannibal einen der anderen Alpenzuflüsse der Rhône (Ouveze, Nesque, Eygues oder Drôme) als Aufstiegsroute gewählt hätte, wäre er auf dem Weg in die Alpen immer wieder im Tal der Durance angekommen. Dieser Fluss kommt aus dem Norden und schwenkt erst später in westliche Richtung um. Auch wenn heute feststeht, dass Hannibal ab Avignon nicht den direkten Weg durch das Durance-Tal gewählt hat, wäre er früher oder später doch wieder im Durance-Tal gestanden und hätte seinen Weg von da aus weiterführen müssen. Es gibt dafür nur eine einzige echte Alternative, das Tal der Isère.

4 Der Weg zum (eigentlichen) Alpenübergang

Der Zug Hannibals vom Flusstal der Rhône weg in östlicher Richtung setzt sich daher aus zwei Teilen zusammen. Aus dem Zug von der Rhône bis zum ‚Fuß der Alpen' und der Überquerung des Alpenhauptkammes beziehungsweise der heutigen Grenze zwischen Frankreich und Italien an sich. Schon die antiken Schriftsteller und Historiker haben diese Einteilung so vorgenommen (vgl. die Zeitangaben, Längenbewertungen, Mannschaftsstärken etc.).

Es steht heute zweifelsfrei fest, dass sich Hannibal nach der Überquerung der Rhône (zwischen Avignon und Orange) mit einem respektablen Heer von (gezählten) 46000 Mann entlang der Rhône nach Norden bewegt hat. Nach vier Tagen und etwa 90 km hatte er das Zuflussgebiet der Isère, also den Raum um die heutige Stadt Valence erreicht. Es wird mehrfach darüber berichtet, dass er dort in den Bruderstreit einer lokalen keltischen Völkerschaft eingegriffen und diesen auch mitentschieden hat. Dieser Vorgang ist zu gut dokumentiert, als dass der Weg Hannibals bis zu diesem Punkt in Frage gestellt werden kann (Polybios, III, 42–45; Livius, XXI, 31, 4).

Der siegreiche Stammesfürst hat Hannibal und sein Heer aus Dankbarkeit mit Nahrung, Kleidung und Waffen für seinen Zug über die Alpen versorgt. Aber noch wichtiger dürften die damals verfügbaren Wegkenntnisse für einen solchen Zug gewesen sein und die Bereitstellung einer (keltischen) Nachhut als Schutz gegen marodierende einheimische Stämme. So gilt die Durchschreitung des Vorgebirges bis zum Fuß der Alpen als weitgehend störungsfrei, erst die eigentliche Alpenüberquerung war von erheblichen Problemen geprägt. Trotzdem spielt die Routenwahl eine entscheidende Rolle für die Ermittlung des Alpenpasses.

Um die Rahmenbedingungen für den Übergang der Streitmacht Hannibals eindeutig festzulegen, muss von zwei schwer widerlegbaren Prämissen ausgegangen werden, die wir um eine Hypothese ergänzen, welche, wie jede Hypothese, selbstverständlich diskutierbar ist:

1. Prämisse: Die Alpenüberquerung Hannibals begann mit an Sicherheit grenzender Wahrscheinlichkeit von der Rhône aus im Bereich der heutigen Stadt Valence.

2. Prämisse: Die Alpenüberquerung Hannibals endete im Stammesgebiet seines Bündnispartners, der Insubrer, die zu dieser Zeit einen Teil der Po-Ebene mit dem Hauptort im Bereich des heutigen Mailand bewohnten. Die Insubrer waren vier Jahre vor Hannibals Zug von den Römern angegriffen worden, wobei ihre Hauptstadt auch von den Römern besetzt worden war. Diese Ereignisse waren der Auslöser für die ungewöhnliche Kooperation von Karthagern und keltischen Insubrern, denn letztere waren in ihrer Existenz bedroht. Die Alpenüberquerung Hannibals war daher nie eine Fluchtbewegung (vor Scipio) oder eine Laune des Schicksals, sondern im Rahmen der damaligen Verhältnisse genau geplant. Wie die schriftlichen Quellen übereinstimmend belegen, folgte der Abstieg Hannibals in die Poebene über das Tal der Dora Riparia, also dem heutigen Susa-Tal, in den Raum der damals noch nicht bestehenden Stadt Turin (Polybios, III, 60, 1; Livius, XXI, 38, 5). Bestätigt sind dort auch die intensiven Kontakte mit der keltischligurischen Völkerschaft der Tauriner, die sich zwischen dem Alpenübergang und Hannibals Bündnispartner, den Insubrern befanden. Streitigkeiten wurden jedoch rasch (gewaltsam) beendet, und die meisten keltischen Völkerschaften im Bereich der Po-Ebene schlossen sich den Truppen Hannibals an. Das erste größere Zusammentreffen mit den Römern fand dann noch Ende des Jahres 218 v. Chr. nördlich des Po statt (Schlacht am Ticino, gefolgt von der Schlacht an der Trebbia, jenseits des Po). Wie bekannt, wurden diese Schlachten von Hannibal gewonnen.

3. Als Hypothese wird der weiteren Abhandlung vorangestellt, dass Hannibal nur wenige Wahlmöglichkeiten hatte. Seine Streitmacht betrug zu diesem Zeitpunkt rund 46000 Mann, davon 8000 bis 9000 Reiter, 35 Kriegselefanten und ein unendlich langer Maultiertreck, der für die Versorgung der gewaltigen Heerschar notwendig war. Es war bereits September, und der Winter stand vor der Tür. Der Weg war unsicher, für Hannibal unbekannt, und es war in seinem höchsten Interesse, möglichst wenige seiner Mitstreiter zu verlieren. Um die Alpenüberquerung zu schaffen, muss davon ausgegangen werden, dass er in keinem Fall höher hinaufgestiegen ist, als er unbedingt musste. Alles andere wäre nicht zu verantworten und auch schwer möglich gewesen. Zu dieser Hypothese folgt im Rahmen der vorliegenden Arbeit noch eine größere Anzahl von Beweisführungen.

5 Von der Rhône zum Fuß der Alpen

Es gab für Hannibal damals nur zwei mögliche Flusssysteme, denen er aus dem Raum Valence von der Rhône weg in Richtung Alpen folgen konnte (Abb. 1; Abb. 3). Man darf nicht übersehen, dass bereits ein Zeitpunkt um den 10. September überschritten und noch eine große Wegstrecke zu überwinden war (Polybios spricht von etwa 150 km allein bis zum ‚Fuß der Alpen'; Polybios, III, 50, 1). Eile war also geboten.

A. Das Flusssystem der Isère oder die Kombination aus Isère und Arc (nördlicher Weg: A);

B. Das Flusssystem der Drôme in Kombination mit dem der Durance (zentraler Weg: B).

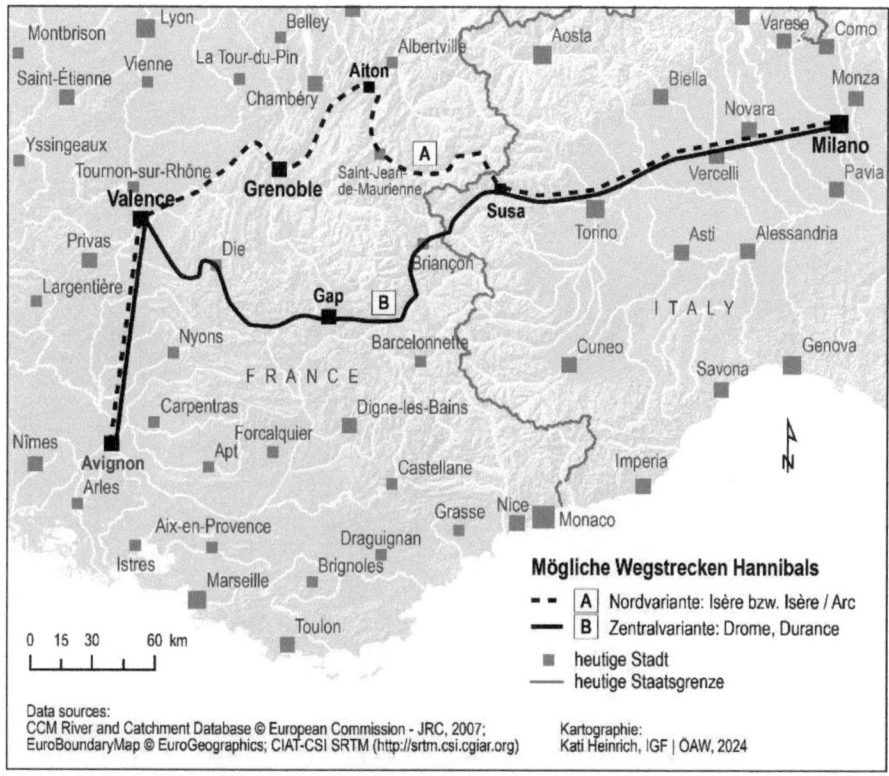

Abb. 1: Mögliche Wegstrecken Hannibals von der Rhône in Richtung Mailand (Eigener Entwurf; Zeichnung: K. Heinrich).

Beide Flusssysteme wurden schon in der Antike sowohl vor Hannibal als auch nach Hannibal für Handels- und Militärzwecke genutzt. Über eine Bewertung beider Varianten wird in der Folge und in einem eigenen Absatz zu befinden sein. Zunächst stehen beide Varianten gleichwertig nebeneinander.

A. Isère beziehungsweise Isère/Arc

Ist Hannibal dem Flusslauf der Isère gefolgt, dann hat er auf wenig problematischem Weg den Raum der heutigen Stadt Grenoble passiert und in der Folge, nach Passieren der Einmündung des Arc den Raum von Albertville erreicht. Der weitere Weg wäre vorgegeben gewesen und hätte über den Pass des Kleinen Sankt Bernhard (2188 m) in das Aosta-Tal geführt. Diese Variante, die früher für möglich gehalten wurde[4], gilt heute aber als eher unwahrscheinlich und wird nicht mehr ernsthaft in Erwägung gezogen.

Abb. 2: Lac du Mont Cenis, hinten rechts das Hochtal mit der Passhöhe, links der Übergang zum Col de Clapier (Foto: Yvesdu34 2013, CC BY-SA 4.0)[5].

---

[4] und im 19. Jahrhundert vorübergehend zum Dogma wurde (Dübi 1884, 388).

[5] Quelle: https://commons.wikimedia.org/wiki/File:Le_Lac_du_Mont_Cenis.jpg (Originalabbildung farbig) (Zugriff: 25.08.2024)

Gründe dafür sind unter anderem der Zustand des oberen Isèretales zur damaligen Zeit, die für Oktober beträchtliche Höhenlage des Passübergangs und die Wegstrecke im Zentralbereich der Alpen zwischen Mont Blanc (4807 m) und Gran Paradiso (4061 m), insbesondere aber die damalige Besiedlung des Aostatales mit dem Stamm der Salasser, zu dem Hannibal, gemäß den bekannten Aufzeichnungen keinerlei Verbindungen hatte.

Es bleibt daher als die wahrscheinlichste Variante des nördlichen Weges die Abzweigung aus dem Isèretal in das Tal des Arc bis in den Raum des heutigen Ortes Modane (heute bekannt auch als das französische Eingangstor des Frejus-Tunnels, einer bedeutenden Bahn- und Straßenverbindung zwischen Frankreich und Italien). Auf der italienischen Seite liegt heute der Wintersportort Bardonecchia, über den die Verkehrsverbindungen in das Susa-Tal und weiter nach Turin führen.

Aus dem Bereich östlich von Modane sind insbesondere zwei Passübergänge in der Vergangenheit sehr populär geworden, der Col du Mont Cenis (2081 m) und der Col de Clapier (2488 m). Beide Wege führen steil bei Susa ins Tal der Dora Riparia hinab und weiter in die Po-Ebene. Beide sind in der Tat bemerkenswert, der eine, Col du Mont Cenis (Abb. 2), durch den ab 1962 errichteten riesigen Stausee und eine Straßenverbindung zwischen Frankreich und Italien, der andere, Col de Clapier, durch seine landschaftliche Besonderheit und seine touristische Erschließung. Lässt man allerdings alle neuzeitlichen Errungenschaften beiseite, dann verliert der Col de Clapier weitgehend an realistischer Bedeutung. Nicht nur, dass die unteren Talbereiche um die Ortschaft Bramans eine überaus labile Schichtung zeigen, die zu allen Zeiten großen Hangrutschungen ausgesetzt war, so befindet sich zudem im oberen Teil des Weges eine Geländestufe, die von der Mehrheit des Hannibalschen Trosses nur sehr schwer zu bewältigen gewesen wäre. Der Abstieg vom Col de Clapier ist außerdem über eine sehr lange Strecke mehr als steil (etwa 1500 Höhenmeter), sodass schon damals das Wechseln in die Passlandschaft des Mont Cenis die viel bequemere Variante dargestellt hätte, zumal dieser wegen des damals fehlenden Stausees vermutlich nur eine Höhe von ungefähr 2000 m aufwies. Tatsächlich gibt es von der Aufstiegsroute des Col de Clapier eine bequeme Verbindung in den Passbereich des Mont Cenis, die 2100 m nicht überschreitet.

Zusammengefasst kann man feststellen, dass die ganze Passlandschaft über den Col du Mont Cenis vom Tal des Arc bis ins Tal der Dora Riparia um ein Vielfaches bequemer zu begehen ist als der Weg über den Col de Clapier.

Es muss davon ausgegangen werden, dass der Col du Mont Cenis der Alpenübergang der Wahl Hannibals und seiner Führer war, falls er den nördlichen Weg über die Isère und den Arc gewählt hatte. Das gilt auch für den Fall, dass die Sicht in die ‚Po-Ebene' etwas weniger spektakulär war als in den Quellen beschrieben.

B. Drôme sowie der Übergang in das Flusssystem der Durance

Die zentrale Route, mit einem Einstieg in die Alpen über das Flusssystem der Drôme, ist erst in den letzten Jahrzehnten in das Zentrum der Betrachtung gerückt. Hauptgrund dürfte die verstärkte Keltenforschung in Frankreich (‚Gallien'), aber auch in den Siedlungsgebieten des österreichischen Alpenvorlandes und in Süddeutschland sein. Bekanntlich haben die Kelten keine schriftlichen Zeugnisse hinterlassen, wie das bei den Griechen und Römern der Fall war. Auch die Hannibal-Forschung konzentrierte sich lange Zeit auf die Hinterlassenschaften von griechischen und römischen Geschichtsschreibern, die häufig eine etwas einseitige Sicht auf die Kultur der Kelten hatten und, wie man heute weiß, nur sehr rudimentäre geographische Kenntnisse. Leider ist auch aus phönizisch/karthagischen Quellen so gut wie nichts erhalten geblieben, denn diese Kultur wurde nachhaltig zerstört, die meisten Aufzeichnungen sind verloren gegangen. Besonders interessant wären die Mitschriften von Hannibals Lehrern gewesen, die den Zug begleiteten und umfangreiche Notizen verfassten[6].

Der Weg entlang der Drôme wurde nach der neuesten Forschung als ‚Standardweg' der Kelten über die Alpen genutzt, wobei der sogenannte ‚Taurinerpass' (1854 m, heute bekannt als Col de Montgenèvre) eine wesentliche Rolle spielte. Der Weg wurde später von den Römern als Handels- und Heeresstraße ausgebaut (‚Weg der Alpen'). Sogar Cäsar hat seinerzeit diesen

---

[6] Zu den Lehrern und Begleitern Hannibals zählten die beiden Griechen Silenos von Kaleakte und Sosylos aus Sparta. Beiden werden ausführliche Mitschriften der laufenden Ereignisse nachgesagt, jedoch ist mit Ausnahme einer Seite (‚Würzburger Papyrus') nichts erhalten geblieben (vgl. Jacoby 1929, 600–605). Ein weiterer Zeitgenosse Hannibals hat Berichte über den Zug des Karthagers hinterlassen, Fabius Pictor (254–201 v. Chr.). Als Mitglied der Fabianen-Familie bekleidete er in Rom höchste Ämter und trat Hannibal auch in der Schlacht am Trasimenischen See persönlich gegenüber. Leider sind auch von ihm nur wenige Fragmente erhalten, sodass bei ihm, wie bei den beiden vorgenannten Griechen, nur der Schluss zulässig ist, dass seine Unterlagen, wenigstens zur römischen Zeit, noch existiert hatten (vgl. Heydenreich 1878; Beck & Walter 2005).

Weg nach Gallien benutzt. Folgt man der Drôme von der Rhône weg fluss-aufwärts, dann erreicht man nach einer gut begehbaren Wegstrecke, vorbei an den heutigen Ortschaften Die und Luc-en-Diois den Zentralraum der heu-tigen Stadt Gap (lat.: Vapincum). Die höchste Erhebung auf diesem Weg ist der Passbereich des Col de Cabre, der eine Höhe von 1180 m erreicht und vor allem von Westen her leicht begehbar ist. Der Bereich der heutigen Stadt Gap hatte schon zu Hannibals Zeiten den Status eines (antiken) Verkehrs-knotenpunktes, da dort viele Wege im Tal der Durance zusammentrafen[7].

Die Durance ist auf französischer Seite der Alpen das dominante Entwässe-rungssystem und mündet südlich von Avignon in die Rhône. Ihr Quellgebiet liegt im Passbereich des Montgenèvre, also nordöstlich der heutigen Stadt Briançon. Dieser Fluss spielte und spielt als Verbindungsweg am Rande der französischen Alpen immer eine wesentliche Rolle. Bedeutsam ist er für die Beurteilung von Hannibals Zug deswegen, weil sein Verlauf die Suche nach einem relevanten Flusswegesystem östlich der Rhône für Hannibals Tross unerheblich macht. Alle Flusspassagen, Ouveze, Nesque, Eygues, ein-schließlich der Drôme, treffen sich im Raum des heutigen Gap und eröffnen von der Durance aus die eigentliche Überquerung der Alpen, wie Titus Livius es auch beschreibt. Nur die Strecke entlang der Isère führt nicht durch das Tal der Durance und den Raum Gap. Theoretisch wäre auch der Weg entlang des gesamten Durance-Tales für Hannibals Zug in Frage gekom-men, jedoch hat der bezeugte Weiterweg seiner Streitmacht in den Raum Valence diese Variante zum Ausschluss gebracht.

Festzuhalten ist weiterhin, dass der spätere römische Ausbau der Via Domi-tia in den Jahren 118–114 v. Chr. die für Jahrhunderte bedeutendste Stra-ßenverbindung von Italien nach Spanien und in die westlichen Teile Frank-reichs (Toulouse, Bordeaux) eröffnete. Diese Straße führte allerdings ab der Stadt Gap entlang des Flusstales der Durance nach Süden. Die Ausgra-bungen an den Wegstrecken werden seit einigen Jahren mit großer Akribie

---

[7] Der lange Zeit in der wissenschaftlichen Diskussion schwelende Konflikt, warum Polybios den Weitermarsch des Hannibal aus dem Tal der Rhône mit ‚links' ver-ortet hat und nicht nach ‚rechts' (*ad alpes*), scheint relativ leicht erklärlich. Er ist von der Isère-Mündung und nach Belehrung seines keltischen Schützlings wieder kurz die Rhône abwärts gezogen und dann ‚links' ins Tal der Drôme abgebogen. Alle anderen Ortsangaben (z. B. bei Coelius; vgl. Woelfflin 1872, 47ff.; Beck & Walter 2004) stimmen wieder mit dem Wegverlauf an der Drôme überein.

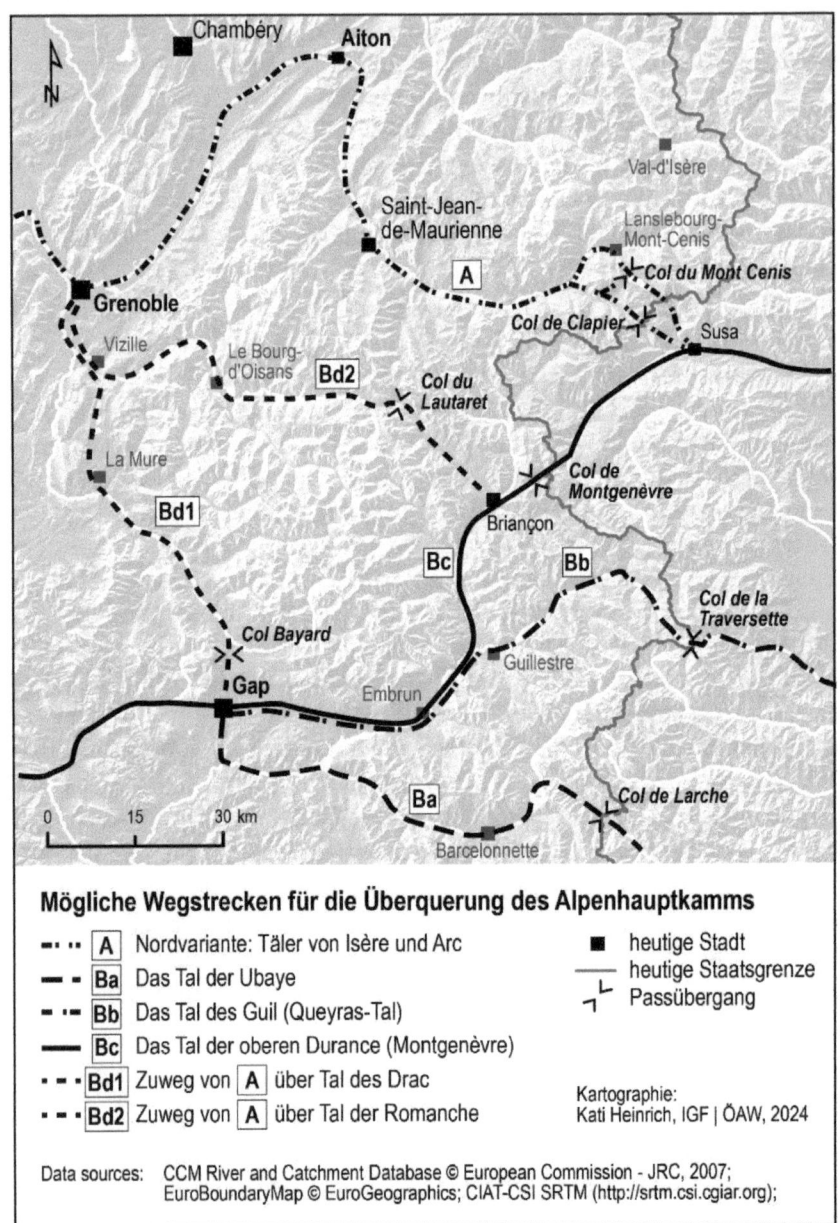

Abb. 3: Die möglichen Wegstrecken von Grenoble und Gap über die Alpen (Eigener Entwurf; Zeichnung: K. Heinrich).

durchgeführt und lassen auch bald neue Erkenntnisse erwarten. Es gibt aus dem Bereich Gap drei reale Möglichkeiten die Alpen zu überqueren (Abb. 3):

a) Das Tal der Ubaye (in Abb. 3: Ba)

Die Durance ist heute im Mündungsbereich der Ubaye zu einem riesigen Speichersee aufgestaut. Die Ubaye trägt zu diesem Staubecken bei. Deren Tal wäre grundsätzlich als Alpenübergang geeignet gewesen und wurde von den Römern später (Pompeius: 76 v. Chr.) auch genutzt, allerdings in umgekehrter Richtung. Der Übergang selbst (heute Col de Larche oder ital.: Colle della Maddalena) liegt auf 1991 m. Warum er als möglicher Weg Hannibals[8] mit hoher Wahrscheinlichkeit ausscheidet, hat folgende Gründe: Der Passweg über den Col de Larche zwingt dem Heereszug als weiterer Weg das Bach-, später das Flusssystem der Stura di Demonte auf. Dieses Gewässer verlässt den alpinen Bereich beziehungsweise erreicht die Po-Ebene südlich der heutigen Stadt Cuneo und somit meilenweit von Hannibals Ziel, den Insubrern, entfernt. Außerdem war dieser Abschnitt des Piemonts teilweise von römischen Verbündeten bewohnt, und es wäre Hannibal nie möglich gewesen, unbemerkt seine Ziele nördlich des Po zu erreichen. Wie erinnerlich, fanden die folgenden zwei Schlachten gegen die Römer nach der Sammelbewegung mit den Kelten nördlich des Po (am Ticino) beziehungsweise direkt an diesem statt (an der Trebbia und bei Piacenza).

b) Das Tal des Guil (Queyras-Tal, in Abb. 3: Bb)

Die zweite Möglichkeit, aus dem Raum Gap die Alpen zu überqueren, wäre der Durchstieg durch das Queyras-Tal mit dem Torrente Guil gewesen, dessen Landschaft zwar spektakulär ist, aber schon in ihrem unteren Bereich für eine Heerschar dieser Dimension in der Praxis unbezwingbar, wenn man nicht die Hilfsmittel heutiger Tage zur Verfügung hat. Wäre das jedoch trotz größter Mühen gelungen, hätten zwei Übergänge zur Verfügung gestanden, der Col Lacroix/Colle della Croce (2298 m) in das Tal des Pellice und diesem folgend in den Raum Pinerolo. Oder über den vielfach erwähnten Col

---

[8] Dieser Weg wurde von Freshfield (1883) propagiert, wobei der Pass – wie damals noch üblich – als ‚Col d'Argentière' bezeichnet wird. Man könnte ihn auch, zusammen mit einem Zustieg nach Gap über das Tal der Eygues, als ‚Südvariante' bezeichnen (vgl. Dübi 1884, 401).

de la Traversette[9] (2947 m) und die Po-Quelle direkt in das Po-Tal. Die Gründe, die gegen diese Variante sprechen, sind schwerwiegend. Zum einen ist es die außergewöhnliche Passhöhe, die zu dieser Zeit noch eine ganz andere Bedeutung hatte als in heutigen Tagen. Dazu kommt die unmittelbare Nähe der höchsten Berge der Region, des Monte Viso (3841 m) und des Monte Granero (3170 m). Der Übergang hat nach allen Erkenntnissen Mitte bis Ende Oktober stattgefunden, denn ein astronomischer Anhaltspunkt ist der herbstliche Niedergang der Plejaden (Livius, XXI, 35, 6). Hätte aber tatsächlich eine Überquerung des Col de la Traversette stattgefunden und der Tross den Weg entlang des Po gewählt, dann ist es auszuschließen, dass dieser Zug (auf heute italienischer Seite) unbeobachtet geblieben wäre. Der Po war zur damaligen Zeit von seinem Quellegebiet bis in den Raum Mailand der Grenzfluss zwischen dem römischen und keltischen Einflussbereich und dementsprechend bewacht. Ein von den Römern unbemerkter Durchzug Hannibals mit solcher Heeresmacht ist hier nicht denkbar.

c) Das Tal der oberen Durance (zum Col de Montgenèvre, Abb. 3: Bc)

Es bleibt als einzige realistische Variante, der Durance flussaufwärts mindestens bis in den Bereich des heutigen Briançon zu folgen und wie viele vor und nach Hannibal die Alpen auf dem ‚Taurinerpass' (heute Montgenèvre) zu überschreiten. Die Höhe dieses Passes beträgt 1854 m, und er war und ist auch für solche Massenüberquerungen durchaus geeignet, wenn auch nicht ohne Anstrengungen zu bewältigen. Der Abstieg folgt unmittelbar zum Fluss Dora Riparia und somit in das heutige Susa-Tal bei Oulx.

d) Ergänzung durch die Nordvarianten Drac und Romanche (in Abb. 3: Bd1 und Bd2)

Die zentrale Variante könnte allerdings zu den beschriebenen Zugängen auch noch zwei weitere Varianten aus der ursprünglich nördlichen Wegstrecke (Isère) aufgenommen haben. Das ist zwar nicht besonders wahrscheinlich, aber doch nicht ganz auszuschließen und verleiht der zentralen Variante noch etwas mehr Gewicht. Auf die möglichen Alpenpässe hat das keinen Einfluss. Im Raum Grenoble münden zwei Flüsse des Vorgebirges in

---

[9] Diese Route wurde von de Beer (1974) ins Spiel gebracht. Mahoney et al. (2016) meinten, in der Massenablagerung von Tierexkrementen in einem stark bioturbierten (aufgewühlten) Auenmoor an der Passroute einen ‚Beweis' für den Durchzug von Hannibals Heerestross gefunden zu haben. Dieser Artikel fand mit bislang sieben Zitierungen offenbar keine größere Beachtung.

die Isère, der Drac und die Romanche. Beide bilden nicht unwesentliche Flusstäler aus, die auch prinzipiell begehbar sind. Der Drac hat sein Quellgebiet nördlich der Stadt Gap, die höchste Erhebung, die bei diesem Weg zu überschreiten gewesen wäre, ist der Col Bayard (1246 m). Er ist nicht unüberwindlich, wenn er auch sehr steil ins Tal der Durance abfällt. Man muss jedoch zugestehen, dass das Flusstal des Drac heute schwer zu beurteilen ist, weil es sich in den letzten 2200 Jahren mehrfach erheblich verändert hat.

Das Tal der Romanche hätte von der Generalrichtung her einen noch ‚zweckmäßigeren' Verlauf gehabt, jedoch ist die Talschaft sogar heute noch von erheblichen Hindernissen geprägt. Vor allem hätte man schon vor den Übergängen über den Alpenhauptkamm eine Passhöhe (Col du Lautaret: 2057 m) bezwingen müssen, die diesen ebenbürtig gewesen wäre. Eine solche zusätzliche Erschwernis war bisher nirgends erwähnt worden, daher ist diese Variante eher als Exot zu betrachten. Sie hätte allerdings direkt in den Raum Briançon und dadurch auch in das Tal der Durance geführt.

6 Der (eigentliche) Alpenübergang

Nachdem jene zwei Bereiche identifiziert worden sind, die als Ausgangspunkt für die Alpenüberquerung den höchsten Wahrscheinlichkeitsgrad aufweisen, das Tal des Arc bei Modane und das Tal der Durance bei Gap, ergab sich die Notwendigkeit, den gesamten Abschnitt zwischen diesen beiden Bereichen einer genaueren Untersuchung zu unterziehen. Das war bei der Nord-Route der Passbereich des Col du Mont Cenis und der des Col de Clapier. Bei der zentralen Route ist es der Passbereich des Col de Montgenèvre, der von Briançon in Frankreich nach Susa in Italien führt. Beide Bereiche weisen einige Besonderheiten auf.

Die beiden Pässe der Nord-Route liegen geographisch sehr eng beieinander. Zwar hatten ihre Aufstiege aus dem Tal des Arc, östlich von Modane, vermutlich unterschiedliche Ausgangspunkte, Bramans und Lanslebourg, die Wege rücken aber vor den Passbereichen enger zusammen, ja sie haben sogar ein leicht gangbares Verbindungsstück, das heute mit einer französischen Alpenvereinshütte ausgestattet ist (Refuge du Petit Mont Cenis). Es ist daher nur schwer vorstellbar, dass Hannibal sein Heer bewusst über einen fast 400 m höheren Pass geführt hat, der auch noch deutlich schwerer zu bewältigen war. Dazu kommt der extrem schwierige Abstieg in das Tal der Dora Riparia in den Raum Susa. Alle diese Bemühungen wären im benachbarten Col du Mont Cenis deutlich einfacher zu bewältigen gewesen. Die keltischen Führer Hannibals müssen das, so nahe an ihrer Heimat, sicher gewusst haben.

Es wird allerdings immer deutlicher, dass der zentrale Weg mit seiner ‚Sammelstelle' im Raum Gap den wahrscheinlichsten Ansatzpunkt für die eigentliche Alpenüberquerung Hannibals liefert. Der weitere Weg aus dem Bereich Gap ist leicht nachzuvollziehen. Er folgt der Durance flussaufwärts bis in den Bereich des heutigen Briançon. Das bedeutet aber auch, dass fast alle rationalen Erkenntnisse auf einen Übergang im Bereich des heutigen Col de Montgenèvre hindeuten (damals bekannt unter dem Namen ‚Taurinerpass'). Als einzige Alternative käme der Isère/Arc-Weg in Frage und dort mit dem Übergang über den Col du Mont Cenis.

Abb. 4: Die Passlandschaft des Col de Montgenèvre in Richtung Südwesten (Foto: Station de Montgenèvre 2021, CC BY-SA 4.0)[10].

---

[10] Quelle: https://commons.wikimedia.org/wiki/File:Station_Montgen%C3%A8vre .jpg (Originalabbildung farbig) (Zugriff: 25.08.2024)

Der Weg über den Col de Montgenèvre (Abb. 4) selbst ist seit dem 5. Jahrhundert v. Chr. dokumentiert und war seit dieser Zeit der bevorzugte Alpenübergang der Kelten, später der Römer (Via Domitia), im Mittelalter der bevorzugte Pilgerweg nach Rom und Jerusalem (Via Francigena) und ist auch in heutiger Zeit einer der meist frequentierten Alpenübergänge. Erst der Frejus- und der Mont-Blanc-Tunnel haben hier eine Entlastung gebracht. Jedoch gibt es im Bereich des Montgenèvre auch noch andere Überschreitungswege. Neben der allgemein bekannten Passstraße bestünde auf der italienischen Seite, statt dem Fluss der Dora Riparia zu folgen, die Möglichkeit über Sestriere in das Tal des Chisone zu wechseln und die Po-Ebene im Raum Pinerolo zu erreichen. Dagegen sprechen allerdings zwei Fakten. Der Aufstieg nach Sestriere ist mit 300–500 zusätzlichen Höhenmetern verbunden und der Ausgang des Chisone-Tales verlängert nicht nur den Gesamtweg beträchtlich, sondern führt auch sehr nahe an das Siedlungsgebiet der Ligurer heran, was zu diesem Zeitpunkt nicht das Ziel Hannibals war.

Nach sorgfältiger Bewertung der vorliegenden Fakten kristallisiert sich ein Segment des Alpenbogens heraus, das zwischen den oft genannten und möglichen Alpenübergängen Hannibals gelegen ist und deswegen einer genaueren Untersuchung unterzogen werden muss. Es handelt sich um den Bereich zwischen dem Col de Montgenèvre und dem Col du Mont Cenis. Nördlich des Col du Mont Cenis ist keine realistische Alpenüberquerung mehr möglich (wenn man das Aosta-Tal ausschließt) und die Übergänge südlich des Col de Montgenèvre wurden bereits aus schwerwiegenden Gründen verworfen.

Eine zweckmäßige Unterteilung dieses alpinen Landschaftsteiles bietet heute der Frejus-Tunnel zwischen Frankreich und Italien. Er teilt das definierte Gebiet des Alpenhauptkamms in ungefähr zwei gleiche Teile, das durch die Straßen- und die Eisenbahnverbindung auch sehr leicht durchquert werden kann. Am französischen (nördlichen) Ende liegt der Ort Modane, am italienischen (südlichen) Ende der Wintersportort Bardonecchia. Von dort aus folgt der Weg dem weiteren Verlauf des Tales entlang des Flusses Dora Riparia bis zum heutigen Hauptort der Talschaft, Susa. Spätestens hier muss Hannibal mit seiner Heerschar das Susa-Tal erreicht haben, denn dort münden die Wege vom Col de Clapier oder Col du Mont Cenis. Der Passweg über den Col de Montgenèvre mündet schon früher in diesem Tal bei der Ortschaft Oulx. Die Dora Riparia und damit auch das Susa-Tal beenden ihren Lauf einige Kilometer westlich von Turin im Flusssystem des Po. Der Weg in Italien ist daher sehr genau bestimmt.

Deutlich schwieriger ist das von der französischen Seite aus zu klären. Deswegen war eine persönliche Begehung dieses Gebirgskranzes nötig. Sinnvollerweise beginnt man mit diesem Unternehmen am Col du Mont Cenis, heute eine bequeme Straßenverbindung zwischen Frankreich und Italien und setzt die Erkundung in Richtung Westen fort. Über den naheliegenden Col de Clapier wurde schon im Detail berichtet und die anschließenden Pässe bewegen sich alle in einer Höhe zwischen 2500 m und über 3000 m (Col de Rochilles, Col de la Vallée Etroite, Col de la Roue, Col de Frejus und weitere, noch höher gelegene). Wenn also Hannibal aus dem Tal des Arc in das Susa Tal gelangen wollte, hätte er statt dem ,bequemen' Col du Mont Cenis einen der Gebirgspässe mit mindestens 500 m höheren Anstiegen in Kauf nehmen müssen, von denen keiner einen besonderen Vorteil aufgewiesen hätte. Sie sind alle deutlich schwerer zu begehen als der genannte Col du Mont Cenis. Was aber alle diese Pässe eint, ist eine Talausleitung in den Raum Bardonecchia auf italienischer Seite. Es liegt daher nahe, diesen Gebietsabschnitt noch gezielter zu untersuchen und zu erheben, ob nicht neben den beiden genannten Alpenübergängen eine weitere Möglichkeit bestand, die Alpen auf möglichst niedriger Meereshöhe und für eine solche Masse an Soldaten doch erträglichem Weg zu überqueren.

Folgt man auf der anderen Seite dem Aufstieg zum Col de Montgenèvre von Briançon aus, dann ist zweifellos der öfter genannte ,Taurinerpass' der Kelten eine mehr als naheliegende Stelle, um auf bekanntem, oft benutztem und einigermaßen wintertauglichem Weg die Alpen zu überqueren. Allerdings sprechen einige, nicht unwichtige Argumente dagegen. So sind die Schilderungen des Aufstiegs durch Polybios und Livius durchaus abweichend und lassen den bekannten Übergang so nicht erkennen. Andererseits ist kaum daran zu zweifeln, dass der Tross Briançon passiert hat, einen Siedlungsplatz, der schon in keltischer Zeit bewohnt war. Damit grenzt sich die alternative Strecke für eine Überquerung der Alpen durch Hannibal und seine Heerscharen auf einen noch kleineren Bereich des Alpenhauptkammes ein.

7 Die überraschende Alternative

Bei der konzentrierten Suche auf einem immer schmaler werdenden Gebietsstreifen zeigte sich die folgende Variante als in jeder Hinsicht dominant. Aus dem Bereich des heutigen Briançon zweigt kurz vor dem Anstieg auf den Col de Montgenèvre ein eher unauffälliges Tal in nördlicher Richtung ab. Das Tal ist nach seinem Fluss, der Clarée, benannt und führt in eher mäßiger Steigung in ein (noch auf französischem Gebiet befindliches) Hochtal, das heute bei vielen Wanderern und Erholungssuchenden hoch geschätzt ist. Der Hauptort der Vallée de la Clarée ist Nevache und war vermutlich schon zu keltischer Zeit besiedelt. Die von Polybios beschriebenen Attacken der ‚Allobroger' (Polybios, III, 52) sind daher sowohl von der Herkunft, als auch von der Tallage her nachvollziehbar. Der eigentliche Passweg zweigt erst später in nördlicher Richtung ab, wogegen sich die Vallée de la Clarée in westlicher Richtung bergan zieht. Der weitere Weg auf den Pass führt über eine Hängetalstufe von etwa 200 Höhenmetern, in welche die heutige Straße mit nach wie vor vertretbarer Steigung aus westlicher Richtung hineinquert, in ein langes und ebenes Hochtal, das einer Armee dieser Größenordnung (im Gegensatz zu den meisten anderen Übergängen) eine ausreichende Lagerstätte geboten haben kann (Abb. 5).

Abb. 5: Col de l'Echelle. Eintritt aus der Vallée de la Clarée (Foto: K. Weise 2009, Public Domain[11]).

---

[11] Quelle: https://commons.wikimedia.org/wiki/File:ColleScala01.JPG (Originalabbildung farbig) (Zugriff: 25.08.2024)

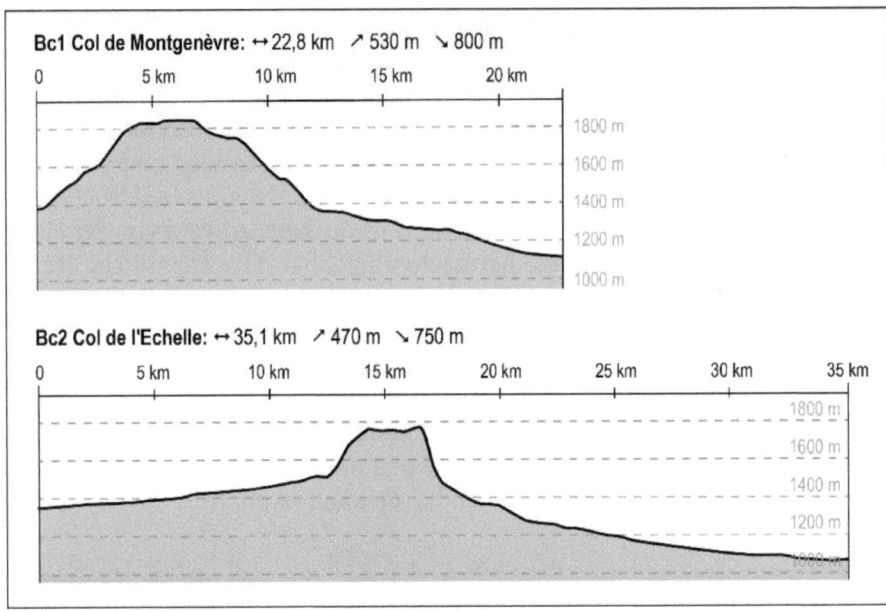

Abb. 6: Geländeprofil für den Alpenübergang über den Col de l'Echelle beziehungsweise Col de Montgenèvre (Eigener Entwurf; Zeichnung: K. Heinrich).

Das ganze Hochtal erstreckt sich zwischen einer Höhe von 1762 (Col de l'Echelle) und 1780 m (Mauvais Pas), ist etwa 2 km lang und befindet sich heute unmittelbar an der italienischen Grenze[12].

Auffällig ist nach der Passhöhe der überaus steile Abstieg in die Vallée Etroite/Valle Stretta, der mit einem ungefähren Höhenunterschied von 300 m ziemlich genau jene Differenz widergibt, die Hannibals Heer so große Probleme bereitete (Abb. 6); seine Nordexposition erklärt, dass hier Schnee auch länger liegen bleiben konnte (Polybios, III, 55; Livius, XXI, 36). Auch liegt der Pass nicht oberhalb der Baumgrenze (wie zum Beispiel der Col de la

---

[12] In der regionalen Literatur wurde diese Route bereits von Montanari (1924) favorisiert. In jüngerer Zeit konzentriert sich die Diskussion aber wieder auf den Col de Montgenèvre, hier allerdings auf eine Abstiegsvariante südlich der heutigen Passstraße, über den Colletto della Coche (1930 m), was einen zusätzlichen Aufstieg um etwa 150 Höhenmeter und einen Abstieg von 600 Höhenmetern bedingt hätte (vgl. Di Maio 2016; siehe auch Abb. 7).

Traversette), so dass man Bäume hätte fällen können, wie es die beiden Geschichtsschreiber überliefert haben. Der weitere Weg überschreitet die nach dem Zweiten Weltkrieg in das Tal verlegte italienische Grenze und mündet im Bereich des aktuellen Wintersportortes Bardonecchia in das Susa-Tal. Dieser Übergang besitzt aufgrund der topographisch-geländeklimatischen Gegebenheiten bei weitem die höchste Wahrscheinlichkeit für den Alpenübergang des Hannibal. Entlang der Dora di Bardonecchia, in der Folge dann der Dora Riparia, gelangt man durch das Susa-Tal bis in die Po-Ebene. Aus geländetechnischer Sicht stellen sich dort keine großen Fragen mehr. Sehr wohl stellten für Hannibal damals die Taurini eine letzte Hürde dar, um zu seinen verbündeten Insubrern zu gelangen. Aber auch diesen Punkt hat Hannibal ja rasch geklärt.

8 Diskussion

Das Ergebnis der Recherchen bestärkt die Annahme, dass eine Konzentration auf die realen Gegebenheiten zur Zeit Hannibals hilfreich ist, Fragen zum dem Verlauf des Alpenübergangs zu beantworten. Das ist auch heute noch möglich, weil sich viele reale Gegebenheiten, wie Berge, Flüsse und Ortschafen nur wenig oder gar nicht verändert haben. Bestimmte Rahmenbedingungen müssen dafür allerdings festgelegt und berücksichtigt werden. Wurde auch schon in römischer Zeit viel über dieses Ereignis geschrieben, so fehlte es dort meistens an den nötigen geographischen Kenntnissen, gültige Aussagen zu machen. Sogar bis in das vierte nachchristliche Jahrhundert lieferte die sogenannte ‚Peutinger Tafel‘[13] irreführende Wegbeschrei-

---

[13] Die ‚Peutinger Tafel‘ ist eine Straßenkarte aus dem römischen Reich, die den Wissensstand der Römer im 4. Jahrhundert n. Chr. repräsentiert. Karten dieser Art wurden in Rom an zentraler Stelle veröffentlicht und in transportabler Form an Reisende, meist an verantwortliche Heeresführer, ausgegeben. Die vorliegende Karte kam in Form einer Pergamentrolle in den Besitz von Konrad Peutinger, einem Stadtschreiber der Stadt Augsburg, der im 16. Jahrhundert dort wichtige öffentliche Positionen bekleidete. Auch die Veröffentlichung der römischen Straßenkarte wurde von ihm vorbereitet und ist deshalb nach seiner Person benannt. Die Peutinger Tafel befindet sich heute in Wien und wird in der Österreichischen Nationalbibliothek aufbewahrt. Sie zählt zum UNESCO-Weltdokumentenerbe. Allerdings sind auf dieser Karte, gerade im Bereich der alpinen Zone zwischen Italien und Frankreich, elementare Widersprüche festzustellen, wohl einer der Gründe, warum der Alpenübergang Hannibals zum Mysterium wurde.

bungen gerade im Bereich der wahrscheinlichsten Wegstrecke Hannibals. Autoren, die das Ereignis zu einer späteren Zeit beschrieben, unterlagen dem Irrtum, den alten Quellen zu viel Vertrauen zu schenken, und verstrickten sich in den unzähligen Alternativen, die für diesen Weg heute zur Verfügung stehen.

Nachdem auf diese Art und Weise ein klarer Lösungsvorschlag präsentiert werden konnte, war es naheliegend, die mehr als umfangreiche Literatur nochmals, diesmal mit einer genauen Bezeichnung des Übergangsortes, zu durchsuchen. Diese umfangreiche Recherche förderte tatsächlich eine Arbeit zu Tage, die den Col de l'Echelle als Hannibals Übergang benennt (Montanari 1924). Eine kritische Würdigung dieser Arbeit bestätigt auch die Nennung dieses Überganges mit einer Reihe von Argumenten, die nachvollziehbar sind. Das Problem Montanaris liegt jedoch in seiner abweichenden Wegbeschreibung bis in den Raum Gap, was wohl zur geringen Beachtung der Publikation beigetragen und sie aus der Wahrnehmung des Mainstreams geworfen hat.

Montanari bestimmt in diesem Beitrag das Tal der Durance in seiner Gesamtheit als das Flusssystem, dem Hannibal mit seinem Heer gefolgt sei, nachdem die Rhône überquert worden war. Als Begründung wurde angeführt, dass die antiken Schriftsteller die Durance und eine ihrer Quellflüsse, die Clarée, mit der Rhône verwechselt hätten. Weiters werden die Ereignisse auf der ‚Insel' in den Bereich des Zuflusses des Verdon in die Durance und in die vermeintliche Hauptstadt des dort siedelnden Volkes, nach Riez, verlegt. Beide Annahmen konnten jedoch in den letzten hundert Jahren nicht bestätigt werden und sind dadurch wieder aus dem Blickfeld der Öffentlichkeit verschwunden.

Der genannte Punkt führt allerdings auf den eigentlichen Hauptgrund zurück, der für die Verwirrung bei den meisten Autoren gesorgt hat, nämlich die geographischen Vorstellungen der Römer im zentralen Bereich der Alpenüberquerung Hannibals. Diesen Grund kann man, mehr als deutlich, heute noch an der Peutinger Tafel ablesen, die fast 500 Jahre später entstand. Die Peutinger Tafel weicht im alpinen Gebiet zwischen Italien und Frankreich stark von den tatsächlichen, heute bekannten, Gegebenheiten ab. Das mag der Entstehungszeit und dem Wissensstand des Zeichners geschuldet sein, die Berge haben sich seitdem nur geringfügig verändert.

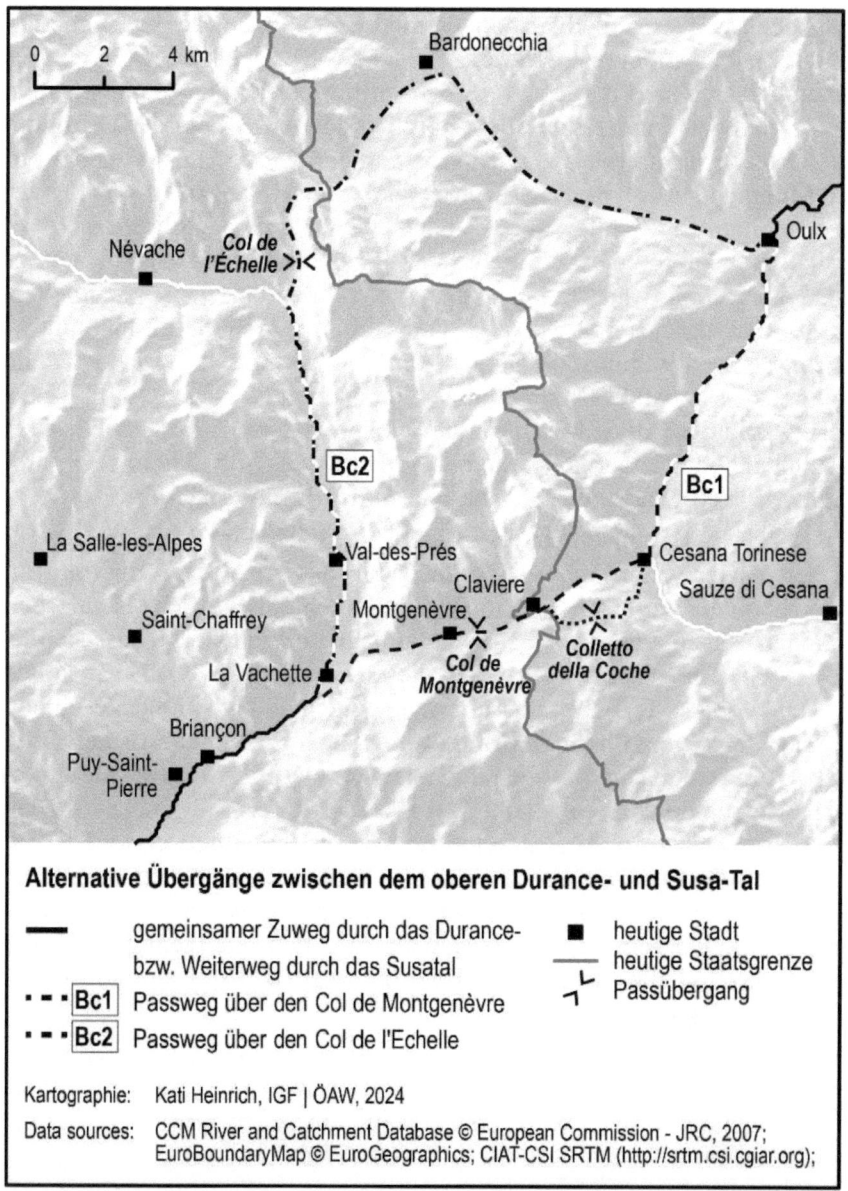

Abb. 7: Der alternative Alpenübergang des Hannibal durch die Vallée de la Clarée und über den Col de l'Echelle anstelle des Col de Montgenèvre (Eigener Entwurf; Zeichnung: K. Heinrich).

Abgesehen von verschiedenen anderen Abweichungen, die hier unberücksichtigt bleiben sollen, ist dort der Bereich des Montgenèvre nicht den Tatsachen entsprechend dargestellt. So entspringt der Po (lat.: Padus) südlich des Col de Montgenèvre und nicht nördlich davon. Es liegt die Vermutung nahe, dass der Po mit der Dora Riparia und der Kleine Sankt Bernhard mit dem Montgenèvre verwechselt wurde. Die Wegstrecke im Susa-Tal ist hingegen weitgehend richtig eingezeichnet. Der Übergang südlich des Po, der Col de Larche, fehlt vollständig. Es ist wenig überraschend, dass die tatsächlichen Verhältnisse auf dem Montgenèvre erst deutlich weiter westlich, als Blindformat, dargestellt werden. Bedeutsam ist jedoch die Festhaltung von *geminas*, also Zwillingsübergängen, die den faktischen Zustand um den Montgènevre genau beschreiben und auch darstellen. Diese Zwillingsübergänge waren der Col de Montgènevre selbst und der Col de l'Echelle etwas nördlich davon. Zielbereich ist in beiden Fällen das Susa-Tal und somit der unmittelbare Zugang nach Mailand und zu den Insubrern (Abb. 7).

Des Rätsels Lösung erscheint daher überaus einfach. Die Wege, die aus dem Tal der Guisane (nördlich von Briançon) in das Tal der Drôme (bei Luc) führen könnten, wurden gerade in Frankreich sehr ausführlich diskutiert und begangen. Sie sind dermaßen aufwendig, lang und schwierig, dass sich weder Hannibal, noch später die Römer, dieser Tortur ausgesetzt haben können (vgl. Dübi 1884). Es bleibt hier nur die zwingende und simple Verbindung aus dem Raum Gap über den Col de Cabre nach Luc, eine Strecke von ein bis zwei Tagesetappen, nachdem man dem (insbesondere im 4. Jahrhundert n. Chr.) bequemeren Weg, entlang der Via Domitia, von Briançon nach Gap gefolgt ist. Denselben Weg hat seinerzeit Hannibal in umgekehrter Richtung genommen. Somit wäre nur mehr der blinde Strang (mit den zwei *geminas*) aus der Karte zu streichen und dort einzusetzen, wo er sich wirklich befunden hat, nämlich vom Raum Briançon aus über den Montgenèvre oder über den Col de l'Echelle nach Oulx (ad Martis) im Susa-Tal. Das sind wohl die beiden Zwillingsübergänge gewesen[14].

Offenbar waren die Berggebiete für einen römischen Kartographen ein schwer durchschaubares Labyrinth und das, lange Zeit, von einem keltischen König geführte *regnum cottii* ohnehin eine *black box*.

---

[14] Auch Artru (2016, 264) hält eine interpretatorische Annäherung an die karolingerzeitliche Bezeichnung ‚Mons Geminus' für den Col du Montgenèvre für möglich.

Eine Richtigstellung der Peutinger Tafel verbunden mit einer entsprechenden Interpretation der dort eingezeichneten Wegstrecken ist deshalb im Interesse aller Beteiligten (Abb. 8)[15]. Das sklavische Festhalten an den Vorlagen der Peutinger Tafel und an den Überlieferungen geographisch wenig geschulter römischer Historiker wird für eine Klärung der Sachlage nicht ausreichend sein.

Es hat sich gezeigt, dass es sich beim Alpenübergang am Col de l'Echelle/ Mauvais Pas (italienisch: Colle della Scala) tatsächlich um den niedrigsten Punkt der Alpenbarriere in dieser Region handelt. Der Grund, warum dieser Übergang bisher kaum in Erwägung gezogen wurde, liegt nicht nur an seiner Verborgenheit, sondern auch an seiner militärstrategischen Lage. Bis heute ist der höchste Punkt dieser Passage (Mauvais Pas, 1780 m), der von einem Abbruch der Felsmassen in Richtung Italien gefolgt ist, von einem ausgedehnten Bunkersystem unterminiert. Die Militärstraße, die heute schlecht und recht von der nördlichen Seite in die Passhöhe hinaufführt, ist durch Hangrutschungen gefährdet und im oberen Teil untertunnelt. Sie liegt aber noch auf französischem Staatsgebiet und geht erst am Talgrund auf italienisches Staatsgebiet über. Natürlich war es nie im Interesse der französischen Militärstrategen, diesen Bereich öffentlich zu machen. Erst die Diskussion um eine Untertunnelung des Gebietes (als Alternative zum Frejus-Tunnel) rückte diese Passage wieder etwas in das öffentliche Interesse, und die nachlassende Angst der Franzosen vor den Italienern ermöglicht heute im Sommer ein Begehen und Befahren der Passstraße.

---

[15] Auch die uns betreffende Straßenverbindung über Briançon ('Brigantium'), Cesana ('Gadaone'), Oulx ('Martem') und Susa ('Segusione'), also über den Col de Montgenèvre beziehungsweise Col de l'Echelle, ist in der Karte zu weit südlich eingezeichnet und müsste entsprechend verschoben werden, um nördlich der Quelle des Po ('Padus') den Alpenhauptkamm zu überqueren. Tatsächlich südlich des Po liegt der Übergang des Col de Larche, der zum Beispiel von Pompeius im Jahre 76 v. Chr. für seinen Spanien-Feldzug benutzt wurde. Er fehlt in der Peutinger Tafel.

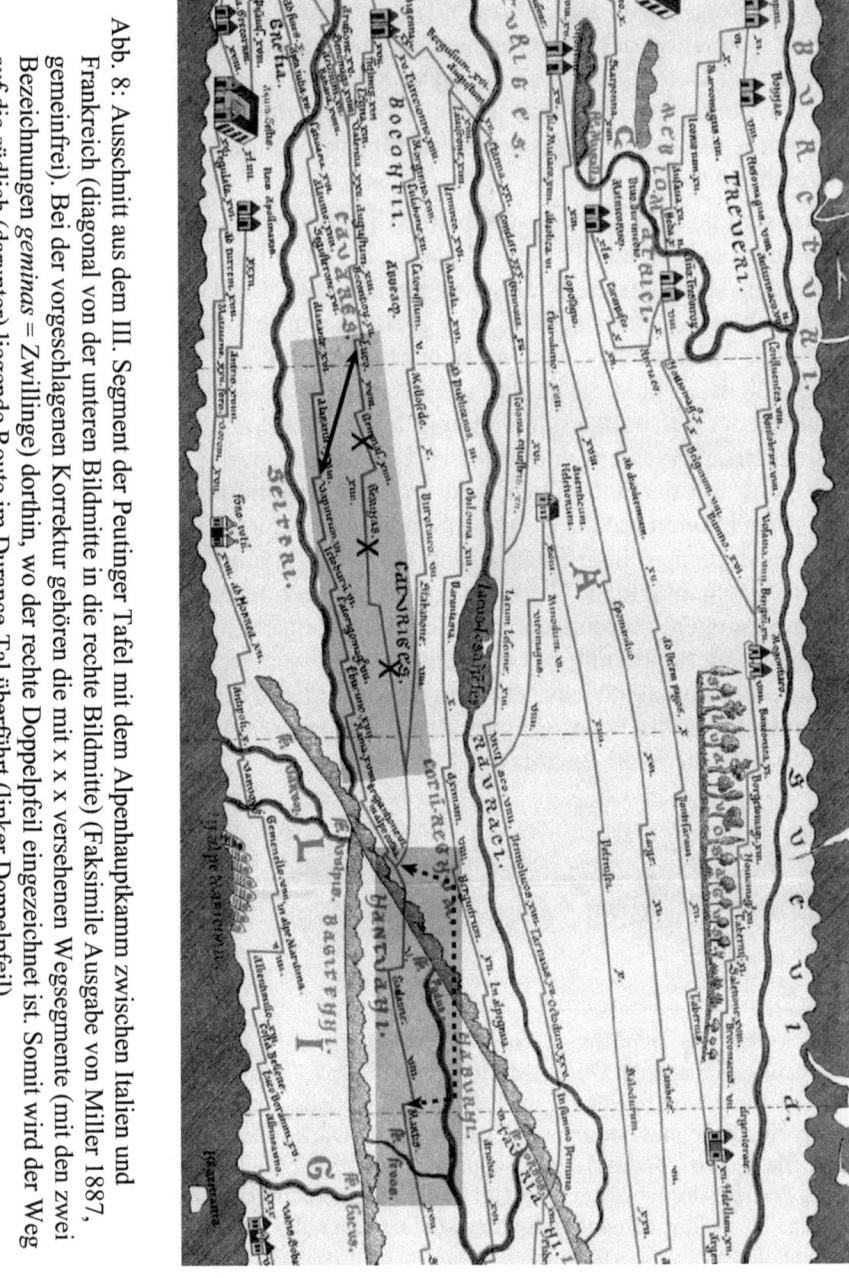

Abb. 8: Ausschnitt aus dem III. Segment der Peutinger Tafel mit dem Alpenhauptkamm zwischen Italien und Frankreich (diagonal von der unteren Bildmitte in die rechte Bildmitte) (Faksimile Ausgabe von Miller 1887, gemeinfrei). Bei der vorgeschlagenen Korrektur gehören die mit x x x versehenen Wegsegmente (mit den zwei Bezeichnungen *geminas* = Zwillinge) dorthin, wo der rechte Doppelpfeil eingezeichnet ist. Somit wird der Weg auf die südlich (darunter) liegende Route im Durance-Tal überführt (linker Doppelpfeil).

9 Resümee

Auch neuere Erkenntnisse über die vorrömische Besiedlung des oberen Susa-Tales lassen erkennen, dass hier schon in keltischer Zeit Infrastruktur bestanden hat, die später von den Römern benutzt wurde. Zu Cäsars Zeiten existierte hier sogar ein keltisches Königreich (römisch: *Cottii Regnum*), das lange in bestem Einvernehmen mit den Römern lebte und quasi die Wegemeister über diese Alpenpassage stellte. Auch der Anschluss an den schon damals bestehenden Weg von Grenoble (durch das Tal der Romanche) nach Briançon darf nicht übersehen werden.

In der Zeit vor Hannibal war auch das obere Susa-Tal keltisch besiedelt. Man geht heute davon aus, dass die Bewohner den Namen ‚Belaci‘ trugen und ihr Verwaltungszentrum nahe bei Oulx (lat.: ad Martis) lag[16]. Die Ortschaft, die heute unter dem Namen Bardonecchia bekannt ist, trug den Namen Diovia. Es ist naheliegend, dass zur Zeit Hannibals sogar zwei Übergänge von Briançon ins Susa-Tal existierten und auch benutzt wurden: der Col de Montgenèvre und der Col de l'Echelle, damals natürlich unter anderen Namen, denn die oftmals hinterfragte Bezeichnung *geminas* auf der ‚Peutinger Tafel‘ genannten Karte deutet eventuell auf einen Zwillingsübergang hin. Zusammen mit der praktisch unbestrittenen Erkenntnis, dass Hannibal über das Tal der Dora Riparia zuerst durch das Siedlungsgebiet der Tauriner, deren Widerstand er noch brechen musste, und dann in den eigentlichen Zielbereich, das Stammesgebiet der verbündeten Insubrer (westlich

---

[16] Die keltische Besiedelung im Bereich des Col de Montgenèvre, sowohl auf französischer als auch auf italienischer Seite, steht heute außer Frage. Waren es im oberen Susa-Tal die Belaci, so sind es im oberen Durance-Tal die Vocontier und die Tricorier gewesen. Man kann davon ausgehen, dass der eigentliche Alpenübergang von jenem Standort aus beschrieben wurde, wo sich der Weg aus dem Tal der Durance in Richtung Briançon zu heben beginnt. Das war und ist auch heute der Bereich um den Ort L'Argentière-la Bessée. Da auch die spätere Via Domitia nur der westlichen Seite der Durance folgte, besteht die berechtigte Vermutung, auch die ursprüngliche keltische Trasse auf dieser Seite zu verorten. Denkbar ist aber auch – die Beschreibungen von Polybios und Livius legen das nahe – den Zug im Bereich der heutigen Stadt Gap zu beginnen. Beide Autoren machen dazu keine genauen Angaben. Die zurückgelegte Wegstrecke über die Passhöhe bis Oulx wäre dann, nach heutiger Bemessung, mit etwa 50 km (L'Argentière) oder 125 km (Gap) zu veranschlagen. Das gilt bei der Wahl des Col de Montgenèvre, bei Wahl des Col de l'Echelle sind es etwa 10 km mehr.

von Mailand) vordrang, ergibt sich auf absteigender italienischer Seite ein schlüssiges Bild für den Alpenübergang im Jahr 218 v. Chr. Auf französischer Seite bildet jedoch Briançon den realitätsnächsten Anknüpfungspunkt, unabhängig davon, ob jetzt der Col de Montgenèvre oder der Col de l'Echelle als Übergang benutzt wurde. Die Nordroute über die Isère/Arc und den Col du Mont Cenis ist zwar nicht völlig auszuschließen und war wohl auch möglich, jedoch nicht sehr wahrscheinlich.

10 Quellen und Literatur

10.1 Quellen

Lendering, J. (1998–2000): Hannibal in the Alps. (Comparison Polybios 3.50 – 55 vs Livius 21.32.6 – 37.6). – In: Livius.org – www.livius. org/sources/content/hannibal-in-the-alps (Zugriff: 20.08.2024).

Livius, T. [*ca. 59 v. Chr – †17 n. Chr]: Ab urbe condita. – Deutsch: Römische Geschichte. Buch 21. Übersetzt [...] von K. Heusinger. Vieweg. Braunschweig 1821. – Digitalisat: www.projekt-gutenberg. org/livius/roemisch/roem211.html

Miller, C. 1887: Castori Romanorum Cosmographi, tabula quae dicitur Peutingeriana. Maier. Ravensburg. – https://upload.wikimedia.org/wikipedia/commons/5/50/TabulaPeutingeriana.jpg (Zugriff: 27.08. 2024).

Polybios [*ca. 200 – †120 v. Chr]: Historíai (Πολύβιο). – Deutsch: Des Polybios Geschichte 2. Buch III. Übersetzt von A. Haakh. Krais & Hoffmann. Stuttgart 1861. – Digitalisat: www.digitale-sammlun gen.de/de/view/bsb10238131

10.2 Zitierte Literatur

Artru, F. 2016: Sur les routes romaines des Alpes Cottiennes. Entre Mont-Cenis et col de Larche. (= Collection de l'Institut des Sciences et Techniques de l'Antiquité 1376). Presses universitaires de Franche-Comté. Besançon.

Beck, H., Walter, U. 2004: Die frühen römischen Historiker. Band 2: Von Coelius Antipater bis Pomponius Atticus. (= Texte zur Forschung 77). Wissenschaftliche Buchgesellschaft. Darmstadt.

Beck, H., Walter, U. [2]2005 [[1]2001]: Die frühen römischen Historiker. Band 1: Von Fabius Pictor bis Cn. Gellius. (= Texte zur Forschung 76). Wissenschaftliche Buchgesellschaft. Darmstadt.

de Beer, G. 1974: Hannibal. The struggle for power in the Mediterranean. Book Club Associates. London, UK.

Di Maio, M. 2016: Alla ricerca della via di Annibale. La piana di Coche: un passaggio delle Alpi misconosciuto. – In: Segusium 54, 63–78.

Dübi, H. 1884: Die Römerstraßen in den Alpen. I. Theil: Seealpen und Cottische Alpen. – In: Jahrbuch des Schweizer Alpenclub 19, 381–416. – Digitalisat: www.digitale-sammlungen.de/de/view/bsb11607655

Freshfield, D. W. 1883: The Pass of Hannibal. – In: Alpine Journal 11, 267–300.

Heydenreich, E. 1878: Fabius Pictor und Livius. Ein Beitrag zur römischen Quellenforschung. Engelhardt. Freiberg. – Digitalisat: https://books.google.at/books?id=fMl7_u8G8WYC

Jacoby, F. 1929: Die Fragmente der griechischen Historiker (F GR HIST). 2. Teil: Zeitgeschichte. B. Spezialgeschichten, Autobiographien und Memoiren, Zeittafeln. Kommentar zu Nr. 106–261. Zweite Lieferung. Weidmann. Berlin. – Digitalisat: https://archive.org/details/diefragmentederg0002unse/page/n5/mode/2up

Mahaney, W. C., Allen, C. C. R., Pentlavalli, P., Kulakova, A., Young, J. M., Dirszowsky, R. W., West, A., Kelleher, B., Jordan, S., Pulleyblank, C., O'Reilly, S., Murphy, B. T., Lasberg, K., Somelar, P., Garneau, M., Finkelstein, S. A., Sobol, M. K., Kalm, V., Costa, P. J. M., Hancock, R. G. V., Hart, K. M., Tricart, P., Barendregt, R. W., Bunch, T. E., Milner, M. W. 2016: Biostratigraphic Evidence Relating to the Age-Old Question of Hannibal's Invasion of Italy, I: History and Geological Reconstruction. – In: Archaeometry 59 (1), 164–178.

Montanari, T. 1924: Précis de l'itineraire d'Hannibal du Rhône à la plaine du Pô. – In: Bulletin de la Société d'études des Hautes-Alpes 43, 259–264.

Wölfflin, E. 1872: Antiochus von Syrakus und Coelius Antipater. Teubner. Leipzig. – Digitalisat: https://download.digitale-sammlungen.de/BOOKS/download.pl?id=bsb11018248

10.3 Weiterführende Literatur

Bengtson, H. ³2005 [¹1967]: Grundriss der Römischen Geschichte mit Quellenkunde. Erster Band: Republik und Kaiserzeit bis 284 n. Chr. (= Handbuch der Altertumswissenschaft 3,5,1). Beck. München.

Bringmann K. ³2017 [¹2002]: Geschichte der römischen Republik von den Anfängen bis Augustus. Beck. München.

Falileyev, A., Gohil, A. E., Ward, N., Briggs, K. 2010: Dictionary of Continental Celtic Place-Names. A Celtic Companion to the Barrington Atlas of the Greek and Roman World. CMCS. Aberystwyth.

Gieseke, J. 2023: Vom äußersten Westen der Welt. Die griechische Ethnographie und die Völker Iberiens und der Keltiké im Schatten der römischen Expansion (2. Jahrhundert v. Chr. – 1. Jahrhundert n. Chr.). Steiner. Stuttgart.

Maier, B. ³2016 [¹2000]: Die Kelten. Ihre Geschichte von den Anfängen bis zur Gegenwart. Beck. München.

Talbert, R. J. A. (ed.) 2000: Barrington Atlas of the Greek and Roman World. Princeton University Press. Princeton, NY.

Oliver Bender

Deutsche und ladinische Sprachinseln in den südlichen Alpen (Trentino-Südtirol und Venetien) – ihre Umweltbeziehungen in wechselnder Perspektive[1]

Zusammenfassung

Auf Basis einer Vielzahl von zumeist fachlichen und regionalen Einzeldarstellungen soll dieser Beitrag eine interdisziplinäre und vergleichende Analyse der deutschen und ladinischen Sprachinseln in Trentino-Südtirol und dem östlich anschließenden Venetien (‚Land zwischen Etsch und Piave‘[2]) vornehmen. Dabei werden die ethnolinguistischen Minderheiten in diesen ‚Inseln‘ im Sinne des Tagungsthemas als Organismen aufgefasst und im Hinblick auf die Evolution ihrer Umweltbeziehungen erörtert – mit der natürlichen Umwelt und mit den sie umgebenden Mehrheitsgesellschaften, aus den Perspektiven der Binnen- und Außensicht (emisch/etisch) sowie verschiedener Forschungsdisziplinen. Nach einer thematischen Einordnung in die europäische Sprachgeographie und Dialektologie (Abschnitt 1) wird diskutiert, wie die Minderheitengruppen in ihre aktuellen Sprachgebiete gekommen sind (Abschnitt 2). Sprachinseln erweisen sich als typisch für Gebirgs- und Grenzräume, weil hier einerseits oftmals die Ansiedlung neuer Gruppen gefördert wird und der eingeschränkte kulturelle Austausch mit

---

[1] Der Aufsatz ist meinem Innsbrucker Kollegen Prof. Dr. Ernst Steinicke, der herausragende, für meine Arbeit vorbildhafte Beiträge zur geographischen Erforschung der ethnolinguistischen Minderheiten in den Alpen (mit Schwerpunkt in der Region Friaul-Julisch Venetien) geleistet hat, zum 70. Geburtstag gewidmet.

Mein Text entstand als ein Ergebnis von Forschungsaufenthalten im *Bersntoler Kulturinstitut*/Istituto Culturale Mòcheno, dessen Bibliothek bei der Erschließung der wissenschaftlichen Literatur zu den Sprachinseln sehr hilfreich war. Großer Dank gilt Claudia Marchesoni und Leo Toller (*Bersntoler Kulturinstitut*/Istituto Culturale Mòcheno) sowie Werner Pescosta (*Istitut Ladin*/Ladinisches Kulturinstitut ‚Micurà de Rü‘) für wertvolle Hinweise und ständige Diskussionsbereitschaft.

[2] Dieser Beitrag erscheint zum 50-jährigen Publikationsjubiläum der Habilitationsschrift von Hans Becker (1974), der sich seit Beginn seiner wissenschaftlichen Laufbahn mit dem Thema und der Region befasst hatte (Becker 1959).

den dominierenden Gruppen die Assimilation verzögert. Abschnitt 3 erörtert die ethnolinguistischen Besonderheiten der ‚Sprachinsulaner' aus multi- und interdisziplinärer Perspektive, bevor Abschnitt 4 aufzeigt, wie sie im Verlauf einer soziokulturellen (R)evolution vermochten, jeweils eigene Identitäten auszubilden und kollektive Gefühle von Deprivation und Minderwertigkeit gegen Traditionsbewusstsein und Stolz auszutauschen. Dies war mit einer Verschriftung und Kodifizierung der Sprachen verbunden. Der abschließende Abschnitt 5 skizziert die aktuelle Situation der Sprachgruppen und ihre unsichere Prognose zwischen ‚Vitalität' und ‚Sprachtod'.

1 Einordnung in die europäische Sprachgeographie und Dialektologie

> *„So wie man daher Karten hat, auf welchen man die Naturerzeugnisse bemerkt findet, die jeder Stelle des Erdbodens eigenthümlich sind, sollte man auch Karten haben, auf denen die verschiedenen Sprachen der Völker und Stämme, in allen ihren Verzweigungen, Uebergängen und Abstichen, dargestellt wären, – Sprachenkarten" (Schmeller 1811, 365).*

Mit Sprachinseln befassen sich verschiedenste Disziplinen aus unterschiedlichen, aber teilweise überschneidenden Perspektiven. Die Erforschung der Sprachen ist zunächst Domäne der Linguistik (Sprachwissenschaften), hier Germanistik und Romanistik – das Teilgebiet der Dialektologie untersucht Mundarten, also regionale Sprachvarietäten. Die Volksgruppen, welche die betreffenden Sprachen/Sprachvarietäten sprechen, und deren Eigenarten sind Gegenstand diverser kultur- und sozialwissenschaftlicher Fächer (*Humanities*) wie Anthropologie, Demographie, Ethnologie, Sozialgeographie und Soziologie, Politologie und Geschichtswissenschaft. Situationen und Variationen des Sprachgebrauchs wiederum werden in der Soziolinguistik erforscht, die ein Teilgebiet der Sprachwissenschaften darstellt – ebenso wie die Sprachgeographie (Areallinguistik), welche die geographische Verbreitung von Sprachen und sprachlichen Erscheinungsformen (zum Beispiel bestimmter Wörter, Aussprachen etc.) analysiert. Diese beiden Subdisziplinen der Linguistik knüpfen an die Soziologie und (Sozial-)Geographie an und bedienen sich insbesondere auch deren Methodenspektrum, speziell mit der Erstellung von (Sprach-)Karten und (Sprach-)Atlanten[3].

---

[3] Inzwischen liegen mehrere Sprachtalanten vor, die für die hier betrachteten Sprachinseln von Bedeutung sind: des Tirolerischen (Kühebacher 1965), speziell

1.1. Sprachgeographie

Die Sprachenkarte von Europa weist drei Hauptsprachfamilien aus: germanische, slawische und romanische Sprachen, die sich in den Alpen begegnen – in unserem engeren Untersuchungsraum Trentino-Südtirol und dem unmittelbar östlich anschließenden Venetien (‚Das Land zwischen Etsch und Piave') sind dies die deutsche/bairische Sprache beziehungsweise die italienische und rätoromanische/ladinische Sprache. Eine „als *Enquête Coquebert de Montbret* bekannte Untersuchung hat 1806–1812 eine große Anzahl an Zeugnissen in und über die gesprochenen Sprachen im napoleonischen Kaiserreich erzeugt, die fast ausschließlich handschriftlich überliefert und heute über zahlreiche Archive und Bibliotheken verstreut sind" (Ködel o. J.). Unter diesen findet sich eine Sprachenkarte des alten Tirol (also einschließlich des Trentino) aus dem Jahr 1809 in den *Collections de la Bibliotheque municipale de Rouen* (abgedruckt in Pescosta 2013, 218f.), welche zum ersten Mal das Verbreitungsgebiet des Ladinischen dokumentiert.

Aus Sicht der Sprachwissenschaften ist eine ‚Sprachinsel' eine „[...] Sprachgemeinschaft, die – als Sprachminderheit [auch: (ethno-)linguistische Minderheit] von ihrem Hauptgebiet getrennt – durch eine sprachlich/ethnisch differente Mehrheitsgesellschaft umschlossen und/oder überdacht wird [...]" (Mattheier 1994, 334) – aus geographischer Sicht könnte man auch das Areal dieser Sprachgemeinschaft als die ‚Sprachinsel' bezeichnen, und als Trennung vom Hauptgebiet der Sprache käme anstatt eines vollständigen Umschlusses durch die Mehrheitsgesellschaft oder/und durch mehrere andere Sprachgebiete auch eine im Alltag quasi nicht überwindbare Barriere wie ein Gebirgskamm in Frage. Beispiele für die letztere Situation bilden die deutschsprachigen Gemeinden *Pomatt*/Formazza und *Altrei*/Anterivo[4] – man könnte sie auch als ‚Sprachhalbinseln' betrachten. Im Gegensatz dazu stehen das überwiegend deutschsprachige Südtirol und das teilweise

---

des Zimbrischen und Fersentalerischen (Schweizer 1954), und des Dolomitenladinischen (Goebl 1998; 2012 und 2021). Außerdem waren die fünf ladinischen Teilgebiete/Idiome mit jeweils einem Untersuchungsort im Sprach- und Sachatlas Italiens und der Südschweiz (Jaberg & Jud 1928–40) sowie dem zugehörigen ethnographischen Handbuch von Scheuermeier (1943/56) vertreten.

[4] das politisch zu Südtirol gehört, aber in der ansonsten durchgehend zum Trentino gehörigen italienischsprachigen Val di Cembra liegt. Zur Besiedlungsgeschichte Altreis siehe Stolz (1928, 277ff.).

deutschsprachige Kanaltal/*Val Cjanâl*/*Kanalska dolina* sowie das (zumindest teilweise) slowenischsprachige Gebiet in Friuli-Venezia Giulia, die zwar innerhalb Italiens Minderheitensprachgebiete bilden, aber über Gebirgspässe oder niedrige Talwasserscheiden direkten Anschluss an das Hauptverbreitungsgebiet der jeweiligen Sprache haben. Eher als ‚halbe Sprachinseln‘ könnte man jene Minderheiten bezeichnen, deren Hauptgruppe zwar im benachbarten Ausland siedelt, dort aber ebenfalls bloß eine Minderheit stellt[5], wie die Okzitanen/Provenzalen im Piemont und – dort staatlicherseits ungeschützt – in Frankreich (vgl. Steinicke et al. 2011, 85).

Karten der ‚(ethno-)linguistischen Minderheiten‘[6] in den Alpen (zum Beispiel ebd., 84 und 92) weisen aus, dass deren ‚Sprachinseln‘ vor allem im südlichen Teil des Gebirges auf italienischem Staatsgebiet zu finden sind[7]. Die Größe dieser Sprachgebiete variiert zwischen einzelnen Gemeinden (zum Beispiel *Lusérn*/Luserna) oder Tälern (zum Beispiel *Bersntol*/Valle del Fèrsina beziehungsweise Valle dei Mòcheni) bis hin zu ganzen Provinzen (zum Beispiel Valle d'Aosta) – entsprechend variieren auch die jeweiligen Sprachgruppenstärken (von wenigen hundert bis hin zu etwa 600.000 Sprechern für die friaulische/furlanische Gruppe; vgl. Tab. 1), wobei die erhobenen Zahlen uneindeutig sind, da sie auf dem Selbstbekenntnis der Sprecher beruhen, das je nach politischer Lage und gesellschaftlichem Status volatil sein kann (Prochazka 2018; Wedekind 2021). Einige der Sprachinseln sind fast ausschließlich von der speziellen Sprachgruppe bewohnt, in anderen bildet diese selbst in ihrem Sprachgebiet nur eine Minderheit (so die Ladiner in *Anpezo*/Ampezzo mit 30–50 % der Bevölkerung).

In unserem engeren Untersuchungsgebiet zwischen Etsch/Adige und Piave (Abb. 1) kommen fünf ladinische Idiome[8], die zur rätoromanischen Sprachfamilie gehören, sowie das Zimbrische und Fersentalerische (Mòchenische)

---

[5] Vergleiche die Minderheitensystematik bei Kloss (1969, 62), welche einerseits in ‚Außengruppen‘ oder nationale Minderheiten und andererseits in ‚Eigengruppen‘ differenziert. Die linguistische und soziopolitische Abgrenzung mag hierbei allerdings unterschiedlich ausfallen, wie in Abschnitt 1.2 erörtert wird.

[6] Dargestellt sind autochthone Sprachgruppen, die schon längere Zeit (über mindestens drei Generationen) dort ansässig sind.

[7] Gründe für dieses Verbreitungsmuster werden in Abschnitt 2 erörtert.

[8] wobei *Val Badia*/Gadertal (mit *Maréo*/Enneberg) und *Fascia*/Fassa sogar mehrere Talvarianten haben.

als altertümliche, in ihrem Ursprung mittelhochdeutsche (also hochmittelalterliche) deutsche Idiome vor (Schneller 1870, 5–16). Wir haben es hier mit Sprachsystemen zu tun, die zu den am besten und frühesten wissenschaftlich erforschten zählen.

Erste autochthone Sprachforschungen – die in den deutschen Sprachinseln deutlich früher als in den ladinischen begannen – reichen zumindest bis in das 18. Jahrhundert zurück. Hier ist der Arzt Girardo Slaviero (ca. 1740) aus *Rotz*/Rotzo mit seiner handschriftlichen *‚Grammatica della lingua tedesca dei VII Comuni‘* zu nennen, während erste Wörterbücher ab den 1760er Jahren zusammengestellt wurden (zunächst Pezzo 1763). 1833 verfasste Nikolaus Bacher (genannt Micurà de Rü, 1789–1847, Bergbauernsohn und Priester, nach dem das ladinische Kulturinstitut in Südtirol benannt ist) das Manuskript einer Grammatik des Ladinischen, betitelt als ‚Versuch einer Deütsch-Ladinischen Sprachlehre‘ (Hg. von Craffonara 1995).

Im 19. Jahrhundert wurden die Sprachinseln für die wissenschaftliche Germanistik und Romanistik hochinteressant. Mit Johann Andreas Schmeller (Germanist, 1785–1852) und Graziadio Isaia Ascoli (Indogermanist und Romanist, 1829–1907) haben sich zwei der bedeutendsten linguistischen Forscherpersönlichkeiten, die jeweils auch als Begründer der Dialektologie Italiens und Deutschlands gelten, ausgiebig mit den ‚Inselsprachen‘ unseres Gebietes befasst. Der ältere von beiden, Schmeller, hat 1833 in Pergine Valsugana mehr zufällig die ersten fundierten Sprachaufnahmen des Mòchenischen gemacht und im Anschluss 1833 und 1844 seine beiden lange geplanten Forschungsreisen in die Zimbria unternommen. Die Publikation von Schmeller (1838, 560) zeigt, wie man solche Forschungen üblicherweise angelegt hat:

- Geographischer Überblick,
- Forschungs- beziehungsweise Meinungsstand,
- eigene Forschungsreise mit Sammlung von Schriftzeugnissen,
- Ausarbeitung einer Grammatik und eines Wörterbuchs.

Einen weiteren Meilenstein bei der Entwicklung der linguistischen Forschungsmethodologie stellen die 1912 mit einem Phonographen in *Sleghe*/Asiago aufgenommenen Sprachproben der Wiener Germanisten Primus Lessiak und Anton Pfalz dar (Lessiak & Pfalz 1918), die heute im Phonogrammarchiv der Österreichischen Akademie der Wissenschaften aufbewahrt werden.

Tab. 1: Aktuelle Sprachinseln – einschließlich ‚Sprachhalbinseln' und ‚halbe Sprachinseln' – in den italienischen Alpen[9] (Quelle: Heller et al. 2004; Steinicke et al. 2011; verändert und ergänzt).

Lage (Region: Provinz)	Sprachinselgebiet	Sprache/ Mundart	Sprecher-zahl (ca.)
Piemonte: Cuneo, Torino	*Valadas occitanas*/Valli occitane (von S nach N): *Val Vermenanha*/Val Vermenagna, *Val Ges*/Valle Gesso, *Val d'Estura*/Valle Stura di Demonte, *Val Grana*/Valle Grana, *Val Maira*/Val Maira, *Val Varacha*/Val Varaita, *Val Pò*/Alta Valle Po, *Val Pèlis*/Val Pellice, *Val San Martin, Val Sopata*/Val Germanasca, *Val Cluson*/Alta Val Chiusone *Val d'Ols*/Alta Val di Susa	*Occitan*/Occitano (Okzitanisch)	40.000
Piemonte: Torino; Valle d'Aosta	*Vâlàdes arpitanes:* *Vâl Cenischia*+*Vâl Susa*/ Val Cenischia+Val di Susa, *Vâlàdes at Lans*/Valli di Lanzo, *Vâl Lukënna*/Valle Orca; *Vâl d'Aoûta*/Valle d'Aosta (ohne Valle del Lys)	*Patois Valdôtain, Arpitan*/ Francoprovenzale (Frankoprovenzalisch)	90.000
Valle d'Aosta; Lombardia: Vercelli, Verbano-Cusio-Ossola	getrennte Inseln: *Greschòney*/Gressoney und *Éischeme*/Issime (im *Walleschu*/Lystal); *Lannja*/Alagna Valsesia, *Remmalju*/Rimella, *Kampell*/ Campello Monti; *Pomatt*/Formazza, *Magganaa*/Macugnaga	*Titsch, Töitschu, Titzschu* (Walserdeutsch)	1.000

---

[9] Toponyme auf lokaler Ebene und Glossonyme werden hier und im Text in der Schreibweise *der Sprachinseln*/der umgebenden Sprachmehrheit wiedergegeben.

Lage (Region: Provinz)	Sprachinselgebiet	Sprache/Mundart	Sprecherzahl (ca.)
Trentino-Alto Adige/Südtirol: Bolzano/Bozen, Trento; Veneto: Belluno	*Val Badia*/Gadertal, *Gherdëina*/Gröden, *Fascia*/Fassa, *Fodom*/Buchenstein (mit den Gemeinden *Fodom*/Buchenstein/Livinallongo und *Col*/Colle Santa Lucia), *Anpezo*/Ampezzo	*Ladin*/Ladinisch/Ladino: *Badiot & Marou*/Gadertalisch & Ennebergisch, *Gherdëina*/Grödnerisch, *Fascian*/Fassano, *Fodom*/Buchensteinisch, *Anpezan*/Ampezzano	40.000
Trentino-Alto Adige/Südtirol: Trento	*Bersntol*/Valle del Fèrsina=Valle dei Mòcheni mit den Gemeinden: *Palai en Bersntol*/Palù della Fèrsina, *Vlarotz*/Fierozzo, *Garait*/Frassilongo	*Bersntolerisch*/Mòcheno (Fersentalerisches Deutsch)	1.000
Trentino-Alto Adige/Südtirol: Trento; Veneto: Verona, Vicenza	*Zimbria*/Cimbria mit drei getrennten Inseln: *Lusèrn*/Luserna; *Ljetzan*/Giazza (Teil der XIII Gemeinden/*XIII Komoinen*/Tredici Comuni); *Robaan*/Roana (Teil der VII Gemeinden/*Siben Komaün*/Sette Comuni)	*(T)zimbar Taütsch, Tautsch, Teütsch*/Cimbro (Zimbrisches Deutsch)	250
Friuli-Venezia Giulia: Udine	3 getrennte Inseln: *Plodn*/Sappada; *Tischlbong*/Timau; *Zahre*/Sauris	*Plodnerisch, Tischlbongerisch, Zahrisch* (als Kärntner Dialekte)	1.500
Friuli-Venezia Giulia: Pordenone, Udine, Gorizia	weite Teile der genannten Provinzen	*Furlan*/Friulano (Friaulisch bzw. Furlanisch)	600.000

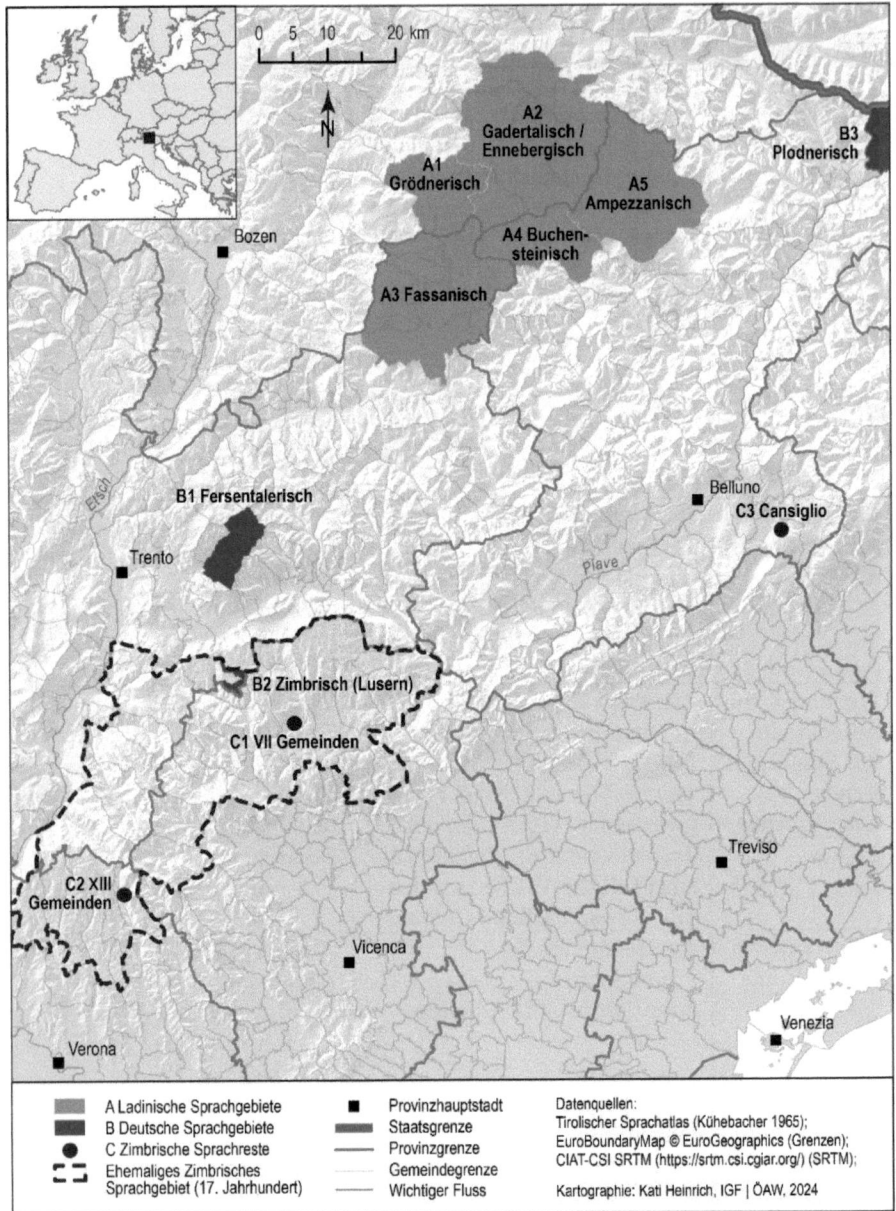

Abb. 1: Die Sprachinseln ‚zwischen Etsch und Piave' (Eigener Entwurf; Zeichnung: K. Heinrich).

Das Fersentalerische wurde Mitte des 20. Jahrhunderts vom Priester Don Giacomo Hofer in einer Sammlung von 4000 Worteinträgen erfasst (Hofer 2004) und in den letzten Jahrzehnten von Anthony Rowley (*1953, Redaktionsleiter des Bayerischen Wörterbuchs an der Bayerischen Akademie der Wissenschaften) dezidiert erforscht (Wörterbuch: Rowley 1982; Grammatiken: Rowley 2001 und 2003); ähnliches gilt für die Erfassung des zimbrischen Idioms in den VII Gemeinden (Martello Martalar 1974/1985; Panieri 2022 und 2024) und teilweise auch in *Lusérn*/Luserna (Nicolussi Golo & Nicolussi 2014).

In der Ladinia hatten bereits mit der Grammatik von Bacher (1833) einige Versuche begonnen, die Taldialekte als eigene Idiome, aber auch talübergreifend zu normieren und verschriften (vgl. Craffonara 1994; Brunger 2015, 165ff.). 1984–87 war eine Kommission mit Ausarbeitung einer gesamt-ladinischen Orthographie befasst, die weitgehend akzeptiert und in Südtirol seit 1987 offiziell ist (Kattenbusch 1996, 329); anschließend 1988–94 Heinrich Schmid mit Ausarbeitung einer einheitlichen Schriftsprache (*Koiné*, analog zum Bündner *Rumantsch Grischun*) beauftragt (Videsott 1997), die sich bislang allerdings nicht allgemein durchsetzen konnte (Bauer 2012, 211f.). Die wissenschaftliche Erfassung der letzten etwa 30–40 Jahre ging insgesamt dennoch in die Richtung einer „Normierung, Normativierung, Normalisierung, Kodifizierung und Standardisierung" hinsichtlich Orthographie, Grammatik und Wortschatz sowie zur „Implementierung" im Schulsystem über (Brünger 2015, 85ff.).

1.2 Dialektologie

Eine knifflige Frage ist, ob das in den Sprachinseln Gesprochene eine eigenständige Sprache oder nur eine Varietät einer solchen, also eine Mundart/einen Dialekt darstellt[10]. Das Bonmot von Max Weinreich *„a shprakh iz a dyalekt mit an armey un flot"* (Weinreich 1945, 13) verweist darauf, dass für eine alltagssprachliche Abgrenzung vorwiegend außersprachliche Kriterien (Staatlichkeit, Wirtschaft, literarische Traditionen, Schriftsystem, Zeichen von Macht, Autorität und Kultur) zum Tragen kommen. Das linguistische ‚Prinzip der gegenseitigen Verständlichkeit' (*mutual intelligibility*, ISO 639-3; SIL o. J.) stellt hingegen darauf ab, dass zwei Sprecher sich ge-

---

[10] Vgl. die unterschiedliche Bezeichnung des Fersentalerischen bei Zingerle (1898, 1–33) als ‚Sprache', ‚Dialekt', ‚Mundart', ‚Zunge'.

genseitig verstehen können oder es zumindest gemeinsame Überlieferungen gibt, die beide verstehen. Ist dies nicht der Fall, sprechen beide eine andere Sprache. Aufgrund des großen Unterschieds zwischen Bairisch und Standardhochdeutsch wird die bairische Dialektgruppe von SIL International (o. J.) nach der ISO-Norm als eigenständige Einzelsprache klassifiziert (der Sprachcode lautet ‚bar‘) und von der UNESCO seit 2009 im Atlas der gefährdeten Sprachen aufgelistet (Rowley 2009). Wiewohl beide aus dem Bairischen entstanden sind (siehe unten Abschnitt 2.2), ist das Fersentalerische den Südtirolern heute noch einigermaßen verständlich, das Zimbrische jedoch kaum mehr (Rowley 2007).

Diese beiden „Sprachaltertümer" (Kranzmayer 1960, 160) beziehungsweise „Sprachdenkmal[e]" (Hornung 1994, 20) repräsentieren frühere Zustände des Bairischen und gehören nicht zuletzt deshalb zu den am besten und frühesten wissenschaftlich erforschten Idiomen. Doch nicht nur die südtirolerische Mundart hat sich im Lauf der Jahrhunderte verändert, sondern auch in Sprachinseln können historische Sprachzustände nicht völlig „versteinern"[11], sondern entwickeln sich ebenfalls moderat fort (Rowley 2018). Tabelle 2 soll einen kleinen Eindruck vermitteln, wie groß die sprachliche ‚Distanz‘ zwischen den Idiomen ist.

Tab. 2: Sprachbeispiele ‚Vaterunser‘ (Quellen: obere Zeile: L'enciclopedia lëdia[12]; untere Zeile: Heller et al. 2004, 290).

Gadertalisch (Badiot)	Buchensteinisch (Fodom)
Nosc Pere dl Cil,	Père nòst che t'es sun paradíš,
al sides santifiché to inom,	benedât lé l tuo inóm;
al vëgnes to rëgn,	resta con nos,
tüa orentè sides fata,	che sará fat ci che te vòs,
sciöche al cil insciö söla tera.	sun ciél e su la tièra.
Lusèrner Zimbrisch (Slambròt)	**Fersentalerisch (Mòcheno)**
Vatar ünsar ba da pist in hümbl	Voter inger en himbl,
as da sai haile doi nåm	gahailegt kimmp der dai' Nu'm,
as da khem doi raich	der dai' raich schellt kemmen,
un as da sai gamacht doi gebölla,	der dai' billn schellt tschechen,
asó as be in hümbl asó af di earde.	en himbl abia as de eart.

---

[11] Der Schriftsteller Musil sprach von den Fersentalern als ein „verwitterter deutscher Stein" (Musil 1921, 590).

[12] https://lld.wikipedia.org/wiki/Pere_nost#cite_note-2 (Zugriff: 07.08.2024)

Die Zuordnung der modernen romanischen Sprachen im Alpenraum war lange umstritten: In der sogenannten *questione ladina* wurde danach gefragt, ob es eine oder mehrere eigenständige alpen- beziehungsweise rätoromanische Sprachen gibt oder es sich um west- beziehungsweise galloromanische Dialekte handelt. Bereits Micurà de Rü (Bacher 1833) hatte in seinem ‚Versuch einer deütsch-ladinischen Sprachlehre' „die Existenz einer einzigen ladinischen Sprache erkannt, welche vom Italienischen unterschieden sei und mit Dialektvarianten in den fünf Tälern von Gröden, Fassa, Buchenstein, Ampezzo und im Gadertal gesprochen werde" (Pescosta 2013, 308). In den ‚Saggi Ladini' sah Ascoli (1873) das Ladinische als Teil der rätoromanischen Sprachfamilie. Die herrschende Meinung, wie sie in den Zeitschriften für romanische Philologie zum Ausdruck kam, veränderte sich zum Ende des 19. Jahrhunderts: „1877 wurde das Ladinische noch allgemein den italienischen Dialekten zugeordnet, 1878 wurde es als eine eigene Untersektion der italienischen Dialektologie geführt, und ab 1891 schließlich wurde ihm der Status einer autonomen Sprache zugesprochen, des Rätoromanischen" (Monaci 1918, 26, zit. n. Pescosta 2013, 291). „Die von Ascoli herausgearbeiteten panladinischen Gemeinsamkeiten beruhen im wesentlichen auf der Bewahrung oder Weiterentwicklung von Sprachständen, die ursprünglich (in langobardisch-karolingischer Zeit) auch für die Padania galten", bevor sich diese „schon seit vorliterarischer Zeit vom ‚galloromanischen' zum ‚apenninischen' Sprachtyp", also zur Italo- und damit zur Ostromania „umorientiert hat" (Gsell 1992, 209). Ascoli hatte offenbar die besseren linguistischen Argumente gehabt, doch wurde die Gegenposition aus eher politischen Motiven ebenfalls noch lange aufrecht gehalten.

1.3 Soziolinguistik

Die soziolinguistische Situation der Sprachinseln zeichnet sich durch Polylinguismus (Mehrsprachigkeit) und Polyglossie aus (vgl. Mair 1991; Holtzmann 2000; Iannàccaro & Dell'Aquila 2009; Cognola 2011; Bidese et al. 2018; Mereu 2021).

So sprechen heute die

- Ladiner in Südtirol: Deutsch (Südtirolerisch) – Italienisch – Ladinisch
- Ladiner in den Provinzen Trento und Belluno: Italienisch – Ladinisch – (partiell: Deutsch)
- Fersentaler, Zimbern: Italienisch – Fersentalerisch/Zimbrisch (als jeweilige Sprachinselmundart) – Trentiner Dialekt – (partiell: Deutsch).

Dies begünstigt in Wortschatz und Satzbau der Inselsprachen „gewaltige Anleihen" bei den Umgebungssprachen, zum Beispiel fersentalerisch/zimbrisch *Tschain* von italienisch/ladinisch *cena*, ‚Abendessen' (Rowley 2018, 89). Auch ist die Mehrsprachigkeit bereits historisch vielfach belegt, in Urkunden wie auch in der Toponymie (zum Beispiel bereits im 12./13. Jahrhundert der Ortsname italienisch/volkssprachlich *Volano* – lateinisch *Avellana* – deutsch *Nussdorf*; Schneller 1896, 26; Mayr 1917, 74). Für das Fersental bezeugt Nibler (1888, 56), wie die „Bewohner dieser deutschen Dörfer sich amphibisch zwischen deutscher und welscher Sprache" bewegen.

Polyglossie bedeutet eine funktionale Differenzierung zwischen (sozial) höher- und tieferstehenden Sprachvarianten, also die Anwendung der einen oder anderen je nach sozialem Kontext. Konkret wird die Inselsprache überwiegend im Familien-/Freundeskreis verwendet. Die Mehrsprachigkeit mag in der vormodernen Zeit auf die mobileren Bevölkerungsteile beschränkt gewesen sein, die regelmäßig in das Gebiet der umgebenden Sprachmehrheit zirkuliert sind, und bei den Ladinern im Fassatal und *Souramont* (*Fodom*/Buchenstein und *Anpezo*/Cortina d'Ampezzo) erst eine größere Rolle spielen, seitdem sich in der Umgebung der Gebrauch der italienischen Hochsprache verbreitete (vgl. unten Abschnitt 4.1).

Von Dante Alighieri ist bekannt, dass er nach seiner Verbannung aus Florenz von 1302 an zeitweise bei den Scaligern in Verona lebte. Laut einer Tourismuswerbung (GoVerona o. J.) habe er sich in der Naturlandschaft der Lessinia Inspiration für die ‚Göttliche Komödie' geholt (Covolo: Höllenkreise; Monte Purga: Läuterungsberg). Es wäre ein Treppenwitz, wenn Dante (1321) im Sprachkontakt mit den teutonischen Zimbern genau das literarische Werk geschaffen hätte, welches die erste Grundlage für italienische Hochsprache bildete.

2 Siedlungsgebiete und Herkunft der Sprachminderheiten

„Wir viere [Schmeller, ein Herr Giacomelli mit Frau und Sohn] saßen [...] zu Esel, wobey einige leere Kohlen- u. drgl. Säcke zum Sattel, irgend ein Strick zum [...] Zügel diente. Von hier an gieng der Pfad oft an Abgründen fort; bei der Gewohnheit der Maulesel gerade dicht am Rande zu gehen kam die arme Frau Giacomelli in furchtbare Angst [...] Hinter sie setzte sich der Mann, sie mit beiden Armen umfassend und so ward der übrige Weg bis Galio (Gelle) zurückgelegt, [...]" (Schmeller 1956, 395).

2.1 Siedlungsgebiete

Die Siedlungsgebiete der Sprachminderheiten im Land zwischen Etsch und Piave liegen verstreut in alpinen (Hoch-)Tälern und auf Hochplateaus, von ihren Nachbarn isoliert durch Gebirgsstöcke oder -rücken beziehungsweise tief eingeschnittenen Tälern (vgl. Abb. 1).

1) Heimat der Ladiner sind die Gebirgstäler rund um den Sellastock (Piz Boé, 3152 m) mit Siedlungslagen etwa zwischen 1200 und 1600 m Höhe. Der einzigartige Landschaftscharakter der *Dolomites*/Dolomiten (UNESCO Weltnaturerbe) wird von den aus weiten Alm- und Waldflächen herausragenden schroff-felsigen Gebirgsgruppen aus Kalkgestein geprägt (Abb. 2). Die Täler sind miteinander über Pässe verbunden, die zumeist über 2000 m Höhe liegen und daher im Winter oft unpassierbar waren.

2) Südlich und westlich der Dolomiten finden sich vulkanische Gebirgsketten und Plateaus, in welche unter anderen das *Bersntol*/Valle del Fèrsina als ein Kerbtal mit steilen Talflanken tief eingeschnitten ist. Die Siedlungsstandorte der fersentalerischen Sprachgemeinschaft liegen hier im siedlungsungünstigen Nord-West-exponierten hinteren Teil des Tales in 900 bis 1500 m Höhe (Abb. 3).

Abb. 2: *Odles*/Geislerspitzen in den Dolomiten, gesehen von der *Resciesa*/Raschötz (Foto: Bender 1989).

Abb. 3: Talschluss des *Bersntol*/Valle del Fèrsina (Foto: Bender 2023).

3) Die Zimbern in den Vicentiner Alpen (‚Kleine Dolomiten') siedeln hingegen auf nach Süden geneigten Hochebenen (in etwa 1000 m Höhe), die durch Steilabbrüche nach außen abgegrenzt und durch tiefe Kerbtäler zergliedert sind (Abb. 4); in der Lessinia (XIII Gemeinden) auch in den Tallagen der Kerbtäler. Die VII Gemeinden als der bevölkerungsreichste Teil des traditionellen zimbrischen Sprachgebiets befinden sich auf einem Kalksteinplateau am Alpenrand, in dessen Zentrum ein Becken mit ungünstigem Lokalklima (Kaltluftseen) eingelassen ist. Trotz der niederschlagsreichen Staulage am Alpenrand bedingt der verkarstete Untergrund einen augenfälligen Wassermangel für die Landwirtschaft.

Abb. 4: Val d'Astico und Hochebenen von *Lusèrn*/Luserna und *Lavròu*/Lavarone
(Foto: Bender 2023).

In allen drei Fällen erscheinen die Sprachinselgebiete als die ungünstigsten Siedlungsstandorte der Region. Zu den Problemen hinsichtlich der Höhenlage, Topographie und (aus unterschiedlichen Gründen) des Lokalklimas tritt die verkehrliche Abgeschiedenheit (wie sie Schmeller mit dem oben wiedergegebenen Tagebucheintrag von 1844 belegt), auch wenn letztere durch den modernen und heute alle Täler/Hochebenen erschließenden Straßenbau abgemildert werden konnte.

Speziell die Eröffnung der ‚Dolomitenstraße' 1909 ermöglichte den ladinischen Tälern die touristische Entwicklung (vgl. Wolff 1908; Artoni 2001). Mit einem Bahnanschluss im ersten Viertel des 20. Jahrhunderts haben als einzige Sprachinseln die VII Gemeinden mit *Sleghe*/Asiago und das ladinische *Anpezo*/Cortina d'Ampezzo (klein-)städtische Zentren entwickelt.

Die Betrachtung der Siedlungsgebiete führt schließlich zu der Frage, ob es sich bei den Sprachinsulanern um autochthone Bevölkerungsrelikte handelt, die durch das Vordringen anderssprachiger Ethnien in ihrem Gebiet minorisiert wurden, oder ob die Insulaner nachträglich in das Gebiet der Mehrheitsbevölkerung zugezogen sind.

2.2 Kolonisation und/oder Assimilation

In den Alpen wurden die vorgeschichtlichen Volks-/Sprachgruppen der Kelten, Räter, Ligurer unter römischer Besetzung seit den Augusteischen Feldzügen 25–14 v. Chr. latinisiert, was zur Durchsetzung des Vulgärlateins als Volkssprache führte. Im frühen Mittelalter zerfiel die einheitliche römische Territorialherrschaft unter dem Druck der Völkerwanderung. Aus dem Vulgärlatein bildeten sich allmählich verschiedene romanische Sprachen heraus. Speziell in den Nordalpen wurde romanische Sprechtradition unterbunden und durch germanische Sprachen (Alemannisch, Bajuwarisch/Altbairisch) ersetzt; im Westen (Burgundisch) und Süden (Ostgotisch, Langobardisch) konnten diese sich allerdings nicht dauerhaft durchsetzen (Abb. 5).

Die germanischen Vorstöße von Norden zielten teilweise in romanisch vorbesiedeltes Gebiet, aber auch in allenfalls extensiv genutztes von der Vorbevölkerung aufgelassenes oder noch nie besiedeltes ‚Jungsiedelland'. Dies bezeugen vielfach romanisierte Toponyme „deutschsprachigen Ursprungs" wie auch „eingedeutschte[n] Namen" romanischen Ursprungs (Kühebacher 1964, 13; vgl. speziell für das Fersental: Battisti 1923; Rowley 2013; Flöss 2021).

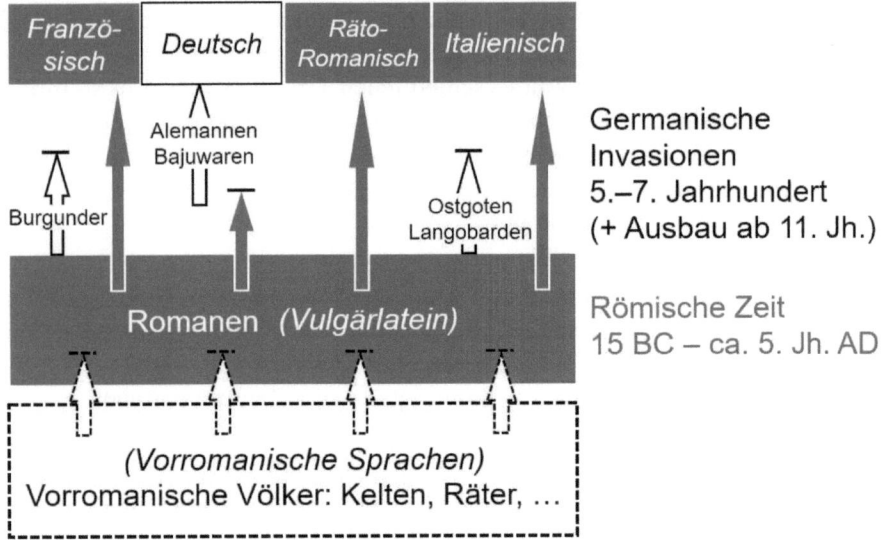

Abb. 5: Ursprung der Sprachenvielfalt im mittleren und westlichen Alpenraum (Quelle: Kraas 1992, verändert und ergänzt).

Es handelte sich aber, wie die historische Forschung erst allmählich herausarbeiten konnte, um Heeresvorstöße zur Etablierung einer neuen Herrschaft und Oberschicht und keinesfalls um eine sofortige Massenzuwanderung. Wo es noch eine dichtere romanische Bevölkerung gab, blieb sie meistens zunächst noch in der Mehrheit (Winckler 2012), bis diese durch weitere Zuwanderungswellen aus dem Norden oder durch eigene Assimilation (Übernahme der Zuwanderersprache) in manchen Regionen, überwiegend nördlich des Alpenhauptkamms, aber auch im heutigen Südtirol, verlorenging. Ende des 6. Jahrhunderts stießen dort die Franken aus dem Vinschgau und anschließend in ihrem Auftrag die Baiern über den Brenner ins Pustertal und ins mittlere Etschtal vor[13]. Gleichzeitig floh die romanisierte Bevölkerung der einstigen Provinz Binnen-Noricum (Kärnten und Osttirol) vor den Slawen ins Eisacktal und stärkte dort noch einmal das romanische Element (Kramer & Metzeltin 1991, 688).

Die Sprachgrenzen haben sich nach Ende der Völkerwanderung im Laufe der Zeit also noch verschoben, insbesondere das Rätoromanische wurde von

---

[13] Deren Niederlage gegen die Langobarden im Jahr 590 bei Salurn fixiert dort bis heute die germanisch-romanische Sprachgrenze.

Norden (aber auch von Süden) stark zurückgedrängt (vgl. Schneller 1870, 9ff.). In den peripheren Teilen des Nordtiroler Oberlands und Südtiroler Vinschgaus war das Rätoromanische noch bis etwa 1800 präsent (Kattenbusch 1987). Dieser Retraktionsprozess ist, wie man in Graubünden sieht, immer noch nicht abgeschlossen (vgl. Kraas 1992). Ähnlich wirkte der Assimilationsdruck der italienischen Dialekte von Süden aus. Auf diese Weise hat sich die Rätoromania heute in drei Teilgebiete (Friulisch/Furlanisch, Dolomitenladinisch, Bündenromanisch) aufgesplittert. Gartner (1883, XXXII) bezeichnete diesen Prozess als einen „friedliche[n] Krieg" gegen die rätoromanischen Mundarten.

Die Sprachgrenze des Dolomitenladinischen nach Norden gegen die deutsche Sprache ist scharf ausgeprägt und seit längerer Zeit stabil, während sich im Süden ein Übergangsbereich anschließt, in dem die sprachlichen Besonderheiten des Ladinischen sukzessive verschwinden (vgl. Ascoli 1873; Bauer 2009) und dessen sprachliche Zuordnung im Grundsatz wie im Detail bis heute nicht unumstritten ist[14]. Lehnwörter im Zimbrischen und Fersentalerischen belegen, „dass die italienischen Mundarten der Gegend einst erheblich stärker ‚ladinisches' Gepräge hatten als das heutige Trentinische oder Venezianische" (Rowley 2007, 21).

Ist nun damit bewiesen, dass das aktuelle dolomitenladinische Sprachgebiet als Rückzugsraum einer Minorität anzusehen ist? Allerdings wurde das aktuelle Siedlungsgebiet der Hochgebirgstäler um den Sellastock als typisches Jungssiedelland – mit Ausnahme des Fassatals (Tanner 2020, 211ff.) – überwiegend erst im Hochmittelalter besiedelt, und zwar von zumeist ladinischen und teilweise auch deutschen Bauern unter überwiegend deutscher Grundherrschaft (vgl. Battisti 1941; Metz 1964; Lutz 1966; Loose 1986; Craffonara 1998). Diese ladinischen Neusiedler müssen also aus damals noch ladinischsprachigen Gebieten gekommen sein (Kramer & Metzeltin

---

[14] Ascoli (1873, passim) verwendet den Begriff *anfizona*, der bis heute immer wieder aufgegriffen wird, zum Beispiel „anfizone peri-ladine (Val di Sole/Val di Non; Val di Fiemme; Cadore/Comelico/Agordino)" (Bauer 2023), wobei Ascoli das anaunische beziehungsweise Nonstaler Idiom allerdings noch dem Ladinischen zugerechnet hatte (Ascoli 1873, 316ff.), während er für das Cembra- und Fleimstal bereits von einem „antico linguaggio ladino" spricht (ebd., 333). Der Neobattistianer Pellegrini (1989, 668 und 1991) rechnet aktuell jedenfalls den Dialekt des Cadore dem Ladinischen zu.

1991, 691). Noch nicht vollständig klar ist, inwieweit dieser Kolonisationsprozess eine Folge der Verdrängung rätoromanisch sprechender Bevölkerungsteile aus den sich germanisierenden Gebieten des Eisack- und Pustertales darstellt (vgl. ebd.); doch fällt bereits die bajuwarische Landnahme im Brixner Becken und Pustertal zeitlich mit der Gründung ladinischer Siedlungen im Gadertal zusammen (vgl. Pescosta 2013, 69 und 634, Fn. 22).

Auch über den Besiedlungsprozess der deutschen Sprachinseln gab es lange Zeit erhebliche Auffassungsunterschiede. Die italienische Bezeichnung ‚Cimbri' für die Deutschsprachigen *Tzimbar*/Zimbern der VII und XIII Gemeinden könnte bis ins 11. Jahrhundert zurückreichen, und Pezzo (1763) meinte sogar den Ursprung der Sprachgruppe in den 101 v. Chr. bei Verona vernichtend geschlagenen Völker der Kimbern und Teutonen zu erkennen (vgl. Baum 1983, 29). Andere sahen die *Tzimbar* als Nachkommen der in der Völkerwanderungszeit eingewanderten Goten oder Langobarden (zuletzt noch Schiber 1902/03 und Schweizer 1948; vgl. Schmeller 1811). Erst Schmeller (1838) konnte durch Methoden der komparativen Linguistik nachweisen, dass es sich beim sogenannten Zimbrischen um mittelalterlichbairische Sprachvarianten handelt[15]. Die Kombination der Erkenntnisse aus Sprach- und Geschichtswissenschaft hat schließlich belegt, dass es in den Vicentiner Alpen mehrere benachbarte Kolonisationen ab etwa 1000–1200 gegeben hat; in einem Fall beweist eine Urkunde des Klosters Benediktbeuern 1053 eine Umsiedlung aus Oberbayern in die Grundherrschaft eines Veroneser Klosters im Gebiet der späteren XIII Gemeinden (Schmeller 1850; vgl. Baum 1983). Neusiedler wurden von den hier italienischen, meist kirchlich-klösterlichen Grundherrschaften angeworben, von sogenannten Lokatoren in die zur Besiedlung vorgesehenen Gebiete geführt[16] und dort mit

---

[15] „Schmeller hat erkannt, daß es sich beim Cimbrischen um das Idiom einer Sprachinsel handelt, das seiner ganzen phonetischen und lexikalischen Struktur nach als südbairische Mundart zu gelten hat und wegen der Diphthongierung seiner langen Vokale *i, U, iu=ü > ei, au, äu, eu* samt der Monophthongierung der langen Zwielaute *ie, uo, ue > i, u, ü* die Sprachstufe um etwa 1200 reflektiert, also frühes Frühneuhochdeutsch ist" (Brunner 2009, 88).

[16] Laut einer Urkunde des Trentiner Bischofs Friedrich von Wangen von 1216 dürfen Odolricus et Henricus de Posena bei Fulgarida (*Folgrait*/Folgaria) 20 oder mehr Bauernhöfe errichten und zwei dieser Höfe als Stiftslehen behalten (zit. n. Kink 1852, 304ff.). Aus weiteren Urkunden zur Kolonisation des Laimbachtals/Valli del Leno wird zitiert bei Varanini (1990, 61ff.).

Privilegien ausgestattet (vgl. Heigl 1974; Varanini 1990), um die klimatisch und edaphisch ungünstigen Höhenzüge zu roden und wirtschaftlich nutzbar zu machen. Hierfür erwiesen sich Siedler aus dem nördlichen Alpen- und Voralpengebiet vermutlich besser geeignet als solche aus der Poebene (Wurzer 1977, 25); zudem waren im Mittelalter die Bischöfe und Äbte in der Region meist Deutsche, weil aus geostrategischen Gründen „seit der Frankenzeit Kirche und Klöster in der Politik der römisch-deutschen Kaiser und Könige eine maßgebliche Rolle gespielt haben" (ebd., 23).

Die Besiedlung des Plateaus der VII Gemeinden überwiegend mit Zuwanderern aus Westtirol ist gemäß den Erkenntnissen der Wiener mundartkundlichen Schule bereits vor dem Jahr 1100 erfolgt. Um 1200 wurden Tochtergründungen auf dem Plateau von *Folgrait*/Folgaria und *Lavròu*/Lavarone und um 1280 in den Lessinischen Alpen angelegt, die sogenannten XIII Gemeinden, deren Mundarten „verstärkten alemannischen Einfluss und eine wesentlich ausgeprägtere Modernität" zeigen (Hornung 1994, 20; vgl. Stolz 1927, 88f.; Heigl 1974, 12; Mastrelli-Anzilotti 1994). So ergab sich schließlich ein fast geschlossenes deutsches Siedlungsgebiet, das aber aufgrund der naturräumlichen Situation keine Integration einer nach innen und außen geschlossenen Gruppe zuließ. In späteren Phasen kam es noch zur Ausgründung von weiteren Tochtersiedlungen: Mitte des 15. und Ende des 16. Jahrhunderts wurde *Lusèrn*/Luserna von *Lavròu*/Lavarone aus begründet (Mastrelli-Anzilotti 1994, 95), und zuletzt noch um 1800 *Canséi*/Cansiglio (östlich von Belluno) durch Waldarbeiter aus den VII Gemeinden (Azzalini 1985; De Nale 2002).

Die Fersentaler Besiedlung lief ganz ähnlich wie die zimbrische ab, allerdings im 13. und 14. Jahrhundert und damit deutlich später (Mastrelli-Anzilotti 1994, 96ff.). Die ersten bäuerlichen Siedler stammten aus unterschiedlichen Teilen Tirols wie auch aus den zimbrischen Gebieten. Ein Dialektausgleich unter den Siedlern verschiedener Herkunft fand in der zweiten Generation statt (Rowley 2007, 17). In seiner Erzählung ‚Grigia' führte der Schriftsteller Robert Musil (1921, 591), der im Ersten Weltkrieg als Offizier im Fersental stationiert war, die Deutschfersentaler auf Basis einer lokalen Erzähltradition[17] auf die nochmals später erfolgte Zuwanderung von Bergknappen im 14.–16. Jahrhundert zurück (vgl. Riedmann 1979).

---

[17] widerlegt von Battisti (1923)

Eine Karte aus dem Tirolischen Sprachatlas (Kühebacher 1965, 1; vgl. Abb. 1) zeigt den nach Abschluss der Kolonisation sukzessiven Rückgang der deutschen Sprache, die Anfang des 19. Jahrhunderts in den Sprachinseln zwischen Etsch und Piave immerhin noch knapp 25.000 Sprecher umfasste (vgl. de Tecini 1822, 116) und heute nur noch als Zimbrisch in *Lusèrn/* Luserna und als Fersentalerisch im oberen *Bersntol/*Valle del Fèrsina gesprochen wird. Zusammenfassend lässt sich feststellen, dass in allen hier untersuchten Gebieten beide Prozesse, zunächst Zuwanderung (durch Kolonisation) und dann Retraktion des Sprachgebiets (durch Assimilation) für die heutige Ausdehnung des Sprachareals maßgeblich waren und sind (vgl. Schöntag 2013).

3 Ethnische Besonderheiten der Sprachminderheiten

> *„Ist es wahr, daß ein jedes Volk eine durch Biologie, Geschichte, natürliche Umgebung und andere Faktoren gebildete Persönlichkeit höherer Ordnung sei [...], so muß sozusagen die Handschrift dieser volklichen Persönlichkeit auch in der Landschaft eine ihm eigene sein, die einmalig nur in dem von diesem Volke bewohnten Raum erkennbar ist"*
> *(Dörrenhaus 1959, 9).*

Der Terminus ‚ethnolinguistische Gruppe' deutet an, dass die Gruppenmitglieder nicht allein über gemeinsame sprachliche, sondern auch zusätzliche ‚ethnische' Merkmale verfügen. Und insoweit die Bevölkerung eines Gebiets in Wechselwirkung mit ihrer natürlichen Umgebung steht (‚Mensch-Umwelt-Verhältnis'), bestand eine Auffassung, der ‚Volkscharakter' zeige sich, wie Dörrenhaus (ebd.) es formuliert, als „Handschrift der Völker in der Landschaft" – oder anders ausgesprochen, die ‚Kulturlandschaft' werde – zu einem gewissen Anteil – in einer bestimmten Weise geprägt, weil ethnische Gründe dahinterstehen. Unter solchen ‚Gründen' hat man früher oft Kausalzusammenhänge verstanden (vgl. Meitzen 1895), während heute allfällige Wechselverhältnisse zwischen dem ‚Organismus' einer Volksgruppe und seiner Umwelt jedenfalls komplexer gesehen werden (vgl. die Diskussion bei Bätzing 2003, 367ff. sowie Bender & Haller 2017). Der deutsche Geograph Hans Becker (1974) und die amerikanischen Anthropologen John W. Cole und Eric R. Wolf (1974) haben hierzu im italienischen Alpengebiet vor 50 Jahren Pionierarbeit geleistet. Im Folgenden geht es also darum nachzuspüren, inwieweit sich die Volksgruppen der Sprachinseln durch eigenständige außersprachliche Spezifika[18] auszeichnen sowie gegenüber ihren Nachbarn abgrenzen und wie diese Spezifika durch verschiedene disziplinäre Perspektiven wahrgenommen worden sind.

3.1 Religion

In der Ethnizitätsforschung nimmt das Merkmal der Religionszugehörigkeit oft einen sehr großen Stellenwert ein, insofern sich Minderheiten neben der Sprache oft auch über eine unterschiedliche Religionszugehörigkeit definieren. Dies ist im quasi vollständig katholischen Land zwischen Etsch und Piave *defacto* nicht gegeben, wenngleich konfessionelle Rivalitäten trotzdem zu einem komplexen Wechselspiel von Religion und Sprache geführt haben.

Nachdem in Graubünden einige rätoromanische Gebiete reformiert worden waren, versuchte die katholische Kirche in Tirol diesen nachbarlichen Einfluss auszubremsen und förderte speziell im Westen des Landes die deutsche Sprache, was zur Aufgabe des Rätoromanischen im Tiroler Oberland und im Vinschgau beitrug (Kattenbusch 1987; Pescosta 2013, 187). Die dolomitenladinischen Gemeinden verlangten indes nach Priestern, die auch der ladinischen Sprache mächtig waren, womit sie sich ab dem 18. Jahrhundert zunehmend durchsetzen konnten (Pescosta 2013, 135 und 183). Diese Priester, die im Wesentlichen den studierten Teil der Bevölkerung bildeten, wurden dann vielfach für die Pflege und auch die Erforschung der lokalen Sprache und Kultur sehr bedeutsam.

Im zimbrischen Sprachgebiet gab es bis ins 15./16. Jahrhundert vielerorts deutsche Geistliche. 1602 ist noch ein Katechismus in zimbrischer Sprache entstanden (hg. von Meid 1985). Beginnend mit der Zeit der Gegenreformation wurden allerdings immer mehr italienische Priester berufen (Rigon 1995), die dann oft auf die Übernahme der italienischen Sprache in ihren Gemeinden hinwirkten: „An dieser Entdeutschung haben hauptsächlich die Seelenhirten gearbeitet [...], habe der Arciprete von Terragnuolo gar nicht

---

[18] Rührlinger (2002/03 und 2005) hat anhand einer standardisierten Befragung in der Ladinia sowie der Übergangszone (vgl. oben Fußnote 14) in der Provinz Belluno „Faktoren der Ladinität" herausgearbeitet, wobei in absteigender Reihenfolge die Sprache, das Brauchtum, die spezielle Mentalität beziehungsweise Kultur, das Leben im Gebirge und das ländliche Leben, die Religiosität und die Architektur genannt wurden (vgl. Rührlinger 2002/03, 198).

mehr absolvieren wollen, wenn Einer nicht wälsch gebeichtet" (Schmeller 1956, 171). Die Priester haben auch den (seinerzeit sehr bescheidenen) Schulunterricht auf Italienisch abgehalten sowie häufig die deutschen Personen- und Familiennamen in den Taufregistern italianisiert (Veiter 1965, 51; Wurzer 1977, 152f.).

3.2 Ernährung und Brauchtum

Die regionale Küche wird in jüngerer Zeit gerne in Zusammenhang mit den Sprachinseln erforscht (vgl. Einheitskommitee 2018; De Concini 1997). Wenn es freilich regionale Gerichte, Zutaten, Zubereitungen auch in Gebieten ohne Sprachminderheiten gibt, so spielt für die Vermittlung der Essenskultur doch die regionale Sprache eine besondere Rolle:

> „Relationen, welche über die Orte hinausreichen, werden durch die Zubereitung und den Konsum von speziellem Essen aufgebaut, da dies Erinnerungen, Emotionen, Gefühle und Werte übermittelt. Gerichte mit dialektalen deutschen Bezeichnungen, welche mit dem Ort assoziiert werden, und Essen, das in der agrarischen Vergangenheit täglich konsumiert worden war, wurde zur Besonderheit" (Hasenauer 2022, 697).

Auch die ethnologisch-anthropologische Betrachtung des Brauchtums wurde in den Sprachinseln intensiv betrieben (vgl. Wolfram 1948; Volpato 1987; Forni 1997; Stoffella 2018; Poppi 2019/20), ganz besonders anscheinend im Fassa- und im Fersental. Der Fassaner de Rossi und der Bozner Wolff sammelten bereits zu Beginn des 20. Jahrhunderts systematisch Zeugnisse mündlicher Überlieferung in Ladinien (Wolff 1913; de Rossi 1984), und der Trentiner Volkskundler Giuseppe Šebesta schuf über Jahrzehnte hinweg mithilfe von Tonbandaufnahmen einen umfangreichen Textkorpus der Märchen und Legenden des Fersentals (Šebesta 1973 und 1988). Die Volksmusik dieser Sprachgemeinschaft wurde von Renato Morelli (1996) mit zahlreichen Notenbeispielen dokumentiert. Eine besonders große Resonanz mit mehreren italienischen und deutschen Auflagen hat das Fersentaler Buch des Volkskundlers Aldo Gorfer mit den hervorragenden Fotographien von Flavio Faganello[19] gefunden (Faganello & Gorfer 1971). Hier wird – ob absolut korrekt, sei dahingestellt – auf die Einzigartigkeit traditioneller Brauchtümer in der Fersentaler Sprachinsel verwiesen: „Das *Sternsingen*

---

[19] Werk und Wirkung wurden zum 50-jährigen Jubiläum mit einer Ausstellung in *Palai en Bersntol*/Palù della Fersina gefeiert (Festi 2023).

von Palai ist der einzige echte Weihnachtsbrauch der sich im Trentino erhalten hat. [...] die Fasnachtsfeier von Palai die einzig echte ist die in ganz Trentino ihre Ursprünglichkeit erhalten hat" (ebd., 111, 117). Auch im Fassatal spielen der Karneval und die damit verbundene Kultur der Holzmasken eine bedeutende Rolle (Chiocchetti 1988; vgl. Morelli & Poppi 1998).

Seit ihrer Erfindung und Verbreitung im 19. Jahrhundert haben Trachten speziell in Tirol große Bedeutung für die regionale Identität – und dies gilt nicht zuletzt für Welschtirol/Trentino, wo es auch die Tiroler Schützenkompagnien bis heute gibt. Bei den Bewohnern des Laimbachtales/Valli del Leno sind die Trachten nach dem Verlust der deutschen Sprache das verbliebene zimbrische Identifikationsmerkmal schlechthin (Stoffella 2018).

3.3 Traditionelle Wirtschaft

Die traditionelle Wirtschaft der Sprachinselgebiete produzierte das, was generell in peripheren Hochgebirgslagen konkurrenzfähig war – speziell im Hinblick auf den Export: Fleisch und Käse, Holzkohle und Bauholz (vgl. Berni et al. 1991). Die *Calà del Sasso* von 1387 ist die angeblich längste Freitreppe der Welt, die von der Valbrenta über 800 Höhenmeter auf die Hochfläche der VII Gemeinden führt, mit einer sogenannten Riese neben den Stufen, um Holzstämme herunterrutschen zu lassen, die dann auf dem Brentafluss direkt nach Venedig geflößt wurden (Asche et al. 2010; Occhi 2006). In *Canséi*/Cansiglio waren die Holzwirtschaft, das heißt die Bewirtschaftung des großen Waldareals für die Zwecke der Republik Venedig, und die entsprechenden praktischen Fähigkeiten der aus den VII Gemeinden stammenden Erstbesiedler, konstitutiv für das Entstehen der Sprachinsel.

Charakteristisch für viele Alpengebiete waren regionale Spezialisierungen in Handwerk und Handel wie die Holzschnitzerei in Gröden (Demetz 1987). Insoweit vor Ort nicht genug Verdienstmöglichkeiten bestanden, entwickelten sich daraus oft berufsgruppenspezifisch saisonale Wanderungstraditionen, was nicht zuletzt für die peripher gelegenen Sprachinseln eine Realität bildete und dort die Mehrsprachigkeit beförderte: Bauarbeiter gingen aus Lusern in die Schweiz (Bacher 1905, 53; Becker 1968, 202ff.), Dekorationsmaler/*Pitores* aus dem Fassatal (Giovanazzi 2004) und Wanderhändler/*Krúmeri* (= Krämer) aus dem Fersental in der Habsburgermonarchie umher (Cova et al. 2011; Fontanari Martinatti & Girardi 2021); Eiskonditoren aus dem semi-ladinischen Zoldotal sind bis heute oft in deutschsprachigen Ländern tätig (Becker 1974; Campanale 2021). Einkommen beziehungsweise

Remittenzen aus der zirkulären oder temporären Emigration wurden oft in der Heimat investiert; im Fassatal trugen sie um 1900 zum Aufbau des Tourismus und speziell der ersten Hotels erheblich bei (Opassi 2005).

3.4 Siedlungs- und Hausformen

„Das deutsch besiedelte Jungsiedelland wird vorzugsweise durch die Streu- und Einzelhofsiedlung gekennzeichnet, im italienischen Jungsiedelland herrschen dicht gebaute Gruppensiedlungen vor, wobei Dörfer überwiegen" (Becker 1974, 105). Auf den ersten Blick scheint also auch im Land zwischen Etsch und Piave der Gegensatz von ‚romanischer' und ‚germanischer' Bergbauernwirtschaft zuzutreffen, wie er von Bätzing (2003, 54ff.) so schön modellhaft zusammengestellt wurde[20]. Becker (1974) wollte schließlich herausfinden, ob es ‚dazwischen' eine eigenständige ladinische Kulturlandschaft gibt[21], und musste feststellen: „Der ladinische Siedlungsraum zeigt insgesamt weniger einheitliche Siedlungsformen; ihm sind vorherrschende Dorfsiedlungen im Comelico, überwiegende Weilersiedlungen in den zentralladinischen Talschaften und eine zusätzliche Einzelhofsiedlung (neben vorherrschenden Weilern) im Gadertal sowie in Gherdeina eigen" (ebd., 105). Die ladinischen *Viles* (Weiler) setzen sich aus Mehrbaugehöften (mit getrennten Wohn- und Wirtschaftsgebäuden) zusammen.

Wir wissen inzwischen, dass unterschiedliche Erscheinungsbilder der Kulturlandschaften stark mit den jeweiligen, allfällig mit der Grund- oder/und Landesherrschaft ausgehandelten, Erbsitten zusammenhängen (vgl. Bender & Haller 2017 und 2019): Der geschlossen vererbte Hof steht den unter allen Nachkommen realgeteilten Feldern und Häusern gegenüber. In weiten Teilen Südtirols, auch im ladinischen Gader- und Grödental ist seit Mitte des 12. Jahrhunderts die ‚Erbleihe' verbreitet, also das „Recht, den Hof beim Tod auf den Sohn zu übertragen" (Pescosta 2013, 88). Doch haben die südlicheren ladinischen Täler wie auch die deutschen Siedlungsgebiete im Fersental und im Zimberland von der italienischen Umgebung die Realteilungssitte (einschließlich Hausteilungen) übernommen (Becker 1974, 122f.).

Der Architekt Guido Moretti hat sich intensiv mit der alten ländlichen Trentiner Architektur befasst, insbesondere auch im Fersental (Moretti 2001).

---

[20] Zur generellen Kritik an diesem Gliederungsansatz siehe Bätzing selbst (2003, 367ff., Fn. 34) und Bender & Haller (2017).

[21] eine Frage, die schon Metz (1963-64, 45) in den Raum gestellt hatte

Bei den Hausformen finden wir die Holzbauweise vor allem in den Sprachinseln nördlich der Valsugana; auf den südlichen Plateaus eher Steinbau. Der ‚echte' Paarhof ist auf das geschlossene deutsche sowie das zentralladinische Siedlungsgebiet beschränkt; das Unterstallhaus tritt vorzugsweise im italienischen (Becker 1974, 115), aber auch im zimbrischen Gebiet auf. Seifert (1962) hatte noch versucht, anhand von Bauweisen und Bautechniken (Dachstühle und Dachdeckungen) die langobardische Siedlungtradition im Gebiet der VII und XIII Gemeinden nachzuweisen[22]. Obschon es sich um ein eher ein allgemeines Phänomen handelt, wurde schließlich der Verlust der traditionellen Architektur mit den Sprachinseln in Zusammenhang gebracht, da hier die Gefährdung von Sprache und Baukultur gleichzeitig gegeben ist (vgl. ‚Montagna che scompare: Fassa'; Magugliani 1982).

3.5 Gruppenverhalten

Die mit Aufgabe der Selbstversorgung verbundene Extensivierung der mitteleuropäischen Landwirtschaft erfolgte ab Mitte des 20. Jahrhunderts im alpinen italienischen Sprachgebiet früher und rascher als in den Sprachinseln und ging besonders langsam im nicht touristisch geprägten Fersental vonstatten (Becker 1974, 150ff., 160ff.). Auch Wanderarbeit und Hausierhandel haben sich in den deutschen Sprachinseln (und im umgebenden italienischsprachigen Raum) bis weit ins 20. Jahrhundert erhalten, als sie im geschlossenen deutschen Sprachraum etwa Südtirols längst verschwunden waren (ebd., 165ff.). Ziemlich eindeutig ist festzustellen, dass die Sprachminderheiten konservativer agieren als die umgebende Mehrheitsbevölkerung – dies mag einerseits an geringerem Innovationsvermögen und andererseits daran liegen, dass das Festhalten an traditionellen Verhaltens-/Arbeitsweisen für die Identität der Volksgruppe stabilisierend wirkt[23].

„Die [...] Differenzierungen zwischen der deutschen und der italienischen Volksgruppe dürfen in ihrer Summe für unseren Untersuchungsraum sicher

---

[22] [S]tammeskundliche Theorien über die Entstehung des Hauses, wie sie im 19. Jahrhundert verbreitet waren und im Nationalsozialismus erneut geschürt wurden, [gelten in der Bauforschung heute als] widerlegt" (Großmann 1992, 7).

[23] Dies spiegelt sich auch im Versuch, die Minderheitenbezeichnung *mòcheno* aus dem häufigen Gebrauch des dialektalen *I mog net* (= ich mag nicht) als eine latente Abwehrhaltung gegen Neuerungen herzuleiten (Morelli 1979, 121f.).

als volksgruppenspezifisch angesehen werden"; die Volksgruppenzugehörigkeit war dabei nicht immer ursächlich, doch gab es eindeutige volksgruppenspezifische „Differenzierungs-Kombinationen" (ebd., 178).

4 Die Sprachinseln in der Außen- und Binnensicht

> *„[...] wenn ich auch einerseits um unsere Nationalität noch so lange als möglich zu erhalten, die jetzt eingeleitete* völlige Verdeutschung *Grödens bekämpfe, so würde er [E.* Tolomei*] mich anderseits im Falle der Gefahr einer Verwälschung in den ersten Reihen der Kämpfe[r] finden, denn gegen eine Verwälschung wäre ich ein noch viel schärferer Kämpe"*
> *(Moroder 1914[24], zit. n. Kattenbusch 1988, 6).*

Kenneth Lee Pike (1967) hat einen linguistischen Ansatz der Betrachtung von Phänomenen auf die Ethnolinguistik und dann auf die Sozialwissenschaften übertragen. Abgeleitet vom Begriffspaar der ‚Phonemik'[25] und ‚Phonetik' schuf er dafür das neue Wortpaar ‚emisch' und ‚etisch'. Bei der emischen Perspektive nimmt der Betrachter seinen Standpunkt innerhalb eines Systems oder einer Kultur ein, während das Etische eine äußere, Kulturvergleiche ermöglichende Perspektive bezeichnet. Wir erachten diese Begrifflichkeit hier für die gegenüberstellende Untersuchung von ethnolinguistischen Gruppen für sinnvoll und nehmen im Folgenden diesbezüglich changierende Perspektiven ein. Während in der Ethnologie und Anthropologie vorrangig ein Wechsel zwischen der Subjektivität der Beforschten und der vermeintlichen Objektivität der Forschenden gemeint ist, erscheint uns zusätzlich die (ebenfalls subjektive) Sichtweise der Majorität bildenden Kontaktgruppen auf die ‚Sprachinsulaner' bedeutsam für die wechselseitigen Beziehungen und die Entwicklung speziell der Minderheiten.

4.1. Entwicklung der Gruppenidentitäten

Bildeten die Sprachminderheiten homogene Gruppen bereits mit Beginn des Kolonisationsvorgangs in den Sprachinseln oder handelte es sich zunächst um gemischte Gruppen ohne eine gemeinsame Identität? Von den deutschen

---

[24] Brief vom 14.02.1914 des Bürgermeisters F. Moroder von *Urtijëi*/St. Ulrich in Gröden an A. Piech zu dessen Artikel über ‚Die ladinische Frage' (Piech 1913).

[25] Die Phonetik betrachtet Phone (Laute) als akustisch wahrnehmbare Klangereignisse, während die Phonemik bedeutungsunterscheidende (distinktive) Funktionen von Lauten untersucht.

Sprachinseln wissen wir, dass in deren Wortschatz Elemente aus verschiedenen bairischen und alemannischen Dialekten eingegangen sind, es sich also zunächst um eine recht heterogene Bevölkerung handelte, die sich erst ‚zusammenfinden' musste (vgl. Wurzer 1977, 137ff.).

Die Wahrnehmung der Deutschsprachigen als *Cimbri* und als *Mòcheni* bildete eine Zuschreibung von außen. Die Zimbern der VII und XIII Gemeinden wurden zunächst meist *Teutonici* genannt, bevor bei den italienischen Humanisten des 14./15. Jahrhunderts in Verona, Vicenza und Venedig der Begriff *Cimbri* aufkam, abgeleitet von einer Benennung der Stadt Vicenza als *Cymbria* (vgl. Baum 1983, 29) und „in Anknüpfung an eine positiv gewertete germanische Vergangenheit" auf die deutschsprachige Bevölkerung in deren Gebiet übertragen (Schöntag 2013, 135). Da der germanische Stamm der Kimbern als tatsächlicher Namensursprung nicht in Frage kommt, wurde auch eine Herkunft von ‚Zimmerern' (Holzarbeitern) erwogen (ebd., 131). In der Tat waren ganz besonders die vicentinischen und veronesischen Sprachinseln intensiv im Holzgewerbe respektive der Lieferung von Bauholz tätig. Bereits um 1310 wurde unter den Veroneser Scaligern die Konstituierung der VII Gemeinden als eine Art Freistaat (Inschrift im ehemaligen Verwaltungssitz: „*Dise saint Siben, Alte Komeun, Prudere Liben*"; Schmeller 1838, 601), und ganz ähnlich im Jahr 1326 auch den XIII Gemeinden, gestattet. Die damit verbundenen Privilegien (vgl. Cacciavillani 1984; Nordera 1977; Wurzer 1977, 112f.) machten speziell die Zimbern aus den VII Gemeinden in Venedig recht prominent und wurden erst von Napoleon 1807 abgeschafft. Die Deutschsprachigen bezeichneten sich dann selbst als *Tzimbar*, ihre Sprache als Deutsch: *Teütsch* in den VII Gemeinden; *Tautsch, Taucias Gareida* in den XIII Gemeinden. „Besonders in den Sieben Gemeinden führte die Ausbildung einer eigenen Kirchen- und Dichtersprache zu einer Festlegung im schriftlichen Gebrauch, die an den Standard einer Schriftsprache herankommt" (Hornung 1994, 19).

Die räumliche Ausdehnung der Bezeichnung ‚Zimbrisch' auf die Trentiner Deutschsprachigen von *Folgrait*/Folgaria, *Lavròu*/Lavarone und *Lusèrn*/Luserna ist hingegen modern und geht auf Kranzmayers Dissertation von 1925 zurück (Kranzmayer 1981; vgl. Schöntag 2013, 136). Die Trentiner nannten die Sprache der Zimbern dieser drei Orte abwertend *Slambròt* (im regionalen Dialekt bedeutet *slambrottar* ‚undeutlich sprechen'). Der Spottname *Mòcheni* für die Fersentaler kommt angeblich vom häufigen Gebrauch des Worts ‚machen' beziehungsweise ‚nicht machen/nicht mögen' im deutschen Dialekt (Rowley 2007 bzw. Morelli 1979, 121f.) oder ist nach einer jüngeren Deutung eine Entlehnung aus dem mittelhochdeutschen *mocke* = ‚plumper, ungebildeter Mensch' und hat dann die Bedeutung *contadino/montanaro/proprietario di maso* (= Bergbauer) angenommen (Casalicchio & Cognola 2015); jedenfalls taucht er schriftlich zuerst Ende des 18. Jahrhunderts auf (ebd., 191) und gilt heute als akzeptable Minderheitenbezeichnung (Rowley 2007), welche die Sprachinsulaner inzwischen mit Stolz tragen (Spagnoli 2018). Viele Trentiner sehen die deutschsprachigen Minderheiten auch als *Austriacanti,* also „unverbesserliche Alt-Österreicher" (Rowley 2007, 4), während die Fersentaler und Zimbern sich überwiegend selbst aber vorbehaltlos zu Italien bekennen (Rowley 1996, 282).

Das Zugehörigkeitsgefühl der Ladiner hing auch davon ab, ob die wirtschaftlichen Beziehungen eher nach Venedig oder Tirol ausgerichtet waren. Cortina kam 1517 zu Tirol; die Einwohner hielten aber enge Beziehungen zu Venedig, da sich viele dort in der Winterzeit zur Arbeit verdingten (Pescosta 2013, 152f.). Das ladinische Idiom von *Anpezo*/Ampezzo erhielt dadurch einen stärkeren venezianischen Einschlag (ebd., 154). Die Fassaner hatten enge Beziehungen mit Bozen und Deutschtirol; *Val Badia*/Gadertal und *Fodom*/Buchenstein blieben weitgehend autark, weshalb sich in diesen drei Tälern keine besondere Affinität zum italienischen Kulturraum entwickelte (ebd., 204f.).

In den dolomitenladinischen Tälern hatten sich mehrere rätoromanische Idiome nebeneinander herausgebildet, wobei sich ein Bewusstsein einer eigenständigen gemeinsamen Kultur und Sprachtradition erst spät herauskristallisierte. Früheste ladinische Schriftzeugnisse entstanden im 17. Jahrhundert (ein amtliches Dokument, religiöse Texte). Mit dem Erkennen des Ladinischen als eine dem Italienischen beziehungsweise den italienischen Dialekten gegenüber eigenständige Sprache begannen auch die Initiativen zur Sprachnormierung, zuerst mit der Grammatik von Nikolaus Bacher (1833) (vgl. Pescosta 2024). Schon im 18. Jahrhundert kam es zu Bekenntnissen, dass die Ladiner sich weder als Tiroler noch Italiener sehen (Margoni 2017)[26], und 1856 tauchte erstmals Begriff einer ‚ladinischen Nation' innerhalb des österreichischen Staates auf (in der Innsbrucker Schützenzeitung,

---

[26] Seit dem Ersten Weltkrieg gab es aber mehr oder weniger eindeutige Bekenntnisse der Zugehörigkeit zu (Süd-)Tirol, da die Ladiner hier bessere Bedingungen zu ihrem Spracherhalt vermuten (vgl. Pescosta 2013, 385).

zit. n. Pescosta 2013, 306). 1905 erfolgte die Gründung der ‚*Uniun Ladina'* durch Intellektuelle aus allen ladinischen Tälern, kurz darauf erschienen erste ladinische Zeitschriften (ebd., 315), ab den 1970er Jahren auch vermehrt ladinische Literatur (Kattenbusch 1996, 321f.; vgl. Pescosta 2013, 308ff.). Beim Sprachgebrauch in formellen Umgebungen verwenden die Ladiner allerdings den Südtiroler Dialekt beziehungsweise Standarditalienisch (vgl. Abschnitt 1.3).

In den umgebenden italienischsprachigen Gebieten existieren (bis heute) eine Vielzahl regionaler/lokaler Dialekte, während sich das Italienisch als gemeinsame ‚Hochsprache' – zunächst nur für die gebildeten Bevölkerungsteile – unter dem Einfluss der klassischen Literaten Dante, Petrarca und Boccaccio ab dem 14. Jahrhundert herausbildete; noch zur Zeit der italienischen Vereinigung um 1860 wurde es von weniger als 20 % der Bevölkerung beherrscht (Geckeler & Kattenbusch 1987, 155). Auch die ‚gesamtitalienische' Identität hat sich erst mit dem *Risorgimento* entwickelt.

4.2 Perspektivenwechsel zwischen 1850 und 1950: Assimilation – Vereinnahmung – Unterdrückung

Die Entwicklung ab dem 19. Jahrhundert zeigt vielfach unterschiedliche Pfade, je nachdem ob die Sprachinseln in Tirol/Österreich oder Venedig/Italien lagen – und diese Differenzierung setzt sich nach 1918 innerhalb des italienischen Staates fort, abhängig von der Zugehörigkeit zu Südtirol, zum Trentino oder Veneto. Die Ladiner, Fersentaler und die nördlichen Zimbern waren bis 1918 Tiroler/Österreicher, während die südlichen *Cimbri* der VII und XIII Gemeinden nur von 1796–1866 (mit Unterbrechungen in der napoleonischen Zeit) der k.u.k. Monarchie angehörten, die ihrerseits nichts zum Erhalt der zimbrischen Sprache und Kultur unternahm. Entsprechend fühlten sich die Einwohner dem Reich nicht zugehörig und kämpften sogar im italienischen *Risorgimento* mit (Baum 1983, 68). Bereits im 18. Jahrhundert war dort nicht mehr durchgehend Zimbrisch gesprochen worden (Pezzo 1763; Schmeller 1811; Dal Pozzo 1820). Zu einer staatlichen Förderung der deutschen Sprache in den Sprachinseln des Trentino (Verwendung von Deutsch als Verwaltungs- und Schulsprache etc.) kam es auch erst, nachdem das Veneto 1866 an Italien abgetreten worden war (vgl. Wurzer 1977, 171ff.).

Der *Risorgimento* führte in den 1860er Jahren zur Einigung des Königreichs Italien. Danach zielte die *Irredenta* darauf, noch ‚nicht erlöste' italienische

Sprachgebiete zu übernehmen, also vor allem das Trentino, die italienisch-sprachige Südschweiz wie auch generell die Gebiete der Rätoromania, die von den Irredentisten als italienische Dialekte angesehen wurden (vgl. Battisti 1941; Dörrenhaus 1954). Darüber hinaus strebte man danach, eine ‚natürliche' Nordgrenze Italiens am Alpenhauptkamm zu etablieren. Ettore Tolomei erarbeitete seit den 1890er Jahren (vielfach nicht historisch gewachsene, sondern neu tradierte und frei erfundene) Übersetzungen der deutsch- und ladinischsprachigen Ortsnamen Südtirols, um den Gebietsanspruch zu untermauern. 1909 wurde diese Liste als sogenannter *Prontuario* erstmals veröffentlicht (De Toni 1909) und ab 1923 umgesetzt (3. Aufl.: Tolomei 1935; vgl. Kramer 1998).

Das gegenläufige Programm der deutschnationalen Seite bildete der ‚Pangermanismus', der die Sprachinseln als Brückenkopf im italienisch-sprachigen Gebiet für sich zu vereinnahmen zu suchte:

> „Wir müssen also vornehmlich in Betracht ziehen, daß die deutschen Sprachinseln, daß die ladinischen Reste in Südtirol, sowie die vorgeschobenen deutschen Pioniere des Fremdenverkehrs und deutscher Kultur und nicht in letzter Linie die gutgesinnte italienisch-tirolische Landbevölkerung, die mit dem Irredentismus ja nie etwas zu tun haben wollte, sondern stramm zu den Deutschen und zu Tirol hält, unsere Unterstützung brauchen" (Etzel 1908, IV).

Beide Seiten haben verschiedene Organisationen für den Kulturkampf aufgebaut und gegeneinander in Stellung gebracht (Tab. 3) und auch die Wissenschaft politisch instrumentalisiert, einen Gebietsanspruch für die eine oder die andere Nation zu begründen (vgl. Corsini 1979; Hartung von Hartungen 2005; Wedekind 2008; Scharr 2010). „Offenkundig waren diese Sprachinseln [...] von vorrangigem wissenschaftlichen Interesse, da sie (dank der Sprache, den Gebräuchen und den Ortsnamen) dazu dienten, bestimmte Theorien zu festigen und andere zu widerlegen" (Merzi 2004, 141).

Die Pflichtschule war in der k.u.k. Monarchie 1774 gesetzlich eingeführt, aber in den abgelegenen Gebieten erst nach etlichen Jahrzehnten durchgesetzt worden. Das erste Schulgebäude wurde in *Urtijëi*/St. Ulrich in Gröden 1786, in Cortina aber erst 1827 errichtet (Pescosta 2013, 276f.). Als ‚Umgangssprache im Unterricht' fungierte zunächst Ladinisch, bevor eine Änderung der Schulordnung als Schulsprachen von 1873 bis 1921 im Grödental und im Gadertal Deutsch und in den übrigen Tälern Italienisch anordnete.

Tab. 3: Private Organisationen im deutsch-italienischen Kulturkampf ab 1880 (Eigene Zusammenstellung nach Merzi 2004, 141f., korrigiert und ergänzt).

Deutsche Organisationen	Italienische Organisationen
,Deutscher Schulverein' (1880, Wien, 200.000 Mitglieder): Förderung deutscher Kindergärten und Schulen in den deutschen Sprachinseln	,*Pro Patria*' (1886, Rovereto, 1890 von den österreichischen Behörden aufgelöst): Widerstand gegen die kulturelle und sprachliche deutsche Durchdringung des Trentino
,Verein für das Deutschtum im Ausland' oder VDA (1881, München): Pflege des kulturellen und sozialen Lebens der Auslands- und Volksdeutschen, insbesondere durch Einrichtung und Unterhalt von Kindergärten, Schulen und Bibliotheken	,*Lega Nazionale*' (1891, Trieste, als Nachfolge der ,*Pro Patria*'): Schutz der italienischen Sprache durch die Errichtung von Schulen, Kindergärten und Bibliotheken
,Schutzverein Südmark' (1889, Graz): Neubesiedlung der als deutsch eingestuften Tiroler Gebiete durch den Erwerb von Land für deutsche Bauern und Förderung nationaler Produkte	,*Dante Alighieri*' (1889, Rom): Förderung von Schulen und Bibliotheken im Widerstand gegen die rivalisierenden deutschen Gesellschaften
,Tiroler Volksbund' (1905, Sterzing): Schutz/Expansion der Kultur, der Sprache, der Sitten und der Nationalität der deutschen Bevölkerungsgruppen Welschtirols (Trentino) durch die Errichtung von Schulen, Kirchen und durch Förderung wirtschaftlicher Beziehungen	,*Associazione Trento Trieste*' (1902, Venezia): materielle und moralische Unterstützung für die Verteidigung der Italianität in den italienischen Kronländern, Verbreitung des Nationalgefühls und der Kultur mit Büchern, Publikationen, Konferenzen etc.

Dieser obrigkeitliche Eingriff führte zum ,Enneberger Schulstreit', in dem Klerus, Gemeinden und Teile der Bevölkerung Italienisch und Ladinisch verlangten, um eine ,Verdeutschung' zu verhindern[27] (ebd., 278).

---

[27] 1921–43 wird im Südtiroler Teil des ladinischen Sprachgebiets in der Schule nur Italienisch gesprochen, 1943–48 Deutsch; ab 1948 paritätisch Deutsch–Italienisch plus zwei Stunden Ladinisch.

In den 1860er Jahren wurden in *Lusèrn*/Luserna und im Fersental deutsche Volksschulen eingerichtet (Wurzer 1977, 175f.). In diversen Orten der deutschen Sprachgebiete kam es zum ‚Schulstreit‘, etwa als eine deutsche Schule im bereits vollständig italianisierten *Lavròu*/Lavarone beziehungsweise eine italienische Schule in *Lusèrn* 1888 gegründet wurden. Der Kampf um die kulturelle Hegemonie erstreckte sich auch auf die Besetzung von Priesterstellen, Bildung von Raiffeisenkassen und Genossenschaften, Handwerksschulen und die Schaffung gewerblicher Arbeitsplätze (Merzi 2004) und war letztlich mit dem Anspruch auf die Verfügungsgewalt über das Territorium verknüpft: „[N]iemand gab sich der Illusion hin, dass eine Abrechnung zwischen den beiden Staaten vermeidbar gewesen wäre" (ebd., 149). Dies mündete 1915 in den ‚Dolomitenkrieg‘.

Nach einer Zusage territorialer Zugewinne durch die *Entente* trat Italien aus dem Dreibund mit Deutschland und Österreich-Ungarn aus und griff am 23.05.1915 Österreich an. Die Kriegsfront zog sich quer durch Ladinien und die Sprachinseln, da die österreichischen Stellungen, um sich leichter verteidigen zu können, von der Landesgrenze zurückzogen wurden. Bei den Kampfhandlungen wurden im Frontbereich viele Orte total zerstört und deren Bewohner evakuiert (Baratter 2008): *Fodom*/Buchenstein, *Lusèrn*/Luserna (von Lichem 1998) und das Laimbachtal/Valli del Leno waren beim österreichischen Abwehrkampf 1915, das Gebiet der VII Gemeinden (Di Gilio 2016) bei der österreichischen Offensive 1916 (‚Strafexpedition‘) schwerst betroffen; das Fersental mit dem dort als Offizier stationierten Robert Musil war 1915 Frontstellung, aber blieb von Kriegshandlungen verschont (Fontanari & Libardi 2012; Toller 2015; Mederle 2019). Mitentscheidend für den Spracherhalt der Sprachinsulaner war, ob die Evakuierung (der Luserner) in das deutsche oder (der Bewohner der VII Gemeinden) in das italienische Sprachgebiet erfolgte. „Die zerstörten Städte und Dörfer wurden nach dem Kriege in italienischem Stil wiederaufgebaut" (Wurzer 1977, 166).

Als Resultat des Kriegs kamen sämtliche Sprachinseln zu Italien. Das Ergebnis einer Volksabstimmung von 1921, ob sich die Ladiner dem Wahlkreis Bozen oder Trient anschließen wollen, wurde nicht anerkannt (Pescosta 2013, 390f.). Die Aufteilung der ladinischen Täler auf drei verschiedene Provinzen war die von Ettore Tolomei vorgeschlagene Taktik, die Mussolini auch befolgte, um die Ladiner schneller zu assimilieren. Dem *Di-*

vide-et-impera-Prinzip folgend wurden 1923 *Anpezo*/Ampezzo und *Fodom*/Buchenstein in die Provinz Belluno überführt und in allen Gebieten die ausschließliche Verwendung italienischer Ortsnamen nach dem *Prontuario* angeordnet. Der italienische Faschismus unterdrückte die kulturellen und sprachlichen Identitäten der Sprachinseln, während sich die deutsch-österreichische Öffentlichkeit mit dem Verlust nur schwer abfinden konnte.

Laut einem Abkommen von Hitler und Mussolini 1939 sollten sich schließlich die deutschsprachigen Südtiroler entscheiden, ob sie ‚richtige' Italiener werden oder ins Reich auswandern wollten. Faktisch wurde diese sogenannte ‚Option' auf die ‚fremdstämmigen' Sprachinsulaner ausgeweitet. Entgegen der italienischen Staatsdoktrin, dass Ladinisch ein italienischer Dialekt wäre, waren davon auch die Ladiner betroffen, da diese Tiroler Mentalität und Kultur teilen würden (vgl. Pescosta 2013, 433). Der Anteil der Optanten war in den einzelnen Tälern sehr unterschiedlich: in *Gherdëina*/Gröden ca. 80 %, im Gadertal ca. 30 %; in *Anpezo*/Ampezzo gab es nur 17 Optanten und 3638 Enthaltungen, die sich weder für Deutschland noch für Italien entschieden (ebd., 447f.). Der Zweite Weltkrieg unterband aber in den meisten Fällen die tatsächliche Abwanderung, beziehungsweise kehrten nach dem Krieg viele zurück, insbesondere wenn sie in den verlorengegangenen deutschen Ostgebieten angesiedelt worden waren. Sie bekamen in einem komplizierten Verfahren meist auch ihren früheren Immobilienbesitz restituiert. Geblieben sind die Ressentiments zwischen ‚Dableibern' und Optanten (Cova 2014).

5 Aktuelle Situation und Ausblick

> *„Ladiner, Fersentaler und Zimbern der Gemeinden [...] haben das Recht*
> *auf Förderung [...] der Kultur, Presse und Freizeitgestaltung sowie*
> *das Recht auf Wahrung ihrer Ortsnamen und Traditionen"*
> (Art. 102, Abs. 1 des Sonderstatuts für Trentino-Südtirol[28]).

5.1 *Minderheitenschutz und -förderung*

In den 1970er und 1980er Jahren wird in Italien die Beschäftigung mit Minderheiten populär und zu einem gesellschaftlichen Anliegen (vgl. Salvi 1975; Pellegrini 1986). Vor diesem Hintergrund haben zum Beispiel im ladinischen Gebiet soziologische Untersuchungen stattgefunden (Gubert

---

[28] Dekret des Präsidenten der [italienischen] Republik Nr. 670 vom 31.08.1972

1976; Goglio et al. 1979). Große Volksgruppen genießen Autonomierechte in der Region oder Provinz: Frankoprovenzalen (Val d'Aosta), Südtiroler deutscher und ladinischer Sprache (Bozen) und Friulaner (Friuli-Venezia Giulia). Dazu treten Förderungen auf provinzieller Ebene, die recht unterschiedlich ausfallen. Kommunale Maßnahmen zum Erhalt der ethnischen Vielfalt können auf Basis des Ausführungsgesetzes von 1999 (Nr. 482) zu den Artikeln 3 und 6 der italienischen Verfassung gefördert werden (Steinicke et al. 2011, 6).

Das Autonomiestatut von Trentino-Südtirol aus dem Jahr 1948 garantiert ladinischen Volksschulunterricht in Orten, wo Ladinisch gesprochen wird (wurde aber zunächst nur in Gröden und im Gadertal umgesetzt), sowie die Beachtung der deutschen und ladinischen Toponomastik[29] (mehrsprachige Ortstafeln). Auf Basis des Zweiten Autonomiestatuts für Südtirol (1972) wird bei der Besetzung von Stellen im öffentlichen Dienst ein ethnischer Proporz angewandt, und mit Gesetz von 1988 fungiert im ladinischen Sprachgebiet Südtirols Ladinisch als dritte Amtssprache (vgl. Peterlini 1996).

Im Trentino hatte man lange nichts aktiv zum Minderheitenschutz unternommen, als der Fersentaler Politiker Enrico Pruner (*Partito Populare Trentino-Tirolese*) dies 1965 zunächst erfolglos einforderte (Wurzer 1977, 86ff.; Baratter 2011). Erst 1977 erfolgte eine Anerkennung der ladinischen Sprachgruppe durch Provinzgesetz. 1975 wurden das ladinische Kulturinstitut in *Vich*/Vigo di Fassa und 1987 das Kulturinstitut Fersental-Lusèrn gegründet sowie Bestimmungen zum Sprachgebrauch in der Schule erlassen (Rowley 1996, 276). 1993 deklarierten die Durchführungsbestimmungen des Autonomiestatuts der Provinz Trento Ladinisch als Amtssprache, Unterrichtssprache und -fach (Kattenbusch 1996, 316). Mit der Reform dieses Statuts 2001 wurde dies analog den Sprachgemeinschaften der Fersentaler und Zimbern gewährt; ein Trentiner Provinzgesetz von 2008 weitete die Förderung und politische Beteiligung der Minderheiten nochmalig aus (Decarli 2021).

In Venetien (Provinzen Belluno, Verona, Vicenza) wurde 1974 formell der Schutz der Sprachinseln per Regionalgesetz dekretiert, doch haben die Ladiner in Belluno keinen Minderheitenstatus. 1979 wurden Forschungsgelder für die VII Gemeinden und *Plodn*/Sappada (das inzwischen aus der Region

---

[29] Der *Prontuario* von Tolomei wird damit aber nicht außer Kraft gesetzt.

Veneto nach Friuli-Venezia Giulia übergetreten ist) bewilligt (Rowley 1996, 277), seit 1984 gibt es eine (bescheidene) Kulturförderung[30] (Kattenbusch 1996). In der Provinz Belluno begannen ab den 1980er Jahren „auch andere Ortschaften im nördlichen Teil der Provinz – im Cadore und im Agordino – ihre *Ladinität* unter besonderer Betonung der sprachlichen Ähnlichkeiten zum Dolomitenladinischen herauszustellen" (Rührlinger 2002/03, 182). 35 Gemeinden haben sich dort als ladinisch deklariert[31] und wurden von der Provinz entsprechend offiziell anerkannt. Für die Bewohner dieses Gebietes hat Goebl (1997) die Bezeichnung ‚Neoladiner' eingeführt.

„Die *Ladinität* wurde hier plötzlich, ganz anders als bisher, zu einer positiven Eigenschaft, unter anderem auch, weil es zu diesem Zeitpunkt unter dem Etikett *ladinisch* einfacher erschien, Aufmerksamkeit und Förderung für die eigene Kultur zu erhalten" (Rührlinger 2002/03, 182). In der Provinz Trento haben sich bei den Volkszählungen 2011 und 2021 immerhin etwa 20 % der Nonsberger als Ladiner erklärt (vgl. ISPAT 2014 und 2022). Diese ‚neoladinische Bewegung' erweckte den Argwohn der ladinischen Institutionen im historisch-tirolerischen Sellagebiet, deren Bevölkerung seit dem 19. Jahrhundert weitgehend geschlossen für die Anerkennung ihrer Ladinität kämpft. Die drei ladinischen Gemeinden in der Provinz Belluno *Col*/Colle Santa Lucia, *Fodom*/Buchenstein/Livinallongo del Col di Lana und *Anpezo*/Cortina d'Ampezzo möchten immer noch nach Südtirol zurückkehren (Dorigo 2020).

Heute verfügen die Minderheiten über eine Vielzahl kultureller Institutionen als öffentliche Einrichtungen oder private Initiativen (Tab. 4). Am bedeutendsten sind die inzwischen bei jeder Sprachinsel etablierten Kulturinstitute, in denen die meisten Aktivitäten koordiniert werden (vgl. Marchesoni et al. 2014). Deren Aufgaben umfassen die Pflege der Sprache und des Kulturerbes, jeweils mit eigener Forschungs-, Dokumentations- und Publikationstätigkeit (Bücher, Reihen, Zeitschriften). Dafür stehen den per Provinzgesetz eingerichteten und geförderten Instituten Jahresetats inklusive Personalmittel von über 1 Mio. Euro zur Verfügung (Rowley 2007). Das ‚neoladinische' *Istitut Ladin de la Dolomites*, das 2003 in Borca di Cadore gegründet wurde, ist hingegen seit 2020 wieder geschlossen.

---

[30] politisch unterstützt durch Dekret der Region Veneto Nr. 60 vom 23.12.1983, erneuert durch Nr. 73 vom 23.12.1994

[31] auf Basis des bereits oben genannten Gesetzes Nr. 482 vom 15.12.1999

Tab. 4: Kulturelle Institutionen der Sprachinseln im Land zwischen Etsch und Piave (Eigene Zusammenstellung).

Kulturinstitute **per Provinzgesetz in:** *Palai en Bersntol*/Palù della Fèrsina; *Lusèrn*/Luserna; *Vich*/Vigo di Fassa; *S. Martin de Tor*/St. Martin in Thurn (Gadertal) mit Außenstelle in Sëlva/Wolkenstein (Gröden) **per interkommunale Initiative (Verein) in:** *Col*/Colle Santa Lucia **per Privatorganisationen in:** *Ljetzan*/Giazza (XIII Gemeinden), *Robaan*/Roana (VII Gemeinden)
Kulturorganisationen ‚*Union Generala di Ladins dla Dolomites*‘ (mehrere Vorläufer seit der ‚*Uniun Ladina*‘, 1905, Innsbruck) ‚Einheitskomitee der historischen deutschen Sprachinseln‘ (2002) ‚Cimbern-Kuratorium Bayern‘ (1969, München) ‚*Curatorium Cimbricum Veronese*‘ (1974, *Ljetzan*/Giazza)
div. Museen (zum Teil in oder bei den Kulturinstituten angesiedelt) örtliche Kultur- und Theater**vereine**
Medien ‚*Rai Ladinia*‘ (öffentlich-rechtlicher Fernsehsender) ‚*Radio Gherdëina Dolomites*‘ (privater Rundfunk) ‚*La Usc di Ladins*‘ (Wochenzeitung der ‚*Union Generala*‘)

5.2 Minderheitensprachen im Unterricht – Beispiel Fersental und VII Gemeinden

Im Fersental sprechen in den Ortschaften *Palai en Bersntol*/Palù della Fèrsina und *Oachleit*/Roveda fast alle Kinder Fersentalerisch, in *Vlarotz*/Fierozzo noch die Hälfte, im Hauptort *Garait*/Frassilongo inzwischen keine Kinder mehr. In der Fersentaler Grundschule hat man 1998/99 das ‚Projekt der mehrsprachigen Schule‘ gestartet und nachträglich um Fersentalerisch- (2 Wochenstunden nach dem Vorbild der ladinischen Schule im Gader- und Fassatal) sowie Englischunterricht erweitert. Dabei werden ein Drittel des Lehrplans in deutscher Sprache (‚Immersionsunterricht‘) und zusätzlich drei Stunden pro Woche Deutsch als Fremdsprache von muttersprachlich-italienischen Lehrkräften unterrichtet (Ricci Garotti 2021). Die Erfahrung zeigt, dass Fersentalerisch sprechende Kinder sich auch im Schriftdeutsch schnell zurechtfinden; für sie wird dann das Fersentalerische zum Dialekt (Rowley 2007, 25).

Eine Übersetzungsaufgabe für Kinder, die nicht Fersentalerisch in der Familie sprechen, zeigt, wie Wörter aus dem Italienischen einsickern, obwohl fersentalerische Wörter zur Verfügung stünden:

> *I primi abitanti della Valle dei Mòcheni erano agricoltori, pastori e carbonari* – die ersten Bewohner des Fersentals waren Bauern, Hirten, Köhler → „De èersten abitant van mochentol zae gaben *agricoltorn, pastorn* ont *carbonai"*; eigentlich hätten sie *pauern, hirtn* und *köuler* schreiben müssen (ebd., 23).

In den VII Gemeinden gibt es keine zimbrischen Muttersprachler mehr, doch sind Fremdsprachenkurse des Zimbrischen aktuell stark nachgefragt. Deren Organisation stellt kein Problem dar, da die Sprache bestens dokumentiert ist. Der Sprachverlust sollte damit prinzipiell reversibel sein (wie beim keltischen *Manx*-Gälisch auf der Insel Man in der Irischen See gezeigt; Whitehead, 02.04.2015), denn wer Zimbrisch als Fremdsprache gelernt hat, könnte es wieder als Muttersprache an seine Kinder weitergeben.

5.3 Ethnolinguistische Vitalität und/oder ‚Sprachtod‘

Als ethnolinguistische Vitalität wird die Fähigkeit der Gruppe, sich selbst zu erhalten, bezeichnet; diese hängt von verschiedenen Faktoren wie Demographie, institutionelle Kontrolle und Status ab (Giles et al. 1977, 309): Die regionale Bevölkerungsentwicklung wird von den wirtschaftlichen Möglichkeiten beeinflusst, die in Gebirgslagen oft eingeschränkt sind. Fehlende Arbeitsplätze führen zum Auspendeln oder zur Abwanderung von mehr oder weniger großen Anteilen der jungen Bevölkerung (vgl. Grosselli 1998). Hinsichtlich der in der Provinz Trento gelegenen Minderheitengruppen leben aktuell bereits die Mehrzahl der Sprecher außerhalb der jeweiligen Sprachinsel, bei den Luserner Zimbern sogar mehr als zwei Drittel (ISPAT 2014 und 2022). In Bezug auf den Arbeitsmarkt ist die ladinische Sprachinsel als hochtouristische Region (mit über 10 Mio. jährlichen Fremdenübernachtungen) den anderen Minderheitengebieten gegenüber generell begünstigt. Andererseits bringt dieser Wirtschaftszweig viele Sprachkontakte zur Mehrheitssprache mit sich, welche – ebenso wie das Auspendeln und Exogamie (Heiraten außerhalb der Gruppe) – letztlich eine Aufgabe der eigenen Sprache begünstigen. Die CLaM[32] Studie 2021 (Dell'Aquila et al. 2021, 2022 und 2023) zeigt, dass der Anteil muttersprachlicher Ladiner innerhalb

---

[32] CLaM = *Cimbri, Ladini, Mòcheni*

des Gader- und Fassatals in den mittleren Tallagen inzwischen höher ist als in den touristischen Hochburgen der Talschlüsse (vgl. Cordin et al. 2023).

Tab. 5: Situation und Prognose der ladinischen Idiome (Quelle: Kölbersberger et al. 2014, 62, verändert).

Tal-schaft	Eigen-wahr-neh-mung	Äußere Ein-flüsse	Recht-liche Situa-tion	Sprach ge-brauch Quan-tität	Sprach ge-brauch Quali-tät	Prognose
Fodom/ Buchen-stein	positiv	mittel-stark	schwach	stabil	beein-flusst	wird sich eine Weile erhalten
*Val Ba-dia/*Ga-dertal	positiv	mittel	sehr gut	stei-gend	beein-flusst	wird sich am längsten erhalten
Gherdë-ina/ Gröden	positiv	stark	sehr gut	stabil	stark beein-flusst	Qualitäts-rückgang
Fascia/ Fassa	mittel	sehr stark	sehr gut	instabil	stark beein-flusst	bedroht

Die Inselsprachen/-dialekte benötigen eine stetige Erweiterung ihres Wort-schatzes für die Beschreibung der modernen Welt. Diese Neologismen wer-den zumeist nicht in der eigenen Sprache geschaffen, sondern aus der ,Kon-taktsprache' übernommen, also in unserem Untersuchungsraum aus dem Deutschen oder Italienischen. Eine Förderung der Minderheitensprachgrup-pen kam erst nach langer Zeit der Repression zustande, und damit möglich-erweise, mit Ausnahme von Südtirol, zu spät, und sie ist in der Region Ve-neto immer noch zu schwach. Trotzdem ist der Status der Sprachen inner-halb aller Gruppen derzeit hoch, man ist grundsätzlich stolz auf die Sprache als identitätsstiftende Besonderheit.

Tab. 6: Rückgang des Zimbrischen in den VII und XIII Gemeinden (Quelle: Rowley 1996, 272, zusammengestellt nach diversen Untersuchungen).

	1810	1840	1915[a]/19[b]	1940	1985
VII Gemeinden[a]					
Vüsche/Foza	?	noch am meisten	noch nicht ganz vergessen	eine alte Frau	–
Sleghe/Asiago	?	lebendig	noch nicht ganz vergessen	nur im Ortsteil Bosco	–
Kamparube/ Campo Rovere	?	?	?	wenige Alte	wenige Alte
Rotz/Rotzo	?	lebendig	fast rein Deutsch	nur noch wenige	?
Robaan/Roana	?	gebräuchlich	fast rein Deutsch	lebendig	wenige Alte
XIII Gemeinden[b]					
Ljetzan/Giazza	alle	alle	71 %	50 Einwohner	einige Ältere
Funtà/ Campo Fontana	alle	in Gebrauch	in Erinnerung einiger Alter	–	–
Brunghe/ Selva di Progno	viele	fast ausgestorben	–	–	–
Velije/ Velo Veronese	einige 70-Jährige	–	–	–	–
Rovereid/ Rovere V.	einige 60-Jährige	–	–	–	–
Bòrtolom/San Bartolomeo	wenige	–	–	–	–

Auf längere Sicht sind alle Minderheitensprachen vom ‚Sprachtod' bedroht (vgl. Sasse 1992). Der Sprachgebrauch des Ladinischen ist aktuell mehr oder weniger stabil (Tab. 5). Die Zusammenstellung in Tabelle 6 weist aus, wie das Zimbrische in den früher bevölkerungsstärksten Teilen der Sprachinseln, zuerst im 19. Jahrhundert in den XIII Gemeinden und dann im 20. Jahrhundert auch in den VII Gemeinden, massiv zurückgegangen ist (Rowley 1996, 272). Bei ersteren wurde der Sprachtod bereits um 1800 binnen 100 Jahren als möglich angesehen (Dal Pozzo 1820, 75) und erneut gegen

Ende des 20. Jahrhunderts, nun auch für das Zimbrische generell und das Fersentalerische, angekündigt (Matzel 1989, 84; Gubert 1990, 282). Das Zimbrische gilt heute in den VII Gemeinden als ‚ausgestorben' und hat in den XIII Gemeinden nur noch wenige Sprecher (Bidese et al. 2018). Die Sprecherzahl im Fersental – wie in den anderen Trentiner Sprachinseln – scheint ausweislich der Zählungen im 21. Jahrhundert rückläufig (Tab. 7), wobei sich vermutlich 2001 mehr Talbewohner zur Sprachinselgruppe bekannt als sie tatsächlich die Minderheitensprache regelmäßig verwendet hatten (Spagnoli 2018). Die umfragebasierte CLaM-Studie 2021 gibt aktuell detaillierte Auskunft über die Sprachkompetenz (Tab. 8; Cordin et al. 2023). Andererseits bildet die Sprachbeherrschung keine *conditio sine qua non* für die Selbstidentifikation als Gruppe, die, wie das Beispiel der VII Gemeinden zeigt, auch nach dem Verlust der eigenen Muttersprache noch gegeben sein kann.

Tab. 7: Bevölkerungsentwicklung in den Trentiner Sprachinseln 2001–2021 (Quelle: ISPAT 2014 und 2022).

	2001	2011	2021
***Fascia*/Fassa (Ladinisch: Fassanisch)**			
Einwohner	9125	9909	10393
Ladins/Ladiner	82,8 %	81,7 %	58,4 %
***Bersntol*/Valle del Fèrsina (Fersentalerisch)**			
Einwohner	980	968	988
Bersntoler/Mòcheni	96,6 %	89,7 %	72,2 %
***Lusèrn*/Luserna (Zimbrisch)**			
Einwohner	297	279	268
Tzimbar/Cimbri	89,9 %	85,3 %	68,7 %

Tab. 8: Sprachkompetenz bei den Einwohnern der Minderheitensprachgebiete laut der umfragebasierten CLaM-Studie 2021 (Quelle: Cordin et al. 2023, 29).

	Sprachkompetenz			
Sprache	Verstehen	Lesen	Sprechen	Schreiben
Ladinisch	96,1 %	88,2 %	85,2 %	58,7 %
Mòchenisch	70,6 %	60,2 %	51,3 %	23,8 %
Zimbrisch	81,0 %	66,4 %	54,2 %	32,3 %

6 Literatur

Artoni, C. 2001: La Valle di Fassa nei secoli della trasformazione. Dalle guerre napoleoniche all'avvento del turismo (1800–1940). Istitut Cultural Ladin Majon di Fascegn. Sèn Jan.

Asche, R., Bettega, G., Pistoia, U. 2010: Un fiume di legno. Fluitazione del legname dal Trentino a Venezia. (= Quaderni di cultura alpina 94). Priuli & Verlucca. Scarmagno (TO).

Ascoli, G. I. 1873: Saggi ladini. – In: Archivio Glottologico Italiano 1, 1–556.

Azzalini, G. 1985: I Cimbri da Roana a Fregona nella Foresta del Cansiglio. De Bastiani. Godega di Sant'Urbano (TV).

Bacher, J. 1905: Die deutsche Sprachinsel Lusern. Geschichte, Lebensverhältnisse, Sitten, Gebräuche, Volksglaube, Sagen, Märchen, Volkserzählungen und Schwänke, Mundart und Wortbestand. Wagner. Innsbruck.

Bacher, N. (Micurà de Rü) 1833: Versuch einer deütsch-ladinischen Sprachlehre. [Zu Lebzeiten unveröffentlichtes] Manuskript. – Hg. und mit Anmerkungen versehen von L. Craffonara. (= Ladinia 19). Istitut Ladin Micurà de Rü, San Martin de Tor 1995.

Baratter, L. 2008: La grande guerra delle minoranze. Ladini, Mòcheni e Cimbri 1914–1918. Gaspari. Udine.

Baratter, L. 2011: Enrico Pruner. Una vita per l'autonomia. Athesia. Bolzano/Bozen.

Battisti, C. 1923: Appunti toponomastici ed onomastici dell'oasi tedesca dei Mòcheni (alto Perginese, Trentino). – In: Archivio veneto tridentino 4, 56–127.

Battisti, C. 1941: Storia linguistica e nazionale delle valli dolomitiche atesine. – In: Archivio per l'Alto Adige 36, 5–298.

Bätzing, W. [2]2003 [[1]1991, [4]2015]: Die Alpen. Geschichte und Zukunft einer europäischen Kulturlandschaft. Beck. München.

Bauer, R. 2009: Profili dialettometrici veneto-bellunesi. – In: Ladin! Rivista dell'Istituto Ladin de la Dolomites 6 (2), 8–20.

Bauer, R. 2012: Wie ladinisch ist Ladin Dolomitan? Zum innerlinguistischen Naheverhältnis zwischen Standardsprache und Talschaftsdialekten. – In: Ladinia 36, 205–335.

Bauer, R. 2023: L'Atlante linguistico del ladino dolomitico: ALD-DM – carte dialettologiche, visualizzazioni dialettometriche e bibliografia, Versione 2 (22.03.2023, 15:13). – In: Bauer, R., Krefeld, T. (ed.), Lo spazio comunicativo dell'Italia e delle varietà italiane, Vers. 85. – www.kit.gwi.uni-muenchen.de/?p=40502&v=2 (Zugriff: 04.08. 2024).

Baum, W. 1983: Geschichte der Zimbern. Gründung, Sprache und Entwicklung der südbairischen Siedlungen in den VII und XIII Gemeinden in Oberitalien. Curatorium Cimbricum Bavarense. Landshut.

Becker, H. 1959: Deutsche Sprachinseln in Welschtirol. – In: Geographische Rundschau 11 (9), 344–349.

Becker, H. 1968: Lusern. Geographische Skizze einer deutschen Sprachinsel in den Lessinischen Alpen. – In: Berichte zur deutschen Landeskunde 41 (2), 195–216.

Becker, H. 1974: Das Land zwischen Etsch und Piave als Begegnungsraum von Deutschen, Ladinern und Italienern in den südlichen Ostalpen. (= Kölner Geographische Arbeiten 31). Köln.

Bender, O., Haller, A. 2017: The cultural embeddedness of population mobility in the Alps: Consequences for sustainable development. – In: Norsk Geografisk Tidsskrift - Norwegian Journal of Geography 71 (3), 132–145.

Bender, O., Haller, A. 2019: Der Generationentransfer landwirtschaftlichen Besitzes – Entwicklung und Auswirkungen am Beispiel des Alpenraums mit seinen Vorländern. – In: Bender, O., Kanitscheider, S., Ruso, B. (Hg.), Generationentransfer. Weitergabe von Dingen und Informationen in Natur und Kultur. (= 44. Matreier Gespräche zur Kulturethologie 2018. Schriftenreihe der Otto-Koenig-Gesellschaft). BoD. Norderstedt, 157–179.

Berni, P., Sauro, U., Varanini, G. M. (ed.) 1991: Gli Alti Pascoli dei Lessini Veronesi. Storia, Natura, Coltura. La Grafica. Vago di Lavagno (VR).

Bidese, E., Padovan, A., Turolla, C. 2018: Mehrsprachigkeit in den zimbrischen Sprachinseln anhand einiger syntaktischer Phänomene. – In: Eller-Wildfeuer, N., Rössler, P., Wildfeuer, A. (Hg.), Alpindeutsch. Einfluss und Verwendung des Deutschen im alpinen Raum. (= Jahrbuch der Johann-Andreas-Schmeller-Gesellschaft 2017). Vulpes. Regensburg, 141–163.

Brünger, S. 2015: Sprachplanung im Trentino. Standardisierungsprozesse im Fassanischen, Fersentalerischen und Zimbrischen und ihre Akzeptanz seitens der Sprecher. (= Jenaer Beiträge zur Romanistik 6). Akademische Verlagsgemeinschaft. München.

Brunner, R. J. 2009: Johann Andreas Schmeller und die Ludwig-Maximilians-Universität München. Dokumente und Erläuterungen. (= Ludovico Maximilianea. Quellen 4). Duncker & Humblot. Berlin.

Cacciavillani, I. 1984: I privilegi della Reggenza dei Sette Comuni 1339–1806. Signum. Limena.

Campanale, L. 2021: Migrazione stagionale, bilinguismo e politiche linguistico-educative nelle valli dei gelatieri. – In: Caruana, S., Chircop, K., Gauci, P., Pace, M. (ed.), Politiche e pratiche per l'educazione linguistica, il multilinguismo e la comunicazione interculturale. (= Studi sull'apprendimento e l'insegnamento linguistico 18). Ca' Foscari. Venezia, 171–178.

Casalicchio, J., Cognola, F. 2015: Mòcheno e Tamòcco. Su due soprannomi etnici per 'tedesco'. – In: Cordin, P., Parenti, A. (ed.), Problemi e prospettive della linguistica storica. (= Atti del XL Convegno della Società Italiana di Glottologia. Trento, 22–24 ottobre 2014). Il Calamo. Roma, 191–200.

Chiocchetti, F. (ed.) 1988: Faceres. Maschere lignee del Carnevale di Fassa. Istitut Cultural Ladin „majon di fascegn". Vigo di Fassa.

Cognola, F. 2011: Acquisizione plurilingue e bilinguismo sbilanciato. Una studia sulla sintassi dei bambini mòcheni in età prescolare. (= Quaderni Patavini di Linguistica Monografie). Unipress. O.O.

Cole, J. W., Wolf, E. R. 1974: The Hidden Frontier. Ecology and Ethnicity in an Alpine Valley. Academic Press. New York, NY. – Deutsch: Die unsichtbare Grenze. Ethnizität und Ökologie in einem Alpental. Folio. Wien 1995.

Cordin, P., Dell'Aquila, V., Ramallo, F., Rasom, S. 2023: Guida per l'educazione al plurilinguismo con lingue locali. Proposte per il cimbro, il ladino e il mòcheno. Erickson. Trento.

Corsini, U. 1979: La questione dei 'Mocheni' nella pubblicistica e nella storiografia a cavallo dei sec. XIX e XX. – In: Pellegrini, G. B., Gretter, M. (ed.), La valle del Fersina e le isole linguistiche di origine tedesca nel Trentino. Atto del Convegno Interdisciplinare, S. Orsola (Trento), 1–3 Settembre 1978. Museo degli Usi e Costumi della Gente trentina. S. Michele all'Adige (TN), 199–218.

Cova, P. 2014: Un grande Imbroglio. Il dramma dell'Opzione nelle isole linguistiche del Trentino. Istituto Culturale Mòcheno / Bersntoler Kulturinstitut. Palù del Fersina / Palai en Bersntol. – Deutsch: Der große Betrug. Das Optionsdrama der deutschsprachigen Inseln im Trentino. Übersetzt aus dem Italienischen von P. Schöler. Istituto Culturale Mòcheno / Bersntoler Kulturinstitut. Palù del Fersina / Palai en Bersntol.

Cova, P., Marchesoni, C., Toller, L. 2011: Krumer, Ambulanti Mòcheni. Storia di commerci in terre lontane / Krumer, Fersentaler Wanderhändler. Die Geschichte des Fernhandels. Ausstellungskatalog, 15.05.–11.09.2011. Bersntoler Kulturinstitut. Palai en Bersntol.

Craffonara, L. 1994: Nikolaus Bacher: Versuch einer deütsch-ladinischen Sprachlehre. Erstmalige Planung einer gesamtdolomitenladinischen Schriftsprache – 1833. – In: Ladinia 18, 135–205.

Craffonara, L. 1998: Vicus - villa und curtis im Gadertal mit Ausblicken auf die angrenzenden Täler. Neue Aspekte der Besiedlungsgeschichte. – In: Ladinia 22, 63–162.

Dal Pozzo, A. 1820: Memorie Istoriche dei Sette-Comuni Vicentini. Opera Postuma. Paroni. Vicenza.

Dante Alighieri 1321: [La Divina] Commedia. – Editio Princeps: Comedia. Numeister. Foligno 1472.

De Concini, W. 1997: Le minoranze in pentola. Storia e gastronomia delle 10 minoranze linguistiche delle Alpi italiane. Piazza. Torino.

De Nale, M. [3]2002 [[1]1976]: Cansiglio "Terra Cimbria". Associazione Culturale Cimbri del Cansiglio. O. O.

De Rossi, H. 1984: Märchen und Sagen aus dem Fassatale. I. Teil. Innsbruck 1912. Aus dem Nachlaß hrsg. von U. Kindl (= Tesc' e monografies 3). Istitut Cultural Ladin „majon di fašegn". Vigo di Fassa/Vich.

De Tecini, F. 1822: Statistik. Ueber die deutschen Alpenbewohner des Süd-Tirols und des angränzenden venetianischen Gebiets. – In: Der kaiserlich königliche privilegirte Bothe von und für Tirol und Vorarlberg 10 (28), 11. April 1822, 113–116.

De Toni, E. 1909: Prontuario di toponomastica dell'Alto Adige e dell'Ampezzano. – In: Archivio per l'Alto Adige 4, 383–393.

Decarli, G. 2021: Der Schutz der Fersentaler Minderheit. Überlegungen zu einer komplexen Rechtslandschaft. – In: Marchesoni, C., Mereu, D., Toller, L. (ed.), Klòffen, Sprechen, Parlare. Wege der Fersentaler

Sprache / Beng van bersntolerisch. Bersntoler Kulturinstitut / Istituto Culturale Mòcheno. Palù del Fersina / Palai en Bersntol (TN), 179–193.

Dell'Aquila, V., Iannàccaro, G., Rasom, S. (ed.) 2021: CLaM 2021. Cimbri, Ladini, Mòcheni. Ragioni, aspettative e risvolti di un'inchiesta sociolinguistica per le lingue di minoranza. (= Mondo Ladino 45). Istitut Cultural Ladin „Majon di Fascegn". Sèn Jan.

Dell'Aquila, V., Rasom, S., Chiocchetti, N. (ed.) 2022: CLaM 2021. Cimbri, Ladini, Mòcheni. I dati. (= Mondo Ladino 46). Istitut Cultural Ladin „Majon di Fascegn". Sèn Jan.

Dell'Aquila, V., Ramallo, F., Rasom, S. (ed.) 2023: CLaM 2021. Cimbri, Ladini, Mòcheni. Analisi dei dati: restituzione alla popolazione e indicazioni di politica linguistica. (= Mondo Ladino 47). Istitut Cultural Ladin „Majon di Fascegn". Sèn Jan.

Demetz, M. 1987: Hausierhandel, Hausindustrie und Kunstgewerbe im Grödental vom 18. bis zum beginnenden 20. Jahrhundert. (= Tiroler Wirtschaftsstudien 38). Wagner. Innsbruck.

Di Gilio, A. (ed.) 2016: Gli altipiani cimbri nella Grande Guerra / Da Zimbar Hoachebene in Earst Bèltkriage / Die zimbrischen Hochebenen im Ersten Weltkrieg. Mostra/Ausstellung 2016. Centro Documentazione Luserna / Dokumentationszentrum Lusérn.

Dorigo, D. (ed.) 2020: Storia di un referendum e di un popolo inascoltato / Storia de un referendum e de un popol che no n'é mai sta abadà. (= Quaderno/Cuaderno 8). Istitut Cultural Ladin „Cesa de Jan". Anpezo - Col - Fodom.

Dörrenhaus, F. 1954: Carlo Battisti und das Südtiroler Volkstum. Die Rolle des politischen Postulates in der Minderheitenfrage. – In: Erdkunde 8 (4), 263–276.

Dörrenhaus, F. 1959: Wo der Norden dem Süden begegnet: Südtirol. Ein geographischer Vergleich. Athesia. Bozen.

Einheitskommittee der historischen deutschen Sprachinseln in Italien / Comitato unitario isole linguistiche storiche germaniche in Italia 2018: Zu Tisch bei den Sprachinseln / A tavola con le isole linguistiche. Publistampa. Pergine Valsugana.

Etzel, J. 1908: Das deutsche Fersental in Südtirol. Verlag Deutsche Zukunft. Leipzig.

Festi, R. (red.) 2023: Cinquant'anni dopo. In valle dei Mòcheni con Flavio Faganello / 50 Jahre danach. Unterwegs im Fersental mit Flavio Faganello / 50 jarder derno. Durch s Bersntol pet Flavio Faganello. Mostra/Ausstellung/Ausstell, Palù del Fersina / Palai im Fersental / Palai en Bersntol, 01.07.–29.09.2023. Antiga. Crocetta del Montello (Treviso).

Flöss, L. 2021: Kontinuität und Diskontinuität von Ortsnamen in Zeit und Raum: Einige Beispiele aus der Fersentaler Sprache. – In: Marchesoni, C., Mereu, D., Toller, L. (ed.), Klòffen, Sprechen, Parlare. Wege der Fersentaler Sprache / Beng van bersntolerisch. Bersntoler Kulturinstitut / Istituto Culturale Mòcheno. Palù del Fersina / Palai en Bersntol (TN), 161–177.

Fontanari, A., Libardi, M. (ed.) 2012: Musil en Bersntol. La grande esperienza della guerra in Valle dei Mòcheni / Das große Erlebnis des Krieges im Fersental. Übersetzt von P. Schöler. Istituto Culturale Mòcheno / Bersntoler Kulturinstitut. Palù del Fersina / Palai en Bersntol.

Fontanari Martinatti, I., Girardi, G. 2021: I kròmeri della Val dei Mocheni / Die Fersentaler Krumer. Publistampa. Pergine Valsugana.

Forni, M. 1997: La realtà e l'immaginario nelle valli Ladine dolomitiche. Quotidianità della vita, tradizioni e credenze popolari fra passato e presente. Istitut Ladin Micurà de Rü. San Martin de Tor.

Gartner, T. 1883: Raetoromanische Grammatik. (= Sammlung romanischer Grammatiken). Henninger. Heilbronn.

Geckeler, H., Kattenbusch, D. 1987: Einführung in die italienische Sprachwissenschaft. (= Romanistische Arbeitshefte 28). Niemeyer. Tübingen.

Giles, H., Bourhis, R. Y., Taylor, D. M. 1977: Towards a theory of language in ethnic group relations. – In: Giles, H. (ed.), Language, ethnicity and intergroup relations. (= European monographs in social psychology 13). Academic Press. London, UK, 307–348.

Giovanazzi, F. 2004: Pitores a la foresta. Storia dei pittori itineranti della Val di Fassa nel XIX secolo. Istitut Cultural Ladin „majon di fascegn". Vigo di Fassa.

Goebl, H. 1997: Der Neoladinitätsdiskurs in der Provinz Belluno. – In: Ladinia 21, 5–57.

Goebl, H. (Hg.) 1998: Atlant linguistich ALD-I. Atlas linguistich dl ladin dolomitich y di dialec vejins / Atlante linguistico del ladino dolomitico e dei dialetti limitrofi / Sprachatlas des Dolomitenladinischen und angrenzender Dialekte: 7 Bände mit 884 Sprachkarten und 3 CD-ROM [ALD-I]. Reichert. Wiesbaden.

Goebl, H. (Hg.) 2012: Atlant linguistich ALD-II. Atlant linguistich dl ladin dolomitich y di dialec vejins, 2a pert / Atlante linguistico del ladino dolomitico e dei dialetti limitrofi, 2a parte / Sprachatlas des Dolomitenladinischen und angrenzender Dialekte, 2. Teil: 7 Bände mit 1066 Sprachkarten. (= Bibliothèque de Linguistique Romane H.S. 2). Société de Linguistique Romane. Paris.

Goebl, H. (Hg.) 2021: ALD – Sprachatlas des Dolomitenladinischen und angrenzender Dialekte. ALD-I, ALD-II. – Ausgabe im Internet: www.ald.gwi.uni-muenchen.de (Zugriff: 20.05.2024).

Goglio, S., Gubert, R., Paoli, A. 1979: Etnie fra declino e risveglio. Un'indagine sociologica sulla coscienza etnica nell'area dolomitica del Trentino-Alto Adige. Franco Angeli. Milano.

Gorfer, A., Faganello, F. 1971 [⁵1980]: La Valle dei Mòcheni. Manfrini. Calliano. – Zit. n. der deutschen Ausgabe: Das Tal der Mòcheni. Deutsche Übersetzung von B. Wurzer. Manfrini. Calliano 1972 [³1978].

GoVerona o. J.: Dante in Lessinia: sulle tracce della Divina Commedia. – In: GoVerona. Destination blog. – www.goverona.it/dante-in-lessi nia-sulle-tracce-divina-commedia (Zugriff: 05.03.2024).

Grosselli, R. M. 1998: L'emigrazione dal Trentino. Dal Medioevo alla Prima Guerra Mondiale. Museo degli Usi e Costumi della Gente trentina. San Michele all'Adige.

Großmann, G. U. ³1992 [¹1986]: Der Fachwerkbau. Das historische Fachwerkhaus, seine Entstehung, Farbgebung, Nutzung und Restaurierung. DuMont. Köln.

Gsell, O. 1992: [Rezension zu] Pellegrini, Giovan Battista: La genesi del retoromanzo (o ladino). – In: Ladinia 16, 207–221.

Gubert, R. 1976: L'identificazione etnica. Indagine sociologica in un'area plurilingue del Trentino-Alto Adige. Del Bianco. Udine.

Gubert, R. 1990: Volksgruppen deutschen Ursprungs in der Provinz Trient. – In: Land Kärnten (Hg.), Die Minderheiten im Alpen-Adria-Raum. Deutsche Fassung. ARGE ALP. Klagenfurt, 279–286, 292.

Hartung von Hartungen, C. 2005: „Romanen" und „Germanen" im nationalen Spannungsfeld Tirols des 19. und 20. Jahrhunderts. – In: Landi, W. (Hg.), Romanen und Germanen im Herzen der Alpen zwischen 5. und 8. Jahrhundert. Beiträge zur Ausstellung im Schloss Runkelstein bei Bozen, 19.04.–30.10.2005. Athesia. Bozen, 161–214.

Hasenauer, L. 2022: Food Relates. Positionings in Space, Time and Society in the German Language Pockets of Sauris and Timau (Italy). – In: European Countryside 14 (4), 696–720.

Heigl, M. 1974: Cimbrisch-Baierische Siedlungen am Südhang der Alpen. Eine volkskundliche Betrachtung der Sieben und Dreizehn Gemeinden und der Lusern. (= Schriftenreihe des Cimbern-Kuratoriums München 1). München.

Heller, K., Prader, L. T., Prezzi, C. (Hg.) 2004: Lebendige Sprachinseln. Beiträge aus den historischen deutschen Minderheiten in Italien. Athesia. Bozen.

Hofer, G. 2004: De inger sproch. Beirterpuach ont geschichtn as bersntolerisch / Vocabolario e racconti in mòcheno / Fersentaler Wörterbuch und Geschichten. Vourstellung ont gschichtn va / Presentazione e racconti di / Vorwort und Geschichten von G. Šebesta. Kulturinstitut Bersntol. Lusern.

Holtzmann, R. 2000: Mehrsprachigkeit und Sprachkompetenz in den ladinischen Tälern Südtirols. Eine ethno- und soziolinguistische Darstellung. Dissertation. Universität Mannheim.

Hornung, M. 1994: Die sogenannten zimbrischen Mundarten der Sieben und Dreizehn Gemeinden in Oberitalien. – In: Hornung, M. (Hg.), Studien zur Dialektologie III. Die deutschen Sprachinseln in den Südalpen: Mundarten und Volkstum. (= Germanistische Linguistik 124-125). Olms. Hildesheim, 19–44.

Iannàccaro, G., Dell'Aquila, V. 2009: Survey Ladins. Usi linguistici nelle Valli Ladine. – In: Iliescu, M., Danler, P., Siller, H. (ed.), Actes du XXVe Congrès International de Linguistique et de Philologie Romanes, Innsbruck, 3–8 septembre 2007. Tome VII. De Gruyter Mouton. Berlin, 61–74.

ISPAT – Istituto di Statistica della Provincia di Trento (ed.) 2014: Rilevazione sulla consistenza e la dislocazione territoriale degli appartenenti alle popolazioni di lingua ladina, mòchena e cimbra (15° Censi-

mento generale della popolazione e delle abitazioni – dati defini-
tivi). Trento. – www.statistica.provincia.tn.it/statistiche/societa/po
polazione (Zugriff: 23.03.2024).

ISPAT – Istituto di Statistica della Provincia di Trento (ed.) 2022: Rilevazione sulla consistenza e la dislocazione territoriale degli appartenenti
alle popolazioni di lingua ladina, mòchena e cimbra, anno 2021.
Trento. – www.statistica.provincia.tn.it/statistiche/societa/popolazi
one (Zugriff: 23.03.2024).

Jaberg, K., Jud, J. 1928–40: Sprach- und Sachatlas Italiens und der Südschweiz. 8 Bände. Ringier. Zofingen. – Ausgabe im Internet von
Tisato, G. G. 2009: www3.pd.istc.cnr.it/navigais (Zugriff: 04.08.
2024).

Kattenbusch, D. 1987: (Räto)Romanisch im Vinschgau zu Anfang des 19.
Jahrhunderts? Eine Handschrift aus dem Jahre 1807. – In: Ladinia
11, 157–181.

Kattenbusch, D. 1988: Die Ladiner. Eine vergessene Nation im Herzen Eu-
ropas? Vortrag gehalten am 7.6.1987 anläßlich des 21. Internationa-
len Minderheitenseminars in Neumarkt/Stmk. (Oesterreich). (= Ac-
tualia Fundaziun Retoromana 25-D). Laax.

Kattenbusch, D. 1989: 222. Ladinisch: Sprachnormierung und Standardsprache. – In: Holtus, G., Metzeltin, M., Schmitt, C. (Hg.), Die einzelnen romanischen Sprachen und Sprachgebiete von der Renaissance bis zur Gegenwart: Rumänisch, Dalmatisch/Istroromanisch,
Friaulisch, Ladinisch, Bündnerromanisch. (= Lexikon der Romanistischen Linguistik 3). Niemeyer. Tübingen, 704–720.

Kattenbusch, D. 1996: Ladinien. – In: Hinderling, R., Eichinger, L. M.
(Hg.), Handbuch der mitteleuropäischen Sprachminderheiten. Narr.
Tübingen, 311–334.

Kink, R. (Hg.) 1852: Codex Wangianus. Urkundenbuch des Hochstiftes
Trient, begonnen unter Friedrich von Wangen, Bischofe von Trient
und Kaiser Friedrich's II. Reichsvicar für Italien. Fortgesetzt von
seinen Nachfolgern. (= Fontes rerum Austriacarum. Oesterreichi-
sche Geschichtsquellen 2, 5). K.K. Hof- und Staatsdruckerei. Wien.

Kloss, H. 1969: Grundfragen der Ethnopolitik im 20. Jahrhundert. (= Ethnos
7). Braumüller. Wien.

Ködel, S. o. J.: Enquête Coquebert de Montbret. Kleine Edition – Petite Edition – Edition Pichona. – In: Deutsches Historisches Institut. – https:
//editmontbret.hypotheses.org (Zugriff: 03.03.2024).

Kölbersberger, H., Pfattner, M., Scheer, N. 2014: Die Dolomitenladiner. Zwischen Wahrnehmung und Sprachgebrauch. – In: Insam, L., Drackert, C., Kölbersberger, H., Steinicke, E. (Hg.), Das neue Porträt Ladiniens. Ethnizität, Tourismus, Kulturlandschaft in den Dolomiten. Geographie Innsbruck, 11–62.

Kraas, F. 1992: Die Rätoromanen Graubündens. Peripherisierung einer Minorität. Steiner. Stuttgart.

Kramer, J. 1998: Ettore Tolomeis Italianisierung der Südtiroler Ortsnamen im europäischen Kontext. – In: Archivio trentino 47 (1), 295–313.

Kramer, J., Metzeltin, M. 1991: 220. Ladinisch: Interne Sprachgeschichte III. Onomastik. b) Die romanische Toponomastik Südtirols und des Dolomitengebietes. – In: Holtus, G., Metzeltin, M., Schmitt, C. (Hg.), Die einzelnen romanischen Sprachen und Sprachgebiete von der Renaissance bis zur Gegenwart: Rumänisch, Dalmatisch/Istroromanisch, Friaulisch, Ladinisch, Bündnerromanisch. (= Lexikon der Romanistischen Linguistik 3). Niemeyer. Tübingen, 687–697.

Kranzmayer, E. 1925: Laut- und Flexionslehre der deutschen zimbrischen Mundart. [Zu Lebzeiten unveröffentlichte] Dissertation. Universität Wien. – Zit. n. der Publikation hg. von M. Hornung (= Beiträge zur Sprachinselforschung 1). VWGÖ. Wien 1981.

Kranzmayer, E. 1960: Die Sprachaltertümer in den Mundarten der Tiroler Hochtäler. – In: Zeitschrift für Mundartforschung 27, 160–192.

Kühebacher, E. 1964: Deutsche Sprachzeugen im Etsch-, Brenta- und Piavegebiet. – In: Südostdeutsche Semesterblätter 12/13, 3–21.

Kühebacher, E. (Bearb.) 1965: Tirolischer Sprachatlas. Band 1: Vokalismus. (= Deutscher Sprachatlas, Regionale Atlanten 3). Elwert. Marburg.

Lessiak, P., Pfalz, A. 1918: Sprachproben aus den Sieben Gemeinden (Sette Comuni Vicentini), Italien. – In: Kaiserliche Akademie der Wissenschaften in Wien, Phil.-hist. Klasse, Sitzungsberichte 187, 1. Abh., 1, 59–74.

Loose, R. 1986: Zur Siedlungsentwicklung in Enneberg. – In: Veröffentlichungen des Tiroler Landesmuseums Ferdinandeum 66, 51–70.

Lutz, W. 1966: Gröden. Landschaft, Siedlung und Wirtschaft eines Dolomitenhochtales. (= Tiroler Wirtschaftsstudien 21). Wagner. Innsbruck.

Magugliani, D. 1982: Fassa. (= Montagna che scompare 1). Istituto Culturale Ladino San Giovanni. Pieve di Fassa.

Mair, W. N. 1991: Ladinisch: Soziolinguistik. – In: Holtus, G., Metzeltin, M., Schmitt, C. (Hg.), Die einzelnen romanischen Sprachen und Sprachgebiete von der Renaissance bis zur Gegenwart: Rumänisch, Dalmatisch/Istroromanisch, Friaulisch, Ladinisch, Bündnerromanisch. (= Lexikon der Romanistischen Linguistik 3). Niemeyer. Tübingen, 697–704.

Marchesoni, C., Spagnoli, F., Toller, L. 2014: Abia ber? Come chi? Le attività culturali come elemento di autorappresentazione della comunità mochena. – In: Porcellana, V., Diémoz, F. (ed.), Minoranze in Mutamento. Etnicità, lingue e processi demografici nelle valli Alpine italiane. Edizioni dell'Orso. Alessandria, 161–174.

Margoni, A. 2017: Die ladinische Identität zwischen der Nationalen Frage und den Schutzvereinen im Habsburgischen Tirol. Ursachen und Ursprünge der Entstehung eines selbstständigen politischen und kulturellen Gruppenbewusstseins einer kleinen Sprachgruppe. Dissertation. Innsbruck. – Italienische Ausgabe: No taliagn no tudësc. Né italiani né tedeschi. Origine e formazione dell'identità ladina tra Otto e Novecento. Istitut Cultural Ladin „majon di fascegn". Sèn Jan 2022.

Martello Martalar, U. 1974/1985: Dizionario della lingua Cimbra dei Sette Comuni vicentini. Parte 1/2. Istituto di Ricerca ‚Antonio Pozzo'. Roana.

Mastrelli-Anzilotti, G. 1994: Die deutschen Siedlungen im Trentino einst und heute. – In: Hornung, M. (Hg.), Studien zur Dialektologie III. Die deutschen Sprachinseln in den Südalpen: Mundarten und Volkstum. (= Germanistische Linguistik 124-125). Olms. Hildesheim, 81–108.

Mattheier, K. J. 1994: Theorie der Sprachinsel. Voraussetzungen und Strukturierungen. – In: Berend, N., Mattheier, K. J. (Hg.), Sprachinselforschung. Eine Gedenkschrift für Hugo Jedig. Frankfurt a. M., 333–348.

Matzel, K. 1989: Der Untergang deutscher Sprachinseln in Norditalien (Sette comuni e Tredeci comuni). – In: Beck, H. (Hg.), Germanische Rest- und Trümmersprachen. (= Ergänzungsbände zum Reallexikon der Germanischen Altertumskunde 3). De Gruyter. Berlin, 69–85.

Mayr, M. 1917: Die Entwicklung der nationalen Verhältnisse in Welschtirol. – In: Zeitschrift des Deutschen und Österreichischen Alpenvereins 48, 59–83.

Mederle, E. 2019: 1915–1917. La Prima Guerra Mondiale sui monti della Valle del Fersina / Earste Bèltkriag af de pèrng van Bersntol. Publistampa. Pergine Valsugana. – Deutsch: 1915–1917. Die Fersentaler Berge im 1. Weltkrieg. Publistampa. Pergine Valsugana 2019.

Meid, W. (Hg.) 1985: Der erste zimbrische Katechismus. Die zimbrische Version aus dem Jahre 1602 der Dottrina christiana breve des Kardinals Bellarmin in kritischer Ausgabe. Einleitung, italienischer und zimbrischer Text, Übersetzung, Kommentar, Reproduktionen. (= Innsbrucker Beiträge zur Sprachwissenschaft 47). Innsbruck.

Meitzen, A. 1895: Siedlung und Agrarwesen der Westgermanen und Ostgermanen, der Kelten, Römer, Finnen und Slawen. 3 Bände. Wilhelm & Hertz. Berlin.

Mereu, D. 2021: Sprachkontakt zwischen Fersentalerisch, Italienisch und Trentiner Dialekt. – In: Marchesoni, C., Mereu, D., Toller, L. (ed.), Klòffen, Sprechen, Parlare. Wege der Fersentaler Sprache / Beng van bersntolerisch. Bersntoler Kulturinstitut / Istituto Culturale Mòcheno. Palù del Fersina / Palai en Bersntol (TN), 93–104.

Merzi, C. 2004: Der Nationalismus in den Zimbrischen Sprachinseln des Trentino im 19. und 20. Jahrhundert. – In: Heller, K., Prader, L. T., Prezzi, C. (Hg.), Lebendige Sprachinseln. Beiträge aus den historischen deutschen Minderheiten in Italien. Athesia. Bozen, 139–147.

Metz, F. 1963-64: Die Dolomitenladiner und ihr Lebensraum. – In: Ladinien. Land und Volk in den Dolomiten. (= Jahrbuch des Südtiroler Kulturinstitutes III/IV). Bozen, 32–49.

Monaci, E. 1918: Pe' nostri manualetti. Avvertimenti. Maglione & Strini. Roma.

Morelli, N. 1979: Evoluzione del linguaggio mòcheno nell'ultimo secolo e ipotesi di lavoro per una grammatica. – In: Pellegrini, G. B., Gretter, M. (ed.), La valle del Fersina e le isole linguistiche di origine tedesca nel Trentino. Atto del Convegno Interdisciplinare, S. Orsola (Trento), 1–3 Settembre 1978. Museo degli Usi e Costumi della Gente trentina. S. Michele all'Adige (TN), 121–134.

Morelli, R. [1]1996 [[2]2006]: Identità musicale della Val dei Mocheni. Cultura e canti tradizionali di una comunità alpina plurilingue – con il saggio Deutsches Liedgut im Fersental von G. Haid. Publistampa. Pergine Valsugana.

Morelli, R., Poppi, C. (ed.) [1]1998 [[2]2001]: Santi, Spiriti e Re. Mascherate invernali nel Trentino fra tradizione, declino e riscoperta. Curcu & Genovese. Trento.

Moretti, G. (ed.) 2001: Vivere in una vallata alpina. Architettura, urbanistica e ambiente nell'Alta Valle del Fèrsina. Radicamento e sopravvivenza della Comunità Mòchena nel suo territorio. Istituto Culturale Mocheno-Cimbro. Palù del Fersina (TN).

Musil, R. 1921: Grigia. Erzählung. – In: Der neue Merkur 5 (8-9), 587–607.

Nibler, F. 1888: Deutsche Bilder aus den welschen Bergen. Callwey. München.

Nicolussi Golo, A., Nicolussi, G. 2014: Zimbarbort Börtarpuach Lusérnesch-Belesch / Belesch-Lusérnesch. Dizionario del cimbro di Luserna. Kulturinstitut Lusérn / Istituto Cimbro di Luserna. Lusérn/ Luserna.

Nordera, C. 1977: Presentazione. – In: Bortoli, A. M., Prospetto dei privilegi dei Sette Comuni Vicentini [1814]. Edizioni Taucias Gareida. Giazza, 3–6.

Occhi, K. 2006: Boschi e mercanti. Traffici del legname tra la contea di Tirolo e la Repubblica di Venezia (sec XVI-XVII). (= Annali dell'Istituto storico italo-germanico in Trento 42). Il Mulino. Bologna.

Opassi, R. 2005: Guida al Museo Ladin de Fascia. Giunti. Firenze.

Panieri, L. 2022: De Zimbrische Zunga von Siban Komaün. Grammatica della lingua cimbra dei Sette Comuni. 'Z Haus das Zimbrischen Bizzekhot / Istituto di Cultura Cimbra. Robaan/Roana (VI).

Panieri, L. 2024: De Zimbrische Zunga von Siban Komaün. Dizionario della lingua cimbra dei Sette Comuni. 'Z Haus das Zimbrischen Bizzekhot / Istituto di Cultura Cimbra. Robaan/Roana (VI).

Pellegrini, G. B. 1986: Minoranze e culture regionali. CLESP. Padova.

Pellegrini, G. B. 1989: 219. Ladinisch: Interne Sprachgeschichte II. Lexik. – In: Holtus, G., Metzeltin, M., Schmitt, C. (Hg.), Die einzelnen romanischen Sprachen und Sprachgebiete von der Renaissance bis zur Gegenwart: Rumänisch, Dalmatisch/Istroromanisch, Friaulisch, Ladinisch, Bündnerromanisch. (= Lexikon der Romanistischen Linguistik 3). Niemeyer. Tübingen, 667–679.

Pellegrini, G. B. 1991: La genesi del retoromanzo (o ladino). (= Beihefte zur Zeitschrift für Romanische Philologie 238). Niemeyer. Tübingen.

Pescosta, W.: ²2015 [¹2010]: Storia dei Ladini delle Dolomiti. Istitut Ladin Micurà de Rü. San Martin de Tor. – Zit. n. der deutschen Ausgabe: Geschichte der Dolomitenladiner. Istitut Ladin Micurà de Rü. San Martin de Tor 2013.

Pescosta, W. 2024: Spunti di riflessione sullo sviluppo del ladino scritto nell'Ottocento. Da Micurá de Rü (1833), a Jan Matî Declara (1878) e Jan Batista Alton (1879). – In: Füreder, B., Messner, M., Pescosta, W., Anvidalfarei, P., Moroder, L. (Hg.), Von Salzburg über Ladinien und das Aostatal bis Sizilien. Wo sich Geolinguistik, Dialektometrie und Soziolinguistik treffen. Festschrift für Roland Bauer zum 65. Geburtstag. Istitut Ladin Micurà de Rü. San Martin de Tor, 265–309.

Peterlini, O. (ed.) 1996: Autonomia e tutela delle minoranze nel Trentino-Alto Adige. Cenni di storia, diritto e politica. Regione Autonoma Trentino-Alto Adige. Bolzano. – Deutsch: Autonomie und Minderheitenschutz in Trentino-Südtirol. Überblick über Geschichte, Recht und Politik. Braumüller. Wien 1997.

Pezzo, M. ³1763 [¹1757]: Dei Cimbri Veronesi, e Vicentini. Libri due. Carattoni. Verona. – Deutsch: Von den Veronesischen und Vincentinischen Cimbrern, zwey Bücher. Übersetzt von E. F. S. Klinge. – In: Büschings Magazin zur Historie und Geographie 6. Hamburg 1771, 49–100.

Piech, A. 1913: Die ladinische Frage. – In: Deutsch-Österreich 1 (48), 1141–1148.

Pike, K. L. ²1967 [¹1954/1955]: Language in relation to a unified theory of the structure of human behavior. (= Janua Linguarum, Series Maior 24). Mouton. The Hague, NL. [¹Preliminary edition. 2 Vol. Summer Institute of Linguistics. Glendale, CA].

Poppi, C. 2019/20: Saggi di antropologia ladina e alpina. 3 Vol. a cura di D. Ermacora. Istitut Cultural Ladin "majon di fascegn". Sèn Jan.

Prochazka, K. 2018: Minderheitensprachen zählen! Über Sprachzählungen und Minderheiten(-sprachen). – In: Wiener Linguistische Gazette 83, 1–26.

Ricci Garotti, F. 2021: Fersentalerisch-Unterricht in der Schule. – In: Marchesoni, C., Mereu, D., Toller, L. (ed.), Klöffen, Sprechen, Parlare. Wege der Fersentaler Sprache / Beng van bersntolerisch. Bersntoler Kulturinstitut / Istituto Culturale Mòcheno. Palù del Fersina / Palai en Bersntol (TN), 195–207.

Riedmann, J. 1979: Bergbau im Fersental / Le miniere nella Valle del Fersina. – In: Pellegrini, G. B., Gretter, M. (ed.), La valle del Fersina e le isole linguistiche di origine tedesca nel Trentino. Atto del Convegno Interdisciplinare, S. Orsola (Trento), 1–3 Settembre 1978. Museo degli Usi e Costumi della Gente trentina. S. Michele all' Adige (TN), 175–198.

Rigon, G. 1995: La cultura Germanica nell'alto Astico-Posina. Istituto di Cultura Cimbra. Roana (VI).

Rowley, A. 1982: Fersentaler Wörterbuch. Wörterverzeichnis der deutschen Sprachinselmundart des Fersentals in der Provinz Trient/ Oberitalien / Vocabolario del dialetto tedesco della Valle del Fersina nel Trentino. Buske. Hamburg 1982 (= Bayreuther Beiträge zur Sprachwissenschaft, Dialektologie 2). Bayreuth.

Rowley, A. 1996: Die Sprachinseln der Fersentaler und Zimbern. – In: Hinderling, R., Eichinger, L. M. (Hg.), Handbuch der mitteleuropäischen Sprachminderheiten. Narr. Tübingen, 263–285.

Rowley, A. 2001: Deskriptive Grammatik des Deutsch-Fersentalerischen (Mòcheno). O. V. O. O. – https://publikationen.ub.uni-frankfurt.de/ frontdoor/index/index/docId/14831 (Zugriff: 15.03.2024).

Rowley, A. 2003: Liacht as de sproch. Grammatica della lingua mòchena / Grammatik des Deutsch-Fersentalerischen. Istituto Culturale Mòcheno-Cimbro / Kulturinstitut für das Fersental und Lusern / Kulturinstitut Bersntol-Lusérn. Palù del Fèrsina (Trento).

Rowley, A. 2007: Eine Reise in die Zeit der Minnesänger. Von den Sprachinseln der Zimbern und der Fersentaler. – In: Munske, H. H. (Hg.), Sterben die Dialekte aus? Vorträge am Interdisziplinären Zentrum für Dialektforschung an der Friedrich-Alexander-Universität Erlangen-Nürnberg, 22.10.–10.12.2007. – www.dialektforschung.phil. uni-erlangen.de/sterbendialekte (Zugriff: 13.03.2024).

Rowley, A. 2009: Der UNESCO-Atlas der gefährdeten Sprachen. – In: Zeitschrift für Dialektologie und Linguistik 76 (2), 203–206.

Rowley, A. 2013: Der Ortsname Florutz/Fierozzo/Vlarotz im Fersental. – In: Blätter für oberdeutsche Namenforschung 50, 34–48.

Rowley, A. 2018: Fersentalerisch – der „verwitterte deutsche Stein". – In: Eller-Wildfeuer, N., Rössler, P., Wildfeuer, A. (Hg.), Alpindeutsch. Einfluss und Verwendung des Deutschen im alpinen Raum. (= Jahrbuch der Johann-Andreas-Schmeller-Gesellschaft 2017). Vulpes. Regensburg, 81–94.

Rührlinger, B. 2002/03: Die sprachlichen und kulturellen Identitätsgefühle der *(Neo)Ladiner* in der Provinz Belluno. Einige ausgewählte Resultate aus einer Felduntersuchung. – In: Ladinia 26/27, 181–207.

Rührlinger, B. 2005: Il movimento "neo" ladino in provincia di Belluno. (= Ladins da Souramont 1). Istitut Cultural Ladin „Cesa de Jan". Colle Santa Lucia.

Salvi, S. 1975: Le lingue tagliate. Storia delle minoranze linguistiche in Italia. Lo sconvolgente rapporto sul "genocidio bianco" che condanna 2.500.000 italiani di lingua diversa a vivere come in colonia. Rizzoli. Milano.

Sasse, H.-J. 1992: Theory of Language Death. – In: Brenzinger, M. (Hg.), Language Death. Factual and Theoretical Explorations with Special Reference to East Africa. (= Contributions to the Sociology of language 64). Mouton de Gruyter. Berlin, 7–30.

Scharr, K. 2010: ‚Harmonische Landschaften' – Bevölkerung und Kulturlandschaft in der deutschsprachigen Geographie am Beispiel der Region Südtirol-Trentino. – In: Europa Regional 18 (4), 176–191.

Scheuermeier, P. 1943: Bauernwerk in Italien, der italienischen und rätoromanischen Schweiz. 1. Band: 1. Eine sprach- und sachkundliche Darstellung landwirtschaftlicher Arbeiten und Geräte. Rentsch. Erlenbach-Zürich.

Scheuermeier, P. 1956: Bauernwerk in Italien, der italienischen und rätoromanischen Schweiz. 2. Band: Eine sprach- und sachkundliche Darstellung des häuslichen Lebens und ländlicher Geräte. Stämpfli. Bern.

Schiber, A. 1902/1903: Das Deutschtum südlich der Alpen. – In: Zeitschrift des Deutschen und Österreichischen Alpenvereins 33, 39–70 und 34, 42–76.

Schmeller, J. A. 1811: Die Teutschen um Verona und Vicenza. – In: Miszellen für die Neueste Weltkunde 92, 365–366.

Schmeller, J. A. 1838: Ueber die sogenannten Cimbern der VII und XIII Communen auf den Venedischen Alpen und ihre Sprache. – In: Abhandlungen der I. Classe der Akademie der Wissenschaften, II. Theil, III. Abtheilung, 559–708.

Schmeller, J. A. 1850: [Aus Benediktbeuerner Handschriften – ohne Titel]. – In: Gelehrte Anzeigen. Bulletin der königlichen Akademie der Wissenschaften, Nr. 4 vom 4.I.1850, Sp. 37–40 und Nr. 5 vom 5.I.1850, Sp. 41.

Schmeller, J. A. 1956: Tagebücher 1801–1852. Band 2: 1826–1852. Hg. von P. Ruf. (= Schriftenreihe zur bayerischen Landesgeschichte 48). Beck. München.

Schneller, C. 1870: Die romanischen Volksmundarten in Südtirol nach ihrem Zusammenhange mit den romanischen und germanischen Sprachen etymologisch und grammatikalisch dargestellt. Amthor. Gera.

Schneller, C. 1896: Beiträge zur Ortsnamenkunde Tirols. Drittes Heft. Vereinsbuchhandlung. Innsbruck.

Schöntag, R. 2013: Das Zimbrische und andere oberitalienische Minderheiten. – In: Romanistik in Geschichte und Gegenwart 19 (2),131–156.

Schweizer, B. 1948: Die Herkunft der Zimbern. – In: Die Nachbarn. Jahrbuch für vergleichende Volkskunde 1, 111–129.

Schweizer, B. 1954: Zimbrischer und Fersentalerischer Sprachatlas / Atlante linguistico cimbro e mòcheno. Hg. und kommentiert von / ed. curata e commentata da S. Rabanus. Kulturinstitut Lusern / Istituto Cimbro & Berstoler Kulturinstitut / Istituto Culturale Mòcheno. Luserna/Lusern, Palù del Fersina / Palai en Bersntol 2012.

Šebesta, G. [1]1973 [[3]2006]: Fiaba-leggenda dell'alta Valle del Fersina e carta d'identità delle figure di fantasia. Museo provinciale degli usi e costumi della gente Trentina. Calliano.

Šebesta, G. 1988: Saga mochena. (= Produzione artistica e letteraria 20). UCT. Trento.

Seifert, A. 1962: Langobardisches und gotisches Hausgut in den Alpen. – In: Der Schlern 36, 303–305.

SIL International (o. J.): ISO 639-3. Scope of denotation for language identifiers. – https://iso639-3.sil.org/about/scope (Zugriff: 04.03.2024).

Slaviero, G. (ca. 1740): Grammatica della lingua tedesca dei VII Comuni. Manuskript. – Bayerische Staatsbibliothek München, Schm.XII. 35.b.

Spagnoli, F. 2018: Ladini, mòcheni e cimbri al crocevia tra esistenza e coscienza. Regione Autonoma Trentino-Alto Adige. Trento.

Steinicke, E., Walder, J., Beismann, M., Löffler, R. 2011: Ethnolinguistische Minderheiten in den Alpen. Erhalt und Bedrohung autochthoner Gruppen. – In: Mitteilungen der Österreichischen Geographischen Gesellschaft 153, 75–100.

Stoffella, H.-D. 2018: I costumi storici cimbri nelle Valli del Leno con uno sguardo ai territori storici di insediamento della minoranza linguistica cimbra, la sua gente e la sua storia / Die historischen zimbrischen Trachten der Laimbachtaler. Mit einem Überblick über die historischen Siedlungsgebiete der deutsch-zimbrischen Sprachminderheit und ihr bewegtes Schicksal. Bolzano/Bozen.

Stolz, O. 1927: Die Ausbreitung des Deutschtums in Südtirol im Lichte der Urkunden. 1. Band: Einleitung und Geschichte der deutsch-italienischen Sprachen-, Völker- und Staatenscheide im Etschtale. Oldenbourg. München.

Stolz, O. 1928: Die Ausbreitung des Deutschtums in Südtirol im Lichte der Urkunden. 2. Band: Die Ausbreitung des Deutschtums im Bozner Unterland und Überetsch sowie in den deutschen Gemeinden im Nonsberg und Fleimstal. Oldenbourg. München.

Tanner, R. 2020: Transkulturalität im romanisch-deutsch-italienischen Durchdringungsraum zwischen Gotthard und Dolomiten vom Frühmittelalter bis heute. – In: Siedlungsforschung. Archäologie - Geschichte - Geographie 37, 201–224.

Toller, L. 2015: Vour hundert jor. Breve profilo dell'Alta Valle del Fèrsina negli anni della Prima guerra mondiale / Ein Überblick über die Zeit des Ersten Weltkriegs im Oberen Fersental. Alpinigruppe va Palai en Bersntol (TN).

Tolomei, E. [3]1935: Prontuario dei nomi locali dell'Alto Adige. (= Memorie della Società Geografica Italiana 15, 1). Reale Società Geografica Italiana. Roma.

Varanini, G. M. 1990: Una valle prealpina nel basso medioevo. Linee di storia della Vallarsa (secoli XIII-XV). – In: Gerard, G. (ed.), Le Valli del Leno. Vallarsa e valle di Terragnolo. Cierre. Verona, 61–74.

Veiter, T. 1965: Die Italiener in der österreichisch-ungarischen Monarchie. Eine volkspolitische und nationalitätenrechtliche Studie. Oldenbourg. München.

Videsott, P. 1997: Das Dolomitenladinische Sprachplanungsprojekt SPELL. – In: Ladinia 21, 193–205.

Volpato, G. (Hg.) 1987: In den Veroneser Bergen. Land und Leute in Tregnago und der Val d'Illasi. Sonderausstellung. Österreichisches Museum für Volkskunde. Wien.

von Lichem, H. (ed.) 1998: Per non dimenticare: Luserna e gli altipiani nella Prima Guerra Mondiale. Foto e documenti della collezione Lichem e del Centro Documentazione Luserna / Um nicht zu vergessen:

Lusern und die Hochebene im Ersten Weltkrieg. Fotos und Dokumente der Sammlung Lichem und des Dokumentationszentrums Lusern. MediaDom. München.

Wedekind, M. 2008: Le „sporadi tedesche". Le comunità germanofone dell' Alta Italia come oggetto dell'etno-scienza ed etno-politica tedesche. – In: Archivio trentino 57 (2), 103–138.

Wedekind, M. 2021: Sprache als Politikum: Das Fersentalerische im 19. und 20. Jahrhundert. – In: Marchesoni, C., Mereu, D., Toller, L. (ed.), Klòffen, Sprechen, Parlare. Wege der Fersentaler Sprache / Beng van bersntolerisch. Bersntoler Kulturinstitut / Istituto Culturale Mòcheno. Palù del Fersina / Palai en Bersntol (TN), 143–159.

Weinreich, M. 1945: Der YIVO un di problemen fun undzer tsayt (דער ייוואָ און די פּראָבלעמען פֿון אונדזער צייַט). – In: YIVO Bleter 25 (1), 3–18.

Whitehead, S. 02.04.2015: How the Manx language came back from the dead. – In: The Guardian. – www.theguardian.com/education/2015/apr/02/how-manx-language-came-back-from-dead-isle-of-man (Zugriff: 09.03.2024).

Winckler, K. 2012: Die Alpen im Frühmittelalter. Die Geschichte eines Raumes in den Jahren 500 bis 800. Böhlau. Wien.

Wolff, K. F. 1908: Monographie der Dolomitenstraße und des von ihr durchzogenen Gebiets. Ein Handbuch für Dolomitenfahrer mit touristischen, geschichtlichen und wissenschaftlichen Erläuterungen. 2 Bände. Moser. Bozen.

Wolff, K. F. 1913 [[16]1989]: Dolomiten-Sagen. Sagen und Überlieferungen, Märchen und Erzählungen der ladinischen und deutschen Dolomitenbewohner. O. V. Innsbruck. [[16]Athesia. Bozen.]

Wolfram, R. 1948: Brauchtum und Volksglaube im obersten Fersental (Palai, Florutz). – In: von Klebelsberg, R. (Hg.), Beiträge zur Volkskunde Tirols. Festschrift zu Ehren Hermann Wopfners. 2. Teil. (= Schlern-Schriften 53). Wagner. Innsbruck, 299–326.

Wurzer, B. [4]1977 [[1]1959]: Die deutschen Sprachinseln in Oberitalien. Athesia. Bozen.

Zingerle, A. 1898: Tirolensia. Beiträge zur Volks- und Landeskunde Tirols. Wagner. Innsbruck.

Hans Jürgen Böhmer

Wohlleben, Simard und das ‚*Wood Wide Web*‘. Zur wissenschaftlichen Dekonstruktion eines märchenhaften Waldbildes

„Eine Kette ist nur so stark wie ihr schwächstes Glied.
Und weil Bäume dies intuitiv wissen, helfen sie sich
bedingungslos untereinander aus“ (Wohlleben 2015, 24).

Zusammenfassung

Das ‚Wood Wide Web‘ ist eine anthropozentrische Erzählung vom harmonischen, fürsorglichen Zusammenleben von Bäumen und Pilzen in Wäldern, die insbesondere auf populäre Bücher des deutschen Försters Peter Wohlleben und der kanadischen Waldökologin Suzanne Simard zurückgeht. Dieses an humanistischen Werten orientierte ökologische Storytelling *ist offenbar so einleuchtend, dass es inzwischen unhinterfragt gesellschaftliche Vorstellungen vom Zusammenleben im ‚Wald‘ weithin bestimmt. Dabei gibt es – wie hochrangige wissenschaftliche Publikationen aus den Jahren 2023 und 2024 herausstellen – keinen wissenschaftlichen Nachweis für die Existenz eines ‚Wood Wide Web‘ beziehungsweise der ihm zugeschriebenen humanistischen Handlungsmaximen beteiligter Organismen.*

Das ‚Wood Wide Web‘ ist klassisches Beispiel einer ‚schönen Spur‘ im Sinne des Wissenschaftstheoretikers Gerhard Hard, die es tief ins öffentliche Bewusstsein und – als inspirierende Vorannahme – sogar in die wissenschaftliche Wahrnehmung von Waldökosystemen geschafft hat. Der vorliegende Beitrag beleuchtet das Phänomen der erfolgreichen Konstruktion eines märchenhaften populärwissenschaftlichen Waldbildes, seiner vermeintlichen Untermauerung durch ‚verifizierend‘ arbeitende Forschung und die energischen Versuche der seriösen Fachwelt, es mit wissenschaftlichen Methoden zu dekonstruieren.

1 Kernaussagen der Hypothesen um das ‚*Wood Wide Web*‘

2015 veröffentlichte der deutsche Förster Peter Wohlleben das Sachbuch ‚Das geheime Leben der Bäume. Was sie fühlen, wie sie kommunizieren –

die Entdeckung einer verborgenen Welt'. 2021 erschien das Sachbuch ‚Finding the Mother Tree. Uncovering the Wisdom and Intelligence of the Forest' der kanadischen Waldökologin Suzanne Simard, Professorin an der University of British Columbia.

Die Kernaussagen in den Büchern Wohllebens und Simards lassen sich etwa folgendermaßen zusammenfassen: Zuallererst – Bäume ‚kommunizieren' miteinander, nehmen gegenseitig ihre Bedürfnisse wahr und gehen auf sie ein. Konkurrenzschwache Individuen werden über ein Netzwerk aus Pilzhyphen im Boden (gemeinsames Mykorrhiza-Netzwerk, *common mycorrhiza network*, CMN) von ihren Artgenossen gezielt gefördert: „Bäume sind sehr sozial eingestellt und helfen sich gegenseitig" (Wohlleben 2015, 50). Über dieses unterirdische Netzwerk verteilen Bäume bei Bedarf selbstlos untereinander Nährstoffe: „Wer viel hat, gibt ab, wer ein armer Schlucker ist, bekommt Hilfslieferungen. Dabei werden einmal mehr Pilze beteiligt, die mit ihrem riesigen Netzwerk wie eine gigantische Umverteilungsmaschine wirken" (ebd., 22). „Eine Kette ist nur so stark wie ihr schwächstes Glied [...]. Und weil Bäume dies intuitiv wissen, helfen sie sich bedingungslos untereinander aus" (ebd., 24).

Ein Mykorrhiza-Netzwerk entsteht, wenn Pilzhyphen die Wurzeln mehrerer Pflanzen derselben oder verschiedener Arten unter der Erde verbinden. Simards Hypothese zufolge sind ‚*Hub*'- oder ‚Mutterbäume' über das CMN insbesondere mit ihrem eigenen Nachwuchs verbunden und ‚säugen' ihre Sämlinge, indem sie überschüssigen Kohlenstoff (C) und Stickstoff (N) teilen, um das Überleben und Wachstum der Sämlinge zu sichern. Dies impliziert, dass eigene Nachkommen stärker von diesem CMN-vermittelten Nährstofftransfer profitieren als nicht verwandte Pflanzen.

Auch die ‚Kommunikation' läuft über das Netzwerk aus Pilzhyphen im Boden, das umgangssprachlich als ‚*Wood Wide Web*' bezeichnet wird, eine journalistische Wortschöpfung, die 1997 auf der Titelseite einer Ausgabe der Zeitschrift ‚Nature' erschien, in der Simard ihre diesbezüglichen Untersuchungen vorstellte. „Um eine schnelle Nachrichtenverbreitung zu garantieren, werden in den meisten Fällen Pilze zwischengeschaltet. Diese agieren wie die Glasfaserleitungen des Internets" (ebd., 17). „Durch seine Leitungen gibt er [der Pilz] Signale von einem Baum zum nächsten weiter und hilft ihnen dabei, Nachrichten über Insekten, Dürren und andere Gefahren auszutauschen" (ebd., 18).

Simard hatte bereits 2016 zur englischen Ausgabe von Peter Wohllebens Buch ein Nachwort unter dem Titel ‚Note from a Forest Scientist' beigetragen, in dem sie gleich eingangs beansprucht, die unterirdischen ‚sozialen Netzwerke', von denen Wohlleben – inspiriert unter anderem von Simards früheren Arbeiten – aus deutschen Wäldern berichtet, Anfang der 1990er Jahre in den temperierten Regenwäldern des pazifischen Nordwestens entdeckt zu haben. Sie wiederum sieht – durch Wohllebens Schilderungen beflügelt – eine Anregung für ihre eigene Forschung (Simard 2016, 250).

2 Öffentliche und wissenschaftliche Kritik am ‚*Wood Wide Web*'

Schon früh setzte heftige Kritik an den oben skizzierten Vorstellungen ein, insbesondere aus der mit Bäumen und Waldökosystemen befassten Fachwelt. Der Widerspruch wurde zwar stets begründet, zunächst aber nicht in wissenschaftlichen Formaten vorgelegt (siehe Abschnitt 2.2). So wiesen beispielsweise die zu den führenden deutschen Waldexperten zählenden Professoren Christian Ammer und Jürgen Bauhus in einer Petition unter der Überschrift ‚Auch im Wald: Fakten statt Märchen – Wissenschaft statt Wohlleben' darauf hin, dass sich Bäume untereinander keineswegs empathisch verhalten, sondern dass

„mit dem Wachstum der Bäume ihr Standraumanspruch zunimmt und sich der Waldbestand einer von Standort, Baumart und der Entwicklungsphase abhängigen maximalen Dichte annähert. Dabei kommt es zu innerartlichen Konkurrenzeffekten, die sich in einer charakteristischen Stammzahlabnahme mit zunehmender Größe der verbleibenden Individuen äußern (self-thinning; Yoda et al. 1963). Sprich, wenn eine Fläche voll bestockt ist, können Bäume nur weiterwachsen, indem sie ihre Nachbarn zum Absterben bringen und so ihren Standraum vergrößern (Westoby 1984). Im Ergebnis resultiert dies in einem drastischen Absterbeprozess und dem Tod vieler tausend Bäumchen durch die überschirmenden Bäume. Davon sind vor allem kleine Bäume betroffen (Holzwarth et al. 2013)" (Ammer & Bauhus 2017).

Auch in anderen Ländern gab es teils vernichtende Kritiken. Bernard Roman-Amat, Forstingenieur an der Französischen Akademie für Landwirtschaft, äußerte, Wohllebens Buch könne nicht einmal als populärwissenschaftliche Arbeit betrachtet werden, und zwar wegen „fehlender oder nicht überprüfbarer Quellen, unberechtigter Fortschreibungen, missbräuchlicher Interpretationen und offensichtlicher Fehler" (zit. n. Charoy 2017, Übers. v. Verf.).

2.1 Wissenschaftliche Kritik

Die erste wissenschaftliche und international hochrangig publizierte Kritik kam erst im Februar 2023 von der renommierten kanadischen Pilzforscherin Justine Karst und ihren Co-Autoren Melanie Jones und Jason Hoeksema. Sie arbeiteten aus einer Fülle von Quellen heraus, dass „Behauptungen, CMNs seien in Wäldern weit verbreitet und dass Ressourcen durch CMNs übertragen werden, um die Leistung von Sämlingen zu steigern", nicht belegt sind, da die Ergebnisse von Feldstudien „zu stark variieren, alternative Erklärungen haben oder zu begrenzt sind, um Verallgemeinerungen" zu erlauben (Karst et al. 2023, 501; Übers. v. Verf.).

> „Für die Behauptung, dass ausgewachsene Bäume über CMNs bevorzugt Ressourcen und Verteidigungssignale an ihre Nachkommen senden, gibt es keine von Experten überprüften, veröffentlichten Beweise. Als nächstes untersuchten wir, wie die Ergebnisse der CMN-Forschung zitiert werden, und stellten fest, dass sich die unbewiesenen Behauptungen in den letzten 25 Jahren verdoppelt haben" (ebd.).

Zwar gibt es im Pflanzenreich CMNs, aber ob sie eine Art lebendes ‚Glasfasernetzwerk' bilden und ob tatsächlich Ressourcen zwischen Bäumen übertragen werden, muss erst noch nachgewiesen werden (siehe auch Figueiredo et al. 2021). Ob es diesbezüglich besondere Verwandtschaftseffekte zwischen Pflanzen gibt, ging über den Rahmen der Studie hinaus, aber die Arbeitsgruppe fand nichts, was die Idee unterstützt, Waldbäume würden verwandte Individuen durch gemeinsame Mykorrhiza-Netzwerke gezielt fördern.

Karst et al. schoben im Mai 2023 einen populärwissenschaftlichen Beitrag nach, der die Kernaussagen der Kritik allgemeinverständlich und öffentlichkeitswirksam erklärte (Jones et al. 2023). Er wurde international weithin von den Medien aufgegriffen, in Deutschland allerdings kaum wahrgenommen. Bemerkenswert an der Kritik von Jones et al. ist, dass sie offen zugeben, zu Beginn ihrer Karrieren selbst von der inspirierenden Hypothese eingefangen worden zu sein. Umso betonter thematisieren sie die besorgniserregenden Auswirkungen auf die Vorannahmen wissenschaftlicher Studien, insbesondere, dass sich in der wissenschaftlichen Literatur eine nachweisbare Voreingenommenheit hinsichtlich der Nennung positiver Auswirkungen von CMNs entwickelt hat (ebd.).

Das Hauptproblem, so die Schlussfolgerung, sei aber nicht die Qualität der Forschung an sich, sondern die Überinterpretation der Ergebnisse einschlägiger Studien in Wissenschaft und Öffentlichkeit: „Was wir herausgefunden haben, zeigt, wie leicht Voreingenommenheit, ungeprüfte Behauptungen und leichtgläubige Berichterstattung mit der Zeit Forschungsergebnisse bis zur Unkenntlichkeit verzerren können. Dies sollte Wissenschaftlern und Journalisten gleichermaßen als abschreckendes Beispiel dienen" (ebd., Übers. v. Verf.).

In einem Interview bezeichnete Wohlleben die Veröffentlichung von Karst et al. als „unwissenschaftlich" und als „persönliche Meinung" der Autoren (zit. n. Weinl, 04.03.2024). Laut Wohlleben hätten diese nicht alle Studien berücksichtigt; so sei „für den Leipziger Auwald gut beschrieben, wie Bäume kommunizieren" (ebd.). Diese Behauptung bleibt allerdings nebulös im Raum stehen, eine wissenschaftliche Quelle, die sie belegt, ist nicht zu identifizieren. Deutlicher als das betont abwägende Autorenkollektiv Karst et al. (2023) positionierten sich Robinson et al. (2024) gegen die von Wohlleben und Simard verbreiteten Vorstellungen:

> „Wir haben Behauptungen in zwei sehr beliebten Büchern analysiert, die verkünden, dass Bäume eine Anzahl menschlicher Eigenschaften besitzen. Es gibt keine fundierten wissenschaftlichen Beweise dafür. Eine kritische Bewertung der *Mother Tree*-Hypothese legt offen, dass viele der Daten zur Unterstützung dieses Konzepts fehlerhaft sind und vielleicht gar nicht existieren. Dieses Konzept ist auch nicht kompatibel mit vielen belegten Beobachtungen zum Wachstum von Waldbäumen. Darüber hinaus gibt es keine Beweise in begutachteten veröffentlichten Studien zur Unterstützung der Behauptung, dass alte Bäume in Wäldern mit ihren Nachkommen durch ein gemeinsames Mycel-Netzwerk kommunizieren. Es bleibt auch unklar, ob Kohlenstoffverbindungen, die in den Mykorrhizen übertragen werden, tatsächlich in das Wurzelgewebe eines Empfängerbaumes gelangen" (Robinson et al. 2024, 1; Übers. v. Verf.).

2.2 Kritik an der medialen Rezeption

Beide Bücher wurden nationale und internationale Bestseller, die darin enthaltenen revolutionären Gedanken wurden von zahlreichen Medien aufgegriffen, übernommen und lange Zeit trotz ihrer Abwegigkeit unhinterfragt verbreitet (z. B. Freund, 04.07.2015; Heidtmann, 20.11.2015; Fortey 2016). Dabei wurden die Kreationen Wohllebens und Simards oft als gesicherte wissenschaftliche Erkenntnisse aufgefasst und dargestellt.

Christian Ammer und Jürgen Bauhus richteten deshalb 2017 einen offenen Brief an die Herausgeber wichtiger deutscher Printmedien und Rundfunkanstalten. Wohllebens Buch sei „der bedauerliche Beleg dafür, dass unzulässig vereinfachende, stark emotionalisierende Erklärungen komplexer Sachverhalte derzeit auf allen gesellschaftspolitischen Ebenen offenbar auf fruchtbareren Boden fallen als belegbare Fakten und naturwissenschaftlich erklärbare Zusammenhänge" (Ammer & Bauhus 2017). Weiter heißt es:

> „Wie kommt es dazu, dass so viele Journalistinnen und Journalisten die Darstellungen eines selbsternannten Experten nicht stärker hinterfragen, sondern ihm in nahezu allen Medien ein Forum bieten, sich als solcher zu präsentieren? Zum Thema Wald sind die Vorkenntnisse vieler Menschen offenbar so gering und die Botschaften anscheinend so attraktiv, dass unentdeckt bleibt, in welchem Umfang Mutmaßungen als Fakten verkauft werden. Angesichts der Fachspezifika kann man dies Journalisten nicht zum Vorwurf machen, aber man kann erwarten, dass sie sich insbesondere bei Inhalten, die ungewöhnlich klingen, rückversichern. Eine wirklich kritische Überprüfung attraktiv erscheinender Information findet aber offenbar nicht ausreichend statt" (ebd.).

3   Das ‚*Wood Wide Web*' als ‚schöne Spur'

Gerade in postmodernen Gesellschaften besteht eine Lust am Besonderen, die Menschen dazu bewegt, für viele Ereignisse und Naturphänomene zunächst eine nicht naheliegende Erklärung zu suchen. Interessante Erklärungen werden den banalen alltäglichen vorgezogen. Der Wissenschaftstheoretiker Gerhard Hard hat zur Beschreibung dieses Verhaltens eine ‚Theorie der schönen Spur' ausgearbeitet, wonach „für so manchen Suchenden gilt, dass jedenfalls die interessantere Hypothese vorzuziehen sei, und es liegt in der Richtung seines Gedankens, gegebenenfalls eine zutreffendere Hypothese wegen ihres Mangels an Interessantheit abzuweisen" (Hard 1995, 149).

‚Interessantheit' ist nach Hard ein ästhetisches und ein epistemisches, also wissenschaftliches Kriterium. Auch im Forschungsprozess ist ‚Interessantheit' ein Maßstab für Entscheidungswege der Forschenden und ihrer Geldgeber, und im Resultat für die Sichtbarkeit wissenschaftlicher Werke. Das Kriterium ‚Interessantheit' betont nach Hard einerseits eine ‚Differenzqualität', die eigentlich ästhetisch ist, die aber zugleich in der Wissenschaft für die Ergebnisse von Forschungs- und Erkenntnisprozessen wichtig ist. Und, so muss hier angefügt werden, ‚Interessantheit‘ ist auch ein ökonomisch relevantes Kriterium. Ein Buch mit dem Titel ‚Das geheime Leben der Bäume‘ weckt weithin großes Käuferinteresse, auch wenn es gar kein geheimes Leben von Bäumen gibt. Die Faszination erträumter ‚Wirklichkeiten‘ entspricht einem uralten menschlichen Grundbedürfnis, das in vielen Kulturgütern Ausdruck findet, insbesondere in Märchen und Kunstwerken.

Anders gesagt – ein Buch, das ein märchenhaftes Waldbild als Wirklichkeit ausgibt, ist notwendigerweise interessanter als eine objektive Darstellung der Wirklichkeit, weil diese weniger interessant erscheint. Eine abwegige und neue Erklärung, wofür auch immer, ist faszinierend. Deshalb beschäftigen wir uns lieber ausführlich mit ihr, als das Normale, Naheliegende, schon Bekannte (also Langweilige) anzuerkennen und anzunehmen. Dieser Mechanismus steht uns beim sachlichen Umgang mit scheinbar neuen oder unbekannten Phänomenen in der Natur im Wege, gerade auch beim Blick auf Wälder (Böhmer 2023). Viele Menschen scheinen anfällig, der Faszination solcher ‚schönen Spuren‘ zu erliegen.

Wohlleben und Simard könnte man frei nach Hard als „Ausgräber ungeheuerer und ungeheuerlicher" Geschichten und „geniale Konstrukteure neuer Kodes" betrachten, die „mit entroutinisiertem Blick etwas Hochinteressantes und Unglaubliches auch da sehen, wo andere ganz anderes, meist ganz Triviales, oder auch gar nichts sehen" (Hard 1995, 148). Sie erspähen dort, wo der routinierte Betrachter beziehungsweise Experte nur einen Baum sieht, „die Hexe im Baum" (ebd.). Während naturwissenschaftliche Autorenkollektive auf die Wirklichkeitsreferenz ihrer gedanklichen Konstrukte fokussieren, geht es Wohlleben und wohl auch Simard um ihre – auch wechselseitige – Autoreferenz: Das Zusammenleben von Organismen in einem Wald folgt dem klassischen Humanitätsideal (vgl. Herder 1784).

Wenn also die Wirklichkeit möglicherweise trivial ist (somit nicht ‚interessant‘, im Sinne von ‚nicht überraschend‘), so müssen dann eben Hypothesen über die Wirklichkeit ‚interessant‘ sein. Nur – wenn die Wirklichkeit nicht interessant ist, wie soll dann der Inhalt einer Hypothese, die die Wirklichkeit beschreibt, interessant sein? Dieser Konflikt läuft, wie erwähnt, darauf hinaus, eine ebenso interessante wie – nüchtern betrachtet – abwegige Hypothese aufzustellen. Man könnte im Falle Wohllebens und Simards sogar konstatieren, es gehe ihnen um ‚schöne Hypothesen‘, die eine geradezu poetische Dimension haben.

So entsteht aus der wissenschaftlich notwendigen Bedingung der Formulierung logisch herausgearbeiteter, hochwertiger Hypothesen eine verhandelbare Bedingung – der Fokus liegt auf genau dem Problemlösungsversuch, der „dem etablierten und bewährten Wissen am schroffsten widerspricht" (Hard 1995, 149). Dem naturwissenschaftlich belegbaren Charakter der Beziehungen zwischen Bäumen, Pilzen und ihrer Umwelt hingegen fehlt eine ästhetische Struktur, nach Hard das „gehörige Maß ästhetischer Notwendigkeit" (ebd., 150). Diese ästhetische Struktur erscheint erst dann, wenn die Beziehung zwischen Bäumen und Pilzen mittels humanistischer Motive, Denkfiguren und Erzählelemente geschildert wird (und eben nicht mit naturwissenschaftlich belegbaren – die in der ‚Lebensgemeinschaft Wald' greifbaren Motive haben keine poetische Funktion, sondern eine evolutionäre).

Man kann dem erfahrenen Förster und ehrgeizigen Buchautor Peter Wohlleben ja durchaus die künstlerische Freiheit zugestehen, ein märchenhaftes Waldbild zu erträumen (oder als Nicht-Wissenschaftler Simards Thesen unhinterfragt zu übernehmen), um es an eine diesbezüglich bedürftige Öffentlichkeit sehr erfolgreich zu verkaufen. Das Verhalten der Naturwissenschaftlerin (!) Suzanne Simard ist eher überraschend. Ihre Forschung folgt konsequent der schönen Vorannahme, sie arbeitet sozusagen „verifizierend" (Hard 1993, 321), versucht also, die schöne Theorie vom ‚Wood Wide Web' mit dem ‚Mother Tree' im Zentrum durch ihre Untersuchungen zu untermauern.

Das gelingt so gut, dass diese Arbeiten lange Zeit nicht ausreichend hinterfragt in seriösen Fachzeitschriften publiziert wurden, und sie findet Bestätigung darin, dass andere Forschende scheinbar ihrer schönen Spur folgen: „Dutzende und Dutzende haben herausgefunden, dass sich etwas durch Netzwerke und Böden bewegt" (zit. n. Irwin 2024, 721). Das Nebulöse dieser Aussage erinnert an Wohllebens Hinweis auf den ‚Leipziger Auwald', und ‚dass sich etwas durch Böden bewegt', ist nicht neu, sondern eine Grundannahme diverser biologischer und geowissenschaftlicher Disziplinen.

Hard (1993, 321) nennt einen solchen Vorgang „die Theorie in die Wirklichkeit hineinarbeiten" – der Glaube an die ‚schöne Spur' (oder die Erfahrung, dass sie sich im wahrsten Wortsinne gut verkauft) steuert den Umgang der praktizierenden Wissenschaftlerin mit ihrem Forschungsgegenstand, und sie wird dabei von einer gleichermaßen vorgeprägten oder indoktrinierten Gemeinde in Wissenschaft und Gesellschaft unterstützt. Hard folgert: „Keine noch so sorgfältige Erhebung kann einer Theorie gefährlich werden, selbst wenn diese Theorie ein Ammenmärchen ist und wenn alle Beteiligten sich rational verhalten" (ebd., 318). Andere Erklärungsansätze werden heruntergespielt oder ganz ausgeblendet. In der modernen Wissenschaftstheorie nennt man das *‚confirmation bias'*.

Heikel erscheint zudem, dass Simard sich auf Untersuchungen ihrer inzwischen verstorbenen Master-Studentin Amanda Asay beruft, die angeblich herausgefunden hatte, dass Keimlinge der Douglasie von ihren Mutterbäumen ‚erkannt' werden. Ein Blick in Asays Abschlussarbeit zeigt allerdings das Gegenteil. Sie schrieb: „Unsere Hypothese, dass das Erkennen von Verwandten durch Mykorrhiza-Netzwerke ermöglicht wird, konnte jedoch nicht bestätigt werden" (zit. n. Irwin 2024, 720; Übers. v. Verf.).

Figuereido et al. (2021, 9) fassen den tatsächlichen Forschungsstand bezüglich des Austausches von Nährstoffen über Mykorrhiza-Netzwerke folgendermaßen zusammen:

> „Es wurden viele mögliche Auswirkungen solcher Ressourcentransfers beschrieben, doch wurden häufig anderslautende Ergebnisse gefunden. Markierungsexperimente mit C- und N-Isotopen haben gezeigt, dass unter bestimmten Bedingungen eine Bewegung solcher Ressourcen zwischen Geber- und Empfängerpflanzen stattzufinden scheint, aber keines dieser Experimente konnte eindeutig nachweisen, dass der Transfer bevorzugt über den direkten Mykorrhiza-Pfad und nicht über die Bodenlösung oder einfach über Exsudate erfolgt. [...] Daher ist der tatsächliche Effekt von CMNs auf die Gestaltung von Pflanzengemeinschaften immer noch nicht klar" (Übers. v. Verf.).

Dies ist nach wie vor der Stand der Forschung. Und sollte sich nachweislich ‚etwas durch Netzwerke' bewegen, wäre das nicht notwendigerweise ein Beleg für altruistische Motive der ‚handelnden' Organismen, denn zunächst könnte das evolutionsbiologisch Naheliegende zutreffen: ein Mutualismus, wie er vielfach in Beziehungen zwischen Lebewesen nachgewiesen ist.

4 Literatur

4.1 Zitierte Literatur

Asay, A. K. 2013: Mycorrhizal Facilitation of Kin Recognition in Interior Douglas-Fir (Pseudotsuga menziesii var. glauca). MSc thesis, University of British Columbia. Vancouver.

Böhmer, H. J. [2]2023 [[1]2022]: Beim nächsten Wald wird alles anders. Hirzel. Stuttgart.

Charoy, P. 2017: La vie secrète des arbres: approximations, interprétations, erreurs ... – In: Forêts de France 609, 24–25.

Figueiredo, A. F., Boy, J., Guggenberger, G. 2021: Common Mycorrhizae Network: A Review of the Theories and Mechanisms Behind Underground Interactions. – In: Frontiers in Fungal Biology 2, 735299.

Fortey, R. 2016: Dendrology. The community of trees. – In: Nature 537, 306.

Hard, G. 1993: Die Störche und die Kinder, die Orchideen und die Sonne. – In: Soziographie. Blätter des Forschungskomitees der Schweizerischen Gesellschaft für Soziologie 6 (2), 165–183.

Hard, G. 1995: Spuren und Spurenleser. Zur Theorie und Ästhetik des Spurenlesens in der Vegetation und anderswo. (= Osnabrücker Geographische Arbeiten 16). Rasch. Osnabrück.

Herder, J. G. 1784–1791: Ideen zur Philosophie der Geschichte der Menschheit. 4 Theile. Hartknoch. Riga.

Holzwarth, F., Kahl, A., Bauhus, J., Wirth, C. 2013: Many ways to die – partitioning tree mortality dynamics in a near-natural mixed deciduous forest. – In: Journal of Ecology 101 (1), 220–230.

Irwin, A. 2024: The 'Mother Tree' idea is everywhere – how much of it is real? – In: Nature 627, 718–721.

Karst, J., Jones, M. D., Hoeksema, J. D. 2023: Positive citation bias and overinterpreted results lead to misinformation on common mycorrhizal networks in forests. – In: Nature Ecology and Evolution 7 (4), 501–511.

Robinson, D. G., Ammer, C., Polle, A., Bauhus, J., Aloni, R., Annighöfer, P., Baskin, T. I., Blatt, M. R., Bolte, A., Bugmann, H., Cohen, J. D., Davies, P. J., Draguhn, A., Hartmann, H., Hasenauer, H., Hepler, P. K., Kohnle, U., Lang, F., Löf, M., Messier, C., Munné-Bosch, S., Murphy, A., Puettmann, K. J., Quiroz Marchant, I., Raven, P. H.,

Robinson, D., Sanders, D., Seidel, D., Schwechheimer, C., Spathelf, S., Steer, M., Taiz, L., Wagner, S., Henriksson, N., Näsholm, T. 2024: Mother trees, altruistic fungi, and the perils of plant personification. – In: Trends in Plant Science 29 (1), 20–31.

Simard, S. W. 2016: Note from a Forest Scientist. – In: Wohlleben, P., The Hidden Life of Trees. What They Feel, How They Communicate – Discoveries From a Secret World. Translation by J. Billinghurst. Greystone. Vancouver, 247–250.

Simard, S. W. 2022: Finding the Mother Tree. Discovering the Wisdom of the Forest. Knopf Doubleday. New York, NY.

Westoby, M. 1984. The self-thinning rule. – In: Advances in ecological research 14, 167–225.

Wohlleben, P. 2015: Das geheime Leben der Bäume. Was sie fühlen, wie sie kommunizieren – die Entdeckung einer verborgenen Welt. Ludwig. München. – Englisch: The Hidden Life of Trees. What They Feel, How They Communicate – Discoveries From a Secret World. Translation by J. Billinghurst. Greystone. Vancouver 2016.

Yoda, K., Kira, T., Ogawa H., Hozumi, H. 1963: Self-thinning in overcrowded pure stands under cultivated and natural conditions. – In: Journal of the Institute of Polytechnics, Osaka City University, Series D, 14, 107–129.

4.2 Medien

Ammer, C., Bauhus, J. 2017: Auch im Wald: Fakten statt Märchen - Wissenschaft statt Wohlleben. – In: openPetition. – www.openpetition. eu/petition/online/auch-im-wald-fakten-statt-maerchen-wissenscha ft-statt-wohlleben (Zugriff: 21.09.2024).

Freund, W. 04.07.2015: Aus dem Bäumischen von Peter Wohlleben. – In: Die Welt. – www.welt.de/print/die_welt/literatur/article143524235/ Aus-dem-Baeumischen-von-Peter-Wohlleben.html (Zugriff: 22.09. 2024).

Heidtmann, J. 20.11.2015: Der Baumflüsterer. – In: Süddeutsche Zeitung. – www.sueddeutsche.de/leben/historie-der-baumfluesterer-1.2742510 (Zugriff: 22.09.2024).

Jones, M. D., Hoeksema, J. D., Karst, J. 2023: Where the 'Wood-Wide Web' Narrative Went Wrong. A compelling story about how forest fungal networks communicate has garnered much public interest. Is any of it true? – In: undark.org. – https://undark.org/2023/05/25/where-the-wood-wide-web-narrative-went-wrong/ (Zugriff: 21.09.2024).

Weinl, V. 04.03.2024: Studie zur Kommunikation von Bäumen. Erzählen Sie uns nur Wald-Märchen, Herr Wohlleben? – In: Bild. – www.bild.de/ratgeber/2023/ratgeber/peter-wohlleben-und-die-sprache-der-baeume-erzaehlt-er-nur-maerchen-83064234.bild.html (Zugriff: 22.09.2024).

Bernhart Ruso

Gender – ein Konstrukt aus Empfinden, Rollenzuweisung und Geschlecht

Zusammenfassung

Dieser Beitrag beschäftigt sich mit biologischen Geschlecht und Gender aus dem Blickwinkel von Biologie, Medizin, Psychologie und Soziologie. Es zeigt sich, dass es Übergangsformen zwischen den beiden Geschlechtern und Gendern gibt, diese jedoch nur einen kleinen Teil der Gesamtbevölkerung ausmachen. Die Übergangsformen machen im individualpsychologischen Bereich einen größeren Anteil aus, während die Gesellschaft Übergangsformen häufig einem der beiden Geschlechter/Gender zuordnet.

1 Einführung

Man sollte meinen, ‚der kleine Unterschied‘ zwischen dem männlichen und weiblichen Geschlecht (vgl. Schwarzer 1975) sei eindeutig, sowohl in der Biologie als auch in der Gesellschaft. Tatsächlich gibt es Übergangsformen und Grauzonen, die sowohl das biologische Geschlecht als auch das psychosoziale Konstrukt ‚Gender‘ betreffen. Es stellt sich heraus, dass die Begriffe ‚Mann‘ und ‚Frau‘ in einer Wechselwirkung zwischen Individuum und sozialer Umwelt entstehen und dass ein Wechsel der Betrachtungsweise helfen kann, Konflikte zu vermeiden und verkrustete Missverständnisse zu überwinden.

2 Biologische Perspektive

Der Mensch gehört zu den Säugetieren und vermehrt sich getrenntgeschlechtlich. Das bedeutet, es gibt sowohl weibliche als auch männliche Individuen. Diese Unterscheidung zielt demnach auf die Fortpflanzung ab, wobei die weiblichen Individuen Eizellen und die männlichen Samenzellen produzieren. Unterschiede zwischen Männern und Frauen finden wir auf der Ebene der Chromosomen, auf der Ebene der Gene und Hormone, bei den primären Geschlechtsmerkmalen und bei den sekundären Geschlechtsmerkmalen (Urry et al. 2019, 251f.).

Der Mensch hat normalerweise 23 Chromosomenpaare, also 46 Chromosomen. Das 23. Paar wird dabei als Geschlechtschromosomenpaar, auch Gonosom bezeichnet. Im Gegensatz zu den 22 anderen Chromosomenpaaren kommen die Chromosomen des 23. Paares in zwei unterschiedlichen Varianten vor. Dabei wird die eine Variante als X-Chromosom bezeichnet und die andere als Y-Chromosom. Ein Mensch, der die Konfiguration XX an diesem Chromosomenpaar hat, wird als chromosomale Frau bezeichnet, bei der Konfiguration XY handelt es sich um einen chromosomalen Mann.

Allerdings können bei der Bildung von Geschlechtszellen und bei der Kernverschmelzung Fehler passieren, sodass es Abweichungen von diesem Schema gibt (ebd.; Tabelle 1). Wenn diese Fehler erst in der Embryonalentwicklung auftreten, dann hat die Person nicht bei allen Zellen des Körpers die gleiche Chromosomenkonfiguration. Dies wird als Keimzellenmosaik bezeichnet (Kurth & Grimm 2014). All diese Abweichungen machen etwa 0,4% der Gesamtbevölkerung aus (Hassold & Hunt 2001).

Tab. 1: Abweichungen der Chromosomenkonfiguration zwischen XX und XY (Eigene Zusammenstellung nach Urry et al. 2019; Tariverdian & Buselmaier 2007).

Chromoso-menanzahl	Geschlechts-chromosomen	Bezeichnung	Häufigkeit in der Bevölkerung	Habitus
46	XX	weiblich	ca. 50,7 %	weiblich
47	XXX	TripleX Syndrom	0,1 %	weiblich
45	X	Turnersyndrom	0,25 %	weiblich
45 und 46	X und XY	Keimzellenmosaik	selten	verschieden
47	XXY	Klinefelter Syndrom	0,1 %	männlich
48 und 49	XXXY und XXXXY	Klinefelter Variationen	seltener	männlich
46	XY	männlich	ca. 49 %	männlich

Abweichungen der Chromosomenkonfiguration führen dazu, dass Gene, die auf diesen Chromosomen liegen, bei einer Person dann nicht vorkommen oder öfter vorkommen, als dies bei der Normalbevölkerung der Fall ist. Das führt dazu, dass die Embryonalentwicklung und/oder die Pubertät in anderer Weise ablaufen und der Hormonhaushalt verändert sein kann.

Für die Entwicklung des Geschlechts spielen sowohl Gene eine Rolle, die auf den Geschlechtschromosomen liegen, als auch Gene, die auf anderen Chromosomen liegen. Daher ist es nicht ausreichend, nur die Varianten des Chromosomensatzes zu betrachten, sondern man muss alle Genvarianten inkludieren, die mit der Ausbildung des Geschlechts zusammenhängen. Die Gene betreffen sowohl die Synthese von Hormonen als auch die Produktion der Hormonrezeptoren. Defekte der Gene führen dementsprechend zu Fehlern bei der hormonellen Steuerung von Vorgängen, die die Entwicklung des Geschlechts bestimmen (Tabelle 2).

Die Ausbildung der primären Geschlechtsorgane ist embryonal von Hormonen und deren Rezeptoren abhängig. Je nach Chromosomenanzahl und Genvarianten können diese unterschiedlich ausgebildet sein, wie Tabelle 3 zeigt.

Tab. 2: Gendefekte, die zu Fehlern der hormonellen Steuerung bei der Geschlechtsentwicklung führen (eigene Zusammenstellung nach Voß 2010, 237f.; Wagner et al. 1994; Montanez 2017).

Gen	Einfluss auf die Geschlechtsentwicklung
AMH	bewirkt bei Männern die Rückbildung der Anlagen innerer weiblicher Geschlechtsorgane. Defekte des AMH-Gens führen bei Männern zur Anlage von Uterus und oberen Teilen der Vagina.
AMHR2	Rezeptor für AMH (siehe oben). Defekte führen bei Männern zur Anlage von Uterus und oberen Teilen der Vagina.
AR	Androgen Rezeptor. Ein Defekt führt bei Männern zu einer allgemeinen Verweiblichung.
CYP21A2	Enzym, welches für den Bau von Geschlechtshormonen notwendig ist. Ein Defekt führt bei Frauen zu einer Vermännlichung.
SRD5A2	aktiviert Testosteron. Ein Defekt führt zu Fehlbildungen des Penis.
SRY	liegt auf dem Y-Chromosom und steuert die Entwicklung von Hoden. Bei einem Defekt sind die Hoden fehlend oder nicht vollständig gebildet.

Tab. 3: Abweichungen bei der Ausbildung der primären Geschlechtsorgane und deren Häufigkeit (Eigene Zusammenstellung nach Jost 1953; Voß 2010).

Ausbildung der primären Geschlechtsorgane	Häufigkeit in der Bevölkerung	Geschlecht
typische Frau: innere und äußere weiblich ausgebildet	50,5 %	♀
innere und äußere weiblich bei eingeschränkter Hormonproduktion der Eierstöcke	sehr selten	
innere männlich / äußere weiblich	sehr selten	
äußere weiblich und innere atypisch weiblich (z. B. innere Hoden)	sehr selten	
innere weiblich, vergrößerte Klitoris, atypische Schamlippen und Vulva	sehr selten	
undefinierte primäre: z. B. Mikropenis, offener Hodensack etc.	0,005 %	♂♀
äußere männlich / innere männlich plus atypische Uterus und Vagina	sehr selten	
äußere männlich / innere atypisch männlich	sehr selten	
innere und äußere männlich, beide verkleinert	0,005 %	
innere und äußere männlich, atypische Harnröhrenöffnung	0,3–0,5 %	
innere und äußere männlich	48,5 %	♂

Diese unterschiedlichen Ausprägungen der primären Geschlechtsorgane zeigen eine ganze Reihe von Übergangsformen. Bei der Ausbildung der sekundären Geschlechtsorgane, also der Körperform, Gesichtsform und der Körperbehaarung sind die Übergangsformen noch deutlich gradueller zu finden, sodass eine Zuordnung in Kategorien kaum möglich ist. So wird beispielsweise ein männliches Verteilungsmuster der Gesichtsbehaarung bei Frauen als Hirsutismus bezeichnet und kommt, in unterschiedlich starker Ausprägung bei 5–10 % der Frauen vor (Azziz 2003). Die Ursache sind unterschiedliche Störungen des Hormonstoffwechsels. Umgekehrt kommt auch bei Männern eine Verweiblichung der Körperformen vor.

3 Medizinische Aspekte

Das biologische Geschlecht kann vom Individuum selbst als psychosoziale Belastung empfunden werden, wenn die eigene Genderzuordnung nicht mit dem biologischen Geschlecht übereinstimmt. Aufgrund eines großen Leidensdruckes kann eine medizinische Intervention indiziert sein. Diese kann als Psychotherapie, Medikation oder als geschlechtsangleichender operativer Eingriff durchgeführt werden.

Psychotherapeutisch stehen viele Methoden zur Auswahl, mit denen die betroffene Person lernen kann, mit ihrer Situation umzugehen. Das reicht von einer Stärkung des Selbstbewusstseins und Selbstfindung über Verhaltensstrategien zur Konfliktvermeidung bis hin zu *Coping*-Strategien, um mit psychosozialem Druck besser umzugehen. An dieser Stelle sei explizit darauf hingewiesen, dass die Geschlechteridentität einer Person keine Krankheit ist und somit nicht geheilt werden muss. Vielmehr geht es darum, dass die Person mit sich und der Gesellschaft gut leben kann (Vincent 2019).

Eine Hormontherapie ist grundsätzlich einfach durchzuführen, da die entsprechenden Präparate zur Verfügung stehen. Vor der Pubertät können Pubertätsblocker eingesetzt werden, später können die gegengeschlechtlichen Hormone verabreicht werden. Bei Zweiteren ist allerdings ist die Wirkung der Präparate auf die sekundären Geschlechtsmerkmale intensiv und irreversibel. Sowohl bei Pubertätsblockern als auch bei Hormonpräparaten wird in den Steuerungsmechanismus des Körpers eingegriffen. Folglich ist das Spektrum der, ebenfalls irreversiblen, Nebenwirkungen groß. Es kommt zu Leberschäden, Verringerung der Knochendichte (Osteoporose), Depressionen, Verringerung des IQs, eingeschränkter Emotionskontrolle, Neigung zu Thrombose und verschiedenen Stoffwechselstörungen. Den Nutzen der Hormonbehandlung gegen die Nebenwirkungen abzuwägen, ist schwierig, da zwar die Nebenwirkungen sehr stark sind, aber der psychische Leidensdruck schwer quantifizierbar ist (Meyer 2021). Es ist allerdings anzumerken, dass Präparate mit so starken Nebenwirkungen kaum eine Zulassung für die Behandlung psychischer Leiden bekommen würden, wenn sie nicht schon für die Behandlung anderer Störungen am Markt wären.

Geschlechtsangleichende Operationen sind seit den 1960er Jahren bekannt und wurden in der Anfangszeit häufig ohne medizinische Notwendigkeit und ohne wirksames Einverständnis der Eltern schon im Kleinkindalter durchgeführt. Nicht selten ist dadurch ein lebenslanges Leiden der betroffenen Personen entstanden. Grund für die Operationen war in dieser Zeit die juristische Notwendigkeit, in der Geburtsurkunde ein Geschlecht einzutragen und die offensichtlich unbewusste Einstellung der Ärzte, dass Menschen, die nicht der Norm entsprechen ‚krank' wären und daher geheilt werden müssten. Inzwischen ist es für ‚Transmenschen' nicht mehr notwendig, sich einer Operation zu unterziehen, wenn sie ihr juristisches Geschlecht ändern wollen. Obwohl beide genannten Operationsgründe heutzutage keine Rolle mehr spielen, nimmt die Anzahl an freiwilligen geschlechtsangleichenden Operationen stark zu. In den USA kam es zu einer Verdreifachung der Operationen innerhalb von vier Jahren (2016–2019). Zurzeit gibt es in Österreich etwa 300 und in Deutschland etwa 2500 geschlechtsangleichende Operationen pro Jahr. Die Komplikationsrate dieser Eingriffe liegt bei 33 %. In einer *Follow up*-Befragung meldeten 1 % der Operierten, dass sie diese irreversible Operation bereuen, 6 % dass sie sie gelegentlich bereuen (Cohen et al. 2018; Wigzell 2020). Statistisch zeigt sich, dass trotz geschlechtsangleichender Operation die Mortalität, Suizidalität und psychische Belastung höher bleibt als in der Normalbevölkerung (Dhejne et al. 2011). Eine begleitende Psychotherapie wäre daher auch nach dem Eingriff angezeigt.

4 Psychologische Perspektive

Das biologische Geschlecht entspricht nicht immer dem subjektiv empfundenen Gender, dem sich ein Mensch zugehörig fühlt. Dieser Zustand wird in der Medizin als Geschlechtsdysphorie bezeichnet (Bevan 2015). Betroffen sind etwa 0,3 % der Bevölkerung. Geschlechtsdysphorie betrifft zu 85 % Menschen, die als biologische Mädchen geboren wurden. In Schweden stieg die Diagnosehäufigkeit bei 13- bis 17-jährigen Mädchen von 2008 bis 2018 um 1500 Prozent (Littmann 2018).

Als ‚cis-gender' bezeichnet man Menschen, deren Gender dem Geschlecht entspricht. Bei einer Befragung an einer amerikanischen Universität bezeichneten sich etwa 97 % der Bevölkerung so. 0,3 % der Befragten bezeichneten sich als ‚trans-gender'. Sie fühlen sich dem Gender zugehörig, das nicht ihrem Geschlecht entspricht. Die restlichen 2,7 % gaben an, nichtbinär zu sein, also nicht der Einteilung in entweder männlich oder weiblich zu entsprechen. In diese Gruppe fallen die Bezeichnungen ‚genderqueer' und ‚abinär' (fühlen sich weder männlich noch weiblich zugehörig), ‚genderfluid' (flexible Zuordnung), ‚bi-gender' (fühlen sich sowohl männlich als auch weiblich zugehörig), ‚tri-gender' (beide Gender und noch ein zu definierendes mehr), ‚pan-gender' (beide Gender und weitere noch zu definierende mehr), ‚a-gender' (weder noch), ‚demi-gender' (ein Gender und ein weiteres noch zu definierendes) (Hird 2000).

Vom Gender abzugrenzen ist die sexuelle Orientierung, also die sexuellen Vorlieben einer Person. Heterosexuelle Menschen (etwa 91 % der Bevölkerung) bevorzugen das andere Cis-Gender, homosexuelle (etwa 3 %) das eigene Cis-Gender und bisexuelle Menschen (etwa 5 %) beide Cis-Gender. Etwa 1 % der Bevölkerung fallen in die Kategorien ‚asexuell' (kein Interesse an Sexualität), ‚polysexuell' (Interesse an verschiedenen Gendern), ‚pansexuell' (sexuelles Interesse unabhängig vom Gender) und ‚abrosexuell' (wechselnd) (Haeberle 1985; Gates 2011).

5 Gesellschaftliche Perspektive

Sowohl das biologische Geschlecht als auch das Gender werden von anderen Menschen wahrgenommen, und diese reagieren entsprechend darauf. Die Mehrheit der Gesellschaft nimmt Geschlecht und Gender als binär wahr, und damit kann es erwartungsgemäß zu Unsicherheit, Ignoranz und Konflikten für nicht-binäre Menschen kommen. Aber auch in der binären Mehrheit kann es zu Diskriminierung kommen, wenn die Geschlechter und Gender nicht gleich behandelt werden. Zunächst einmal ist es natürlich, dass in menschlichen Interaktionen das Geschlecht des Interaktionspartners eine Rolle spielt. In vielen Interaktionen ist es von Bedeutung, ob mein Gegenüber ein potenzieller Geschlechtspartner oder ein potentieller Konkurrent sein könnte. Und auch in Interaktionen, die vordergründig nichts mit Fortpflanzung oder Konkurrenz zu tun haben, schwingen diese Ebenen unbewusst mit und färben das Verhalten der Menschen. Verfestigt sich die Nichtgleichhandlung im Denken und Handeln eines Menschen und erfolgt sie automatisch, könnte man dies als Ungleichbehandlung bezeichnen. Eine Ungleichbehandlung wird zur Diskriminierung, wenn sie zu einem Nachteil einer Person führt und die Begründung für die Ungleichbehandlung weder angebracht noch objektiv nachvollziehbar ist (Scherr 2017).

Die Diskriminierung von Frauen ist in vielen Kulturen fest verankert. Einflussfaktoren sind beispielsweise soziale Strukturen und Religionen. Im Vergleich zeigt sich, dass die überwiegende Mehrheit von Kulturen Frauen diskriminiert (Rentmeister 1985, 32ff.; Lamm, 19.01.2023). Ein Erklärungs-modell wäre, dass die körperliche Überlegenheit der Männer dazu führt, dass diese sich auch gesellschaftlich durchsetzen. Eine andere Erklärung beruht auf dem reproduktiven Wert von Frauen. Aggressive Kriegerkulturen sind deutlich erfolgreicher, wenn bei Überfällen nur Männer das Risiko haben zu sterben, während die Frauen geschützt werden. Der Verlust von beispielsweise 50 % der Männer kann populationsdynamisch innerhalb einer Generation kompensiert werden, da die Anzahl der Nachkommen nicht sinkt. Wenn jedoch Frauen sterben, dann sinkt die Anzahl der Nachkommen in der nächsten Generation. Da die Geschichte der Menschheit von Konkurrenz und Konflikten geprägt ist, wäre es naheliegend, dass sich patriarchale Kulturen gegenüber egalitären und matriarchalen durchgesetzt haben (Cyba 2008; Lamm, 19.01.2023).

So natürlich diese Nichtgleichbehandlung auch biologisch ist, und so schlüssig auch die historische Herleitung des Patriarchats zu sein scheint, ist es in einer egalitären Gesellschaft doch wichtig, dieses Verhalten zu reflektieren und ihm gegenzusteuern. Im Folgenden soll dies an einigen Beispielen illustriert werden.

In der Sprache wird die patriarchale Herkunft unserer Gesellschaft sichtbar. Die traditionelle geschlechtsspezifische deutsche Sprache bevorzugt Männer und schließt 2,6 % der Bevölkerung aus, die sich nicht binären Geschlechterrollen zuordnen lassen. Weiters verfestigt geschlechtsspezifische Sprache unbewusst patriarchale gesellschaftliche Strukturen. Eine gendersensible Sprache schafft hier Abhilfe. Leider ist der emotionale Widerstand, die in der Kindheit erlernte Muttersprache (sic!) zu verändern relativ groß. Weiters wirkt die gendersensible Sprache konstruiert und unelegant, sodass die Sprachveränderung nicht gerne angenommen wird (Hoffmann 1996).

In der Berufswahl erleben wir auch, dass es offensichtlich reine Männerberufe und reine Frauenberufe gibt. Hier versucht man in der Pädagogik gegenzusteuern, indem man beispielsweise in Kinder- und Schulbüchern zunehmend darauf achtet, die Klischees aufzubrechen und Männer in scheinbaren Frauenberufen und *vice versa* darstellt. Es gibt allerdings auch Hinweise darauf, dass nicht das Gender oder das Geschlecht beim Berufswunsch eines Kindes eine Rolle spielt, sondern der Hormonstatus. Personen, die pränatal höheren Testosteronwerten ausgesetzt waren, tendieren eher zu Männerberufen (Hell & Päßler 2011).

Die Berufswahl ist eng verflochten mit dem *Gender Pay Gap*. Dieser beträgt unbereinigt je nach Berechnungsmethode 2–20 %. Der bereinigte *Gender Pay Gap*, bei dem auch Teilzeitjobs, Überstunden und geschlechtsspezifische Berufswahl berücksichtigt werden, beträgt 2–7 %. Dieser wird jedoch ohne Beamte, Kleinstunternehmer und Landwirte berechnet. Unter Einschluss dieser Berufsgruppen sinkt der *Gender Pay Gap* weiter. So wie bei der Berufswahl beeinflusst auch das pränatale Testosteron das Gehalt. Der *Pay Gap* ist auch bei Männern mit unterschiedlichem pränatalen Testosteron-Werten nachweisbar. Die Effektgröße ist jedoch aufgrund der unterschiedlichen Berechnungsmethoden nicht eruierbar (Nye et al. 2016).

Im Sport gibt es ebenfalls eine Geschlechtersegregation. Ist diese ursprünglich vielleicht aus Gründen des Anstands entstanden, so wurde sie aufgrund unterschiedlicher Leistungsfähigkeit der Muskulatur, der Körpergröße usw. später beibehalten. Der Leistungsunterschied beträgt je nach Sportart 6–20 % (Hunter et al. 2023). Auch in Sportarten, in denen die körperliche Leistungsfähigkeit keine Rolle spielt, wie Schach, Go oder Darts gibt es deutliche Unterschiede in den Wettkämpfen. Diese Unterschiede werden durch verschiedene Mechanismen erklärt. So könnte es sein, dass es weniger Spitzensportlerinnen als Spitzensportler gibt, weil diese Sportarten von weniger Frauen ausgeübt werden.

Eine andere Erklärung bietet die Variabilitätshypothese (Wilson Sayres 2018; Hyde & Mertz 2009). Diese besagt, dass bei den meisten Tierarten die Männchen eine höhere Nachkommensvariabilität haben als die Weibchen. Manche Männchen haben sehr viele Nachkommen, während andere Männchen gar keine Nachkommen haben. Bei den Männchen ist es daher von selektivem Wert, eine größere Streuung bei allen Merkmalen zu riskieren, während bei Weibchen die Merkmale näher beim Mittelwert streuen und weniger Ausreißer riskiert werden. Daraus folgt, dass es bei Merkmalen, die nicht direkt vom Geschlecht abhängen, wie Schachintelligenz oder Zielgenauigkeit beim Darts die Männchen extremere Merkmalsausprägungen aufweisen und man dementsprechend sowohl in den obersten als auch in den untersten Leistungsperzentilen mehr Männer findet (Wierenga et al. 2020).

Obwohl dieses Phänomen im Tierreich bekannt ist, ist es dennoch verpönt, solche Vermutungen anzustellen. So musste der Präsident der Harvard Universität im Jahr 2005 aufgrund folgender Aussage zurücktreten: „It does appear that on many, many different human attributes – height, weight, propensity for criminality, overall IQ, mathematical ability, scientific ability –

there is relatively clear evidence that whatever the difference in means – which can be debated – there is a difference in the standard deviation, and variability of a male and a female population" (zit. n. Finder et al., 22.02. 2006). Ein Google-Entwickler wurde aufgrund einer ähnlichen Aussage gekündigt. Ein wissenschaftlicher Artikel, der sich mit der Variabilitätshypothese beschäftigte, wurde im ‚New York Journal of Mathematics' nach drei Tagen gelöscht und erst später im ‚Journal of Interdisciplinary Mathematics' neu publiziert (Neumann, 18.09.2018; Hill 2020).

Die Geschlechtersegregation im Sport hat durchaus ihre Berechtigung, wenn sie Frauen eine Chance auf Erfolg gibt und durch Vorbilder eine positive gesundheitliche Auswirkung auf Mädchen hat. Allerdings stößt sie an ihre Grenzen, wenn Transgender-Männer in Frauenbewerben antreten wollen und sich auf Gleichberechtigung berufen. Man muss bedenken, dass für den Muskelaufbau nicht die primären Geschlechtsorgane, sondern die Testosteronkonzentration im Blut von Bedeutung ist. In manchen Sportarten werden deswegen nur mehr Menschen mit Karytyp XX und einem Testosteronspiegel im Blut von < 5 nmol/l zu den Frauenbewerben zugelassen (Reeser 2005; Sudai 2017).

Aber auch diese Regelung berücksichtigt nicht, dass der Testosteronspiegel bereits in der Pubertät einen entscheidenden Vorteil im Aufbau der Muskelmasse und Körpergröße bringen kann. Es bleibt die Frage, wie lange man die Segregation im Sport aufgrund genetischer oder hormoneller Unterschiede noch aufrechterhalten kann. Und wie geht man mit Frauen um, die aufgrund einer genetischen Variation einen höheren Testosteron-Spiegel haben als andere Frauen? Muss man XXY-Männer (Klinefelter-Syndrom) in Zukunft aus allen Sportarten ausschließen, bei denen sie aufgrund der erhöhten Körpergröße einen Vorteil haben? In der Normalbevölkerung machen Menschen mit Klinefelter-Syndrom 0,1 % der Bevölkerung aus, in der amerikanischen Basketball-Liga NBA haben 2,2 % der Spieler das Klinefelter-Syndrom (Price 1976). Vielleicht wird die Geschlechtersegregation im Sport bald der Vergangenheit angehören.

Ein weiteres Relikt der Geschlechtersegregation sind öffentliche WC-Anlagen. Bis ins 19. Jahrhundert waren Unisex-Toiletten normal. Erst dann wurde es üblich, die WC-Anlagen nach Geschlechtern zu trennen (Tilley et al. 2014; Gershenson & Penner 2009). Die Vorteile der gemeinsamen Nutzung von WC-Anlagen sind eine bessere Raumnutzung, Geschlechtergerechtigkeit und die Vermeidung der Ausgrenzung von Personen mit Geschlechtsdysphorie. Der Nachteil von Unisex-Toiletten ist, dass die Nutzer nicht vor sexuellen Übergriffen und Gewalt durch Männer geschützt sind. 90 % der Übergriffe finden in nicht segregierten Bereichen des öffentlichen Raums statt (Hosie, 02.09.2018). Als Reaktion darauf meiden Frauen Unisex-Toiletten. In einer Schule wurde festgestellt, dass Mädchen WC-Anlagen seltener zum Klogang und zum Trinken nutzen, wenn diese auch für Burschen zugänglich sind.

Das Begehen und das Erleben von Gewalttaten ist sowohl in Quantität als auch in Qualität in hohem Maße geschlechtsspezifisch (Tabelle 4). Wenn körperliche Gewalt betrachtet wird, so sind die die Unterschiede markant. In den Bereichen emotionale und psychische Gewalt sind die quantitativen Unterschiede zwischen Männern und Frauen gering.

Die Geschlechtsspezifität von körperlicher Gewalt kommt durch ein Zusammenspiel von psychologischen und soziokulturellen Faktoren zustande. Die Datenlage zum Einfluss von Testosteron auf gewaltvolles Verhalten ist dabei komplex und lässt bislang keine eindeutigen Schlüsse zu.

Tab. 4: Körperliche Gewalt gegen Männer und Frauen im Vergleich (Eigene Zusammenstellung nach Stokowski, 06.12.2016; Bundeskriminalamt 2018).

Körperliche Gewalt gegen Frauen	Körperliche Gewalt gegen Männer
30 % haben im Laufe ihres Lebens Gewalt erlebt.	90 % haben im Laufe ihres Lebens Gewalt erlebt.
Es gibt doppelt so viele männliche wie weibliche Mordopfer.	
15–20 % haben im Laufe des Lebens häusliche Gewalt erlebt.	25 % haben im Laufe des Lebens häusliche Gewalt erlebt.
Bei schweren Fällen von häuslicher Gewalt, die zur Anzeige gebracht werden, sind 80 % der Opfer weiblich.	
8 % haben körperliche Gewalt in den letzten 8 Monaten erlebt.	3 % haben körperliche Gewalt in den letzten 8 Monaten erlebt.
5 % wurden im Laufe des Lebens vergewaltigt.	1–2 % wurden im Laufe des Lebens vergewaltigt.
12 % erfahren sexuellen Missbrauch in der Kindheit.	5 % erfahren sexuellen Missbrauch in der Kindheit.
Die Täter sind zu 90 % Männer.	Die Täter sind zu 90 % Männer.

6 Juristische Aspekte

Bei der Geschlechtsangabe wird in Österreich unterschieden zwischen ‚männlich‘, ‚weiblich‘, ‚inter‘, ‚divers‘, ‚offen‘ und ‚keine Angabe‘. Laut Entscheid des Verfassungsgerichtshofes gilt dabei die Geschlechteridentität, also die Selbsteinschätzung. In Deutschland wird unterschieden zwischen ‚männlich‘, ‚weiblich‘, ‚ohne Angabe‘ und ‚divers‘. In Österreich und Deutschland sind Menschen vor dem Staat grundsätzlich gleichgestellt. Unterschiede zwischen den Geschlechtern bestehen hinsichtlich der Wehrpflicht, hinsichtlich des Schutzes von Schwangeren und Müttern, sowie im Pensionsrecht. Wehrpflicht gilt für alle Personen, die laut Geburtsurkunde männlich sind oder den Personenstand auf männlich ändern. Die gesetzlichen Regelungen, die Schwangerschaft, Geburt und Mutterschaft betreffen, stellen auf die biologische Schwangerschaft ab und sind somit eindeutig dem weiblichen Geschlecht zuzuordnen. Die Problematik des geschlechtsspezifischen Pensionsantrittsalters wurde zum jetzigen Zeitpunkt (2024) noch nicht ausjudiziert.

7 Abschließende Gedanken

Die Betrachtung von Geschlecht und Gender aus unterschiedlichen Blickwinkeln zeigt, dass es biologisch alle Übergänge zwischen den Geschlechtern gibt, allerdings mit zwei deutlichen *Peaks* bei 46XX weiblich und 46XY männlich. Diese *Peaks* sind psychisch und psychosexuell geringer ausgeprägt. Die Gesellschaft tendiert jedoch dazu, die biologischen Übergangsformen auszublenden, das heißt die Geschlechter-*Peaks* sind in der Wahrnehmung seitens der Gesellschaft deutlicher ausgeprägt als die biologischen. Dadurch entstehen Spannungen und vermeidbares individuelles Leid. Die Ungleichbehandlung von Männern und Frauen vor dem Gesetz ist aus einem patriarchalen Selbstverständnis des Staates entstanden und für eine egalitäre Gesellschaft nicht zeitgemäß. Da eine eindeutige Zuordnung in ein binäres Geschlechtersystem wissenschaftlich nicht haltbar ist, sollte der Staat auf eine solche verzichten und sowohl Geschlecht als auch Gender als private Angelegenheit betrachten. Gleichzeitig wäre es wünschenswert, wenn in der Bildung ein noch stärkerer Fokus auf respektvollen und gewaltfreien Umgang gelegt werden könnte.

8 Literatur

8.1 Zitierte Literatur

Azziz, R. 2003: The evaluation and management of hirsutism. – In: Obstetrics & Gynecology 101 (5), 995–1007.

Bevan, T. E. 2015: The Psychobiology of Transsexualism and Transgenderism. A New View Based on Scientific Evidence. Praeger. Santa Barbara, CA.

Bundeskriminalamt (Hg.) 2018: Partnerschaftsgewalt. Kriminalstatistische Auswertung – Berichtsjahr 2017. – www.bka.de/SharedDocs/Down loads/DE/Publikationen/JahresberichteUndLagebilder/Partnerschaf tsgewalt/Partnerschaftsgewalt_2017.pdf (Zugriff: 17.08.2024).

Cohen, M. B., Insalaco, L. F., Tonn, C. R., Spiegel, J. H. 2018: Patient Satisfaction after Aesthetic Chondrolaryngoplasty. – In: Plastic and Reconstructive Surgery Global Open 6 (10), e1877.

Cyba, E. [2]2008 [[1]2004]: Patriarchat: Wandel und Aktualität. – In: Becker, R., Kortendiek, B. (Hg.), Handbuch Frauen- und Geschlechterforschung. (= Geschlecht & Gesellschaft 35). VS Verlag für Sozialwissenschaften. Wiesbaden, 17–22.

Dhejne, C., Lichtenstein, P., Boman, M., Johansson, A. L. V., Långström, N., Landén, M. 2011: Long-Term Follow-Up of Transsexual Persons Undergoing Sex Reassignment Surgery: Cohort Study in Sweden. – In: PLOS One 6 (2), e16885.

Gates, G. J. 2011: How many people are lesbian, gay, bisexual, and transgender? The Williams Institute, UCLA School of Law. Los Angeles, CA. – https://williamsinstitute.law.ucla.edu/wp-content/uploads/How-Many-People-LGBT-Apr-2011.pdf (Zugriff: 17.08.2024).

Gershenson, O., Penner, B. 2009: Ladies and gents. Public toilets and gender. Temple University Press. Philadelphia, PA.

Haeberle, E. J. 1978: The Sex Atlas. A new illustrated guide. Seabury Press. New York, NY. – Zit. n. der deutschen Ausgabe: Die Sexualität des Menschen – Handbuch und Atlas. Deutsche Übersetzung unter Mitwirkung von I. Drews. De Gruyter. Berlin [2]1985 [[1]1983].

Hassold, T., Hunt, P. 2001: To err (meiotically) is human: the genesis of human aneuploidy. – In: Nature Reviews Genetics 2 (4), 280–291.

Hell, B., Päßler, K. 2011: Are occupational interests hormonally influenced? The 2D:4D-interest nexus. – In: Personality and Individual Differences 51 (4), 376–380.

Hill, T. P. 2020: Modeling the evolution of differences in variability between sexes. – In: Journal of Interdisciplinary Mathematics 23 (5), 1009–1031.

Hird, M. J. 2000: Gender's nature: Intersexuality, transsexualism and the 'sex'/'gender' binary. – In: Feminist Theory 1 (3), 347–364.

Hoffmann, A. 1996: Political Correctness – Zwischen Sprachzensur und Minderheitenschutz. Tectum. Baden-Baden.

Hunter, S. K., Angadi, S. S., Bhargava, A., Harper, J., Lindén Hirschberg, A., Levine, B. D., Moreau, K. L., Nokoff, N. J., Stachenfeld, N. S., Bermon, S. 2023: The Biological Basis of Sex Differences in Athletic Performance. Consensus Statement for the American College of Sports Medicine. – In: Medicine and Science in Sports and Exercise 55 (12), 2328–2360.

Hyde, J. S., Mertz, J. E. 2009: Gender, culture, and mathematics performance. – In: PNAS 106 (22), 8801–8807.

Jost, A. 1953: Problems of fetal endocrinology. The gonadal and hypophyseal hormones. – In: Recent Progress in Hormone Research 8, 379–418.

Kurth, I., Grimm, T. 2014: Mosaike bei monogenen Erkrankungen. – In: Medizinische Genetik 26 (3), 336–341.

Littmann, L. 2018: Parent reports of adolescents and young adults perceived to show signs of a rapid onset of gender dysphoria. – In: PLOS One 14 (3), e0214157.

Meyer, G. 2021: Geschlechtsangleichende Hormontherapie bei Transidentität. Voraussetzungen und Therapiemanagement. – In: Journal für Gynäkologische Endokrinologie/Schweiz 24 (4), 180–189.

Montanez, A. 2017: Beyond XX and XY. The Extraordinary Complexity of Sex Determination. – In: Scientific American 317 (3), 50–53.

Nye, J. V. C., Bryukhanov, M., Kochergina, E., Orel, E., Polyachenko, S., Yudkevich, M. 2016: The Effects of Prenatal Testosterone on Wages. Evidence from Russia. – In: Economics & Human Biology 24, 43–60.

Price, J. A. 1976: The Prevalence of 47, XYY Males among Collegiate Basketball Players. Masters Thesis. Western Michigan University.

Reeser, J. C. 2005: Gender identity and sport: is the playing field level? – In: British Journal of Sports Medicine 39 (10), 695–699.

Rentmeister, C. 1985: Frauenwelten–Männerwelten. Für eine neue kulturpolitische Bildung. (= Alltag und Biographie von Mädchen 8). Leske + Budrich. Opladen.

Scherr, A. 2017: Soziologische Diskriminierungsforschung. – In: Scherr, A., El-Mafaalani, A., Yüksel, G. (Hg.), Handbuch Diskriminierung. Springer VS. Wiesbaden, 39–58.

Schwarzer, A. 1975: Der kleine Unterschied und seine großen Folgen. Fischer. Frankfurt a. M.

Sudai, M. 2017: The testosterone rule – constructing fairness in professional sport. – In: Journal of Law and the Biosciences 4 (1), 181–193.

Tariverdian, G., Buselmaier W. [4]2007 [[1]1991]: Humangenetik für Biologen. Springer. Berlin.

Tilley, E., Ulrich, L., Lüthi, C., Reymond, P., Schertenleib, R., Zurbrügg, C. [2]2014 [[1]2008]: Compendium of Sanitation Systems and Technologies. Eawag: Swiss Federal Institute of Aquatic Science and Technology. Dübendorf.

Urry, L. A., Cain, M. L., Wasserman, S. A., Minorsky, P. V., Reece, J. B. [11]2017 [[1]1987]: Campbell biology. Pearson Education. New York, NY. – Zit. n. der deutschen Ausgabe: Campbell Biologie. Pearson. Hallbergmoos [11]2019.

Vincent, B. 2019: Breaking down barriers and binaries in trans healthcare. The validation of non-binary people. – In: International Journal of Transgenderism 20 (2–3), 132–137.

Voß, H. J. 2010: Making Sex Revisited. Dekonstruktion des Geschlechts aus biologisch-medizinischer Perspektive. Transcript. Bielefeld.

Wagner, T., Wirth, J., Meyer, J., Zabel, B., Held, M., Zimmer, J., Pasantes, J., Bricarelli, F. D., Keutel. J., Hustert, E., Wolf, U., Tommerup, N., Schempp, W., Scherer, G. 1994: Autosomal sex reversal and campomelic dysplasia are caused by mutations in and around the SRY-related gene SOX9. – In: Cell 79 (6), 1111–1120.

Wierenga, L. M., Doucet, G. E., Dima, D. [und mehr als 100 weitere Autoren] 2020: Greater male than female variability in regional brain structure across the lifespan. – In: Human Brain Mapping 43 (1), 470–499.

Wigzell, O. 2020: The Evolution of the Diagnosis of Gender Dysphoria Prevalence, co-occurring psychiatric diagnoses and mortality from suicide. Socialstyrelsen. Stockholm. – www.transgendertrend.com/wp-content/uploads/2020/11/English-NBHW-report-002.pdf (Zugriff: 17.08.2024).

Wilson Sayres, M. A. 2018: Genetic Diversity on the Sex Chromosomes. – In: Genome Biology and Evolution 10 (4), 1064–1078.

8.2 Zitierte Medienartikel

Finder, A., Healy, P. D., Zernike, K. 22.02.2006: President of Harvard Resigns, Ending Stormy 5-Year Tenure. – In: The New York Times. – www.nytimes.com/2006/02/22/education/22harvard.html (Zugriff: 17.08.2024).

Hosie, R. 02.09.2018: Unisex changing rooms put women at danger of sexual assault, data reveals. – In: The Independent. – www.independent.co.uk/life-style/women/sexual-assault-unisex-changing-rooms-sunday-times-women-risk-a8519086.html (Zugriff: 17.08.2024).

Lamm, L. 19.01.2023: Diskriminierung von Frauen: Woher kommt das Patriarchat? – In: National Geographic. – www.nationalgeographic.de/geschichte-und-kultur/2023/01/patriarchat-schwache-geschlecht-kulturelle-erfindung-frau-mann-gleichberechtigung (Zugriff: 17.08.2024).

Neumann, M. 18.09.2018: Kann Mathematik sexistisch sein? Ein Aufsatz über Intelligenzverteilung unter Männern und Frauen wurde in den USA jedenfalls zensuriert. – In: Neue Zürcher Zeitung. – www.nzz.ch/feuilleton/kann-mathematik-sexistisch-sein-ein-aufsatz-ueber-intelligenzverteilung-unter-maennern-und-frauen-wurde-in-den-usa-jedenfalls-zensuriert-ld.1419733 (Zugriff: 17.08.2024).

Stokowski, M. 06.12.2016: Eine Epidemie der Gewalt. Gewalt gegen Frauen, nicht nur in Freiburg. – In: Der Spiegel. – www.spiegel.de/kultur/gesellschaft/getoetete-studentin-in-freiburg-unsere-taeglichen-toten-kolumne-stokowski-a-1124603.html (Zugriff: 17.08.2024).

.

Andreas Mehl

Perspektiven und Perspektivenwechsel des antiken Menschen gegenüber Gegebenheiten der Natur und gesellschaftlicher Umgebung[1]

Zusammenfassung

Bewusst oder unbewusst, letzteres im Alltagsleben unzweifelhaft weitaus häufiger, betrachten Menschen, Einzelne wie Gruppen, ja ganze Gesellschaften und Kulturgruppen, konkrete und abstrakte Dinge, mit denen sie konfrontiert werden, in einer bestimmten Sichtweise, einer Perspektive. Unter dieser Vorgabe beurteilen sie den Gegenstand, setzen ihn zu ihrem bisherigen Wissen in Bezug und ordnen ihn in dieses ein und treffen aus ihrer Perspektive heraus über den Gegenstand Entscheidungen. Dieselben Menschen können im Lauf der Zeit, unter Umständen auch kurzfristig ihre Perspektive gegenüber gleichartigen oder sogar denselben Gegenständen ändern und so zu voneinander abweichenden Erkenntnissen gelangen. Das kann ohne weitreichende Konsequenzen geschehen, vor allem dann, wenn situationsabhängig letztlich taktisch zwischen Perspektiven hin und her gewechselt wird. Das Aufeinandertreffen von Perspektiven kann aber auch den Erkenntnisrahmen bis hin zum Paradigma oder Weltbild eines oder vieler Menschen und ihrer Gruppen und Gesellschaften wesentlich verändern. Dies wiederum kann mit heftigen Konflikten verbunden sein. Im vorliegenden Beitrag werden antike Fälle des Aufeinandertreffens von Perspektiven und der Ablösung einer Perspektive durch eine andere vorgestellt[2]. Dabei werden auch Konflikte, Maßnahmen des Ausgleichs und

---

[1] Der Verfasser dankt Oliver Bender für die nachträgliche Aufnahme des Beitrags in den Tagungsband. Den Vortrag selbst konnte der Verfasser bei den Matreier Gesprächen nicht halten (und folglich keine Anregungen aus einer Vortragsdiskussion für die Veröffentlichung gewinnen), da ungünstige Wetterbedingungen, mit denen die Deutsche Bahn tagelang nicht zurechtkam, seine Teilnahme an der Tagung verhinderten.

[2] Der Verfasser geht davon aus, dass im Allgemeinen zu einem gegebenen Zeitpunkt zwei Perspektiven in Konkurrenz zueinander treten, schließt aber auch Situationen mehrerer miteinander konkurrierender Sichtweisen nicht aus.

Schwebezustände zwischen Perspektiven sowie nur scheinbare Perspektivenwechsel berücksichtigt.

1 Mensch und Natur

Im ersten Absatz des Vorworts dieses Bandes werden „spirituelle[n] und religiöse[n] Deutungen" der vom Menschen um sich herum wahrgenommenen Natur einer Perspektive gegenübergestellt, die darin besteht, die natürliche Umwelt des Menschen „als ein rein von der Natur gegebenes Geschehen zu begreifen, die Natur zur Ursache und Norm aller Erscheinungen zu erklären". Bei den antiken Griechen lässt sich die Perspektive, die Natürliches aus der Natur selbst heraus erklärt, als bewusst bezogene Gegenposition zur älteren als göttlich aufgefassten Natur, mithin als Perspektivenwechsel verstehen, und zwar als einen von so grundsätzlicher Art, dass man ihn als Paradigmenwechsel bezeichnen muss. Diese erstmals von einigen sogenannten ‚ionischen Naturphilosophen' vertretene Sichtweise ermöglichte vor ungefähr 2500 Jahren die Entwicklung von Naturbetrachtung zu Wissenschaft, wie sie dann bei den antiken Griechen insbesondere Aristoteles betrieb. Dabei war Erklärung der Natur aus dieser selbst heraus keineswegs mit der Abschaffung der Götter verbunden, vielmehr interpretierte der wohl früheste Vertreter dieser Sichtweise, Xenophanes (um 570 – um 475 v. Chr.), die traditionellen, den Menschen auch und gerade in ihrem Verhalten allzu ähnlichen Götter zu ethisch vorbildlichen abstrakten höheren Wesen um[3].

Freilich blieb die Vorstellung von der göttlichen Natur bestehen und wurde die Antike hindurch von der Mehrheit der Menschen geteilt, sei es als Göttlichkeit der Natur selbst, sei es als Natur, die von menschengestaltigen Göttern geformt wird[4]. Alte und neue Sicht auf die Natur konnten frontal aufeinanderprallen. So wurde in Athen Anaxagoras kurz vor 430 v. Chr. verurteilt, weil er die Sonne als feurigen Stein und den Mond als von der Sonne

---

[3] Siehe Xenophanes, Fragmente 2–24 (Naturphilosophie), 25–34 (Kritik am herkömmlichen Götterglauben) und 35–38 (die neue Gottheit); vgl. Mehl (2003, besonders 217–222) und zu Göttlichkeit in Bezug auf Krankheiten im Volksglauben und bei dem Arzt Hippokrates: Absatz unten vor Anmerkung 10.

[4] Aufschlussreich ist der Vergleich zwischen Xenophanes und dem etwas späteren, indes weitgehend traditionell denkenden Xanthos (um 450 v. Chr.) bei Mehl (2003, wie vorige Anmerkung und 222–225).

beleuchtet und der Erde gleich erklärt und sich damit nach Ansicht wohl der Mehrzahl der athenischen Bürger als Leugner der Existenz von Göttern erwiesen hatte[5].

Deutlich später, bald nach der Mitte des 1. Jahrhunderts n. Chr., wurde der römische Bergbau nach Gold auf der Pyrenäenhalbinsel als massiver menschlicher Eingriff in die Natur moralisierend beschrieben und zugleich als Misshandlung der Eingeweide der ‚heiligen‘ ‚Mutter Erde‘ getadelt[6]. Gewiss ist bei dem literarisch versierten, im weitem Umfang belesenen und im Hinblick auf das Verhältnis zwischen Natur und göttlicher Sphäre pantheistischen Autor Plinius die hier als göttlich vorausgesetzte Natur metaphorisch zu verstehen. Insofern spielt der gebildete Autor mit einer nicht obsolet gewordenen und überdies rhetorisch wirkungsvoll zu vermittelnden Vorstellung. Über metaphorisch verwendete Götter konnte ein Grieche oder Römer versuchen, sowohl im herkömmlichen Götterglauben verhaftete als auch aufklärerische Gemüter zugleich zufriedenzustellen und musste sich nicht auf eine der beiden Perspektiven zu den Göttern festlegen oder deren Synthese herzustellen versuchen.

Wenn in antiken literarischen Texten menschliches Handeln mit Einwirkung auf die Natur und sodann deren Rückwirkung auf den Menschen geboten wird, so ist das eine Ausnahme[7]. Zumeist wird, wie das Plinius im

---

[5] Siehe Anaxagoras, kurz Fragment 10; damit nicht in jedem Detail identisch und ausführlicher: Fragmente 6 und 48; vgl. Ekschmitt (1989, 76–81, hier 79f.).

[6] Siehe Plinius, Naturkunde XXXIII, 1, 2 – 2, 4 und XXI, 70–77; auch II, 63 und 154–159: ‚die heilige Mutter Erde‘ und der sich an ihr durch Bergbau vergehende Mensch; auch zum Folgenden: Mehl (1996, 60 und 69–73).

[7] Dies gilt auch für eine Schilderung der landschaftlichen Depravation Attikas in Platon (Kritias 110d4–111d8), die heute gern ausschließlich für schädliche Veränderungen der natürlichen Umwelt durch den Menschen zitiert wird und doch nur sehr eingeschränkt dafür verwendbar ist: Beschrieben wird vor allem natürliche, durch Regenfälle bei starken Höhenunterschieden der Landschaft bewirkte Erosion. Nur mit dem zwar nicht genannten, jedoch vorausgesetzten Fällen vor allem großer Bäume scheint auch menschliches Einwirken auf die Natur durch, aber nicht mehr als das. Mit Bienen als kümmerlicher Restnutzung des depravierten Landes wird auch Rückwirkung der durch den Menschen beeinträchtigten Natur auf diesen verdeutlicht. – Zu einfach auf umweltschädliches menschliches Handeln ausgerichtet ist auch die knappe Formulierung in Mehl (2022, 71, mit Literatur).

soeben herangezogenen Beispiel tut, nur das eine oder andere aufgegriffen. Ein bei diesem Gegenstand an sich möglicher Perspektivenwechsel des Autors kommt so nicht zustande. Insbesondere wurden in der antiken Geschichtsschreibung seit ihrem ersten namhaften Vertreter Herodot (Historien), also seit etwa der Mitte des 5. Jahrhunderts v. Chr., unter deutlicher Bewunderung immer wieder imposante Baumaßnahmen unterschiedlichster Art beschrieben, die oft genug deutlich und bleibend in die Landschaft eingegriffen haben, ohne dass der Beschreiber dies zum Anlass genommen hätte, das zu problematisieren und dabei die Perspektive zu wechseln. Dies hat etwa Herodot in seinen Historien mehrfach getan. Ein Perspektivenwechsel weg von menschlichem Einwirken auf die Natur hin zu Einwirken der Natur auf den Menschen kann allenfalls dort gefunden werden, wo die Natur als stärkere Kraft die Fertigstellung einer deutlich in die Natur eingreifenden Baumaßnahme unmöglich gemacht oder das bereits Gebaute zerstört hat und beides mitgeteilt wird. Indes liegt bei derartigen Darstellungen im Allgemeinen eine Erzählung vor, die schlicht eine Folge von Handlungen und Ereignissen wiedergibt, mithin chronologisch-genetisch vorgeht und dabei zwangsläufig vom Einwirken des Menschen auf die Natur zum Einwirken der Natur auf den Menschen übergeht[8]. So berichtet Tacitus in den Annalen (12, 56–57) über den letztlich vergeblichen und fast in einer Katastrophe endenden Trockenlegungsversuch des Lacus Fucinus um das Jahr 50 n. Chr. in der Weise, dass er die Trockenlegungsarbeiten gewissermaßen als Vorspiel für die pompösen – im Übrigen zweimaligen – Einweihungsfeierlichkeiten in Gegenwart der Kaiserfamilie zusammenfasst, die in Gefahr gerieten, als der nun geöffnete Ausfluss das Seewasser mit solcher Gewalt entließ, dass der Bereich des Ausflusses in kürzester Zeit zerstört wurde.

Mögen auch immer wieder menschliche Leistungen mit Einwirkung auf die Natur einer staunenden Leserschaft mitgeteilt worden sein, so war die umgekehrte Sicht von der Wirkung der Natur auf den Menschen nicht weniger beliebt. Beides existierte nebeneinander, ohne dass ein Konkurrenzverhältnis im Sinne eines Entweder-Oder und damit eventuell auch ein Perspektivenwechsel entstanden wäre. Einwirkung der Natur auf den Menschen, ohne dass eine Einwirkung des Menschen auf die Natur vorausgegangen oder als

---

[8] Durch seine tatsächliche Trockenlegung im 19. Jahrhundert n. Chr. wurde der im Apennin bei Avezzano gelegene *Lago* Fucino zur *Conca* del Fucino.

solche erkannt worden wäre, und damit ohne Möglichkeit eines Perspektivenwechsels haben etliche antike Autoren, darunter anerkannte Autoritäten, beschrieben. In einer bestimmten Weise taten das Hippokrates und die ihm in der Klimazonenlehre folgenden antiken – und modernen – Autoren (unten bei Anmerkung 10–12). Man sah oder dachte sich diese Einwirkung sowohl physisch als auch mental. Ein Beispiel zu letzterem: Mit Etruskern, die von Mittelitalien in die Po-Ebene ausgewandert waren, dort Städte gegründet hatten und später durch ebenfalls eingewanderte Gallier in den angrenzenden Teil der Alpen abgedrängt worden sind (Plinius, Naturkunde III, 112 und 133), sei Folgendes geschehen: „Ohne Zweifel haben auch die Alpenvölker diesen [d. h. etruskischen] Ursprung, am meisten die Räter, die von den Örtlichkeiten selbst so verwildert worden sind, dass sie nichts vom Alten [also von ihren ursprünglichen etruskischen Eigenschaften] behalten haben außer dem Klang der Sprache, aber auch ihn nicht unverdorben" (Livius, Römische Geschichte V, 33, 11, Übers. v. Verf.)[9]. Wilde Umwelt hat also Menschen in Gestalt, Sitten und Sprache wild gemacht.

Als rational begründete Position lässt sich die damals neue Perspektive der Wirkung der Natur – und nicht etwa der Götter – auf den Menschen bis in das spätere 5. Jahrhundert v. Chr. zurückverfolgen. Ihr Urheber scheint kein geringerer gewesen sein als der berühmte Arzt und Naturforscher Hippokrates (um 460 – um 370 v. Chr.) zusammen mit seiner ‚Schule'. Hippokrates vertrat seine Position in einer Zeit, in der, wie weiter oben dargestellt, im demokratischen Athen Anaxagoras aufgrund seiner natürlichen Erklärung der Gestirne wegen Gottlosigkeit vor Gericht gestellt und der Kult des traditionellen Heilgottes Asklepios dort überhaupt erst eingeführt wurde (421–420 v. Chr.), und zwar mit dem hochangesehenen Dramendichter Sophokles als einem Akteur bei der ‚Einbürgerung' des Gottes. Am Beginn seiner Schrift ‚Von der heiligen Krankheit' (Epilepsie) weist Hippokrates den allgemein für göttlich gehaltenen Ursprung dieser einen Krankheit zurück, indem er sie als „in keiner Weise göttlicher oder heiliger" bezeichnet „als die anderen Krankheiten", ihre traditionelle Therapie „durch Sühnungen und

---

[9] im Zusammenhang mit dem Galliereinfall in Italien im frühen 4. Jahrhundert v. Chr. samt der Eroberung Roms (Livius, ebd., V, 33, 7ff.). Heute lässt sich trotz aller Versuche das Verhältnis zwischen der etruskischen und der rätischen Sprache nicht wirklich festlegen, da beide Sprachen nur in dürftigen Resten als sogenannte Trümmersprachen erhalten sind.

Besprechungen" zurückweist und schließlich zu „zeigen" ankündigt, dass „andere Krankheiten, die niemand für heilig hält, um nichts weniger wunderbar oder rätselhaft sind" als die „sogenannte Heilige Krankheit" (Hippokrates, Von der Heiligen Krankheit 1, Übers. n. Capelle 1955, 64f.).

Innerhalb der Perspektive der Wirkung der Natur auf den Menschen ist für Hippokrates die Beobachtung der lokalen Umwelt einschließlich der lokalen Witterung der Schlüssel sowohl zu Diagnose als auch Prognose von Krankheiten und ihren Verläufen und damit ein Muss für jeden Arzt[10]. Darüber hinaus hat Hippokrates Umweltbedingungen auch für die unterschiedliche physische und mentale Ausformung von Völkern verantwortlich gemacht (Hippokrates, Von der Umwelt 12–24 als zweiter Teil der Schrift). Hier wird die sowohl physische als auch mentale Wirkung der Umwelt sogar besonders deutlich beschrieben. Dahinter steht eine besondere historische Situation: Die kriegerischen Auseinandersetzungen zwischen griechischen Klein- und Stadtstaaten und dem Perserreich mit seinen vielen Völkern von Kleinasien über Syrien, Ägypten und Mesopotamien bis in den Iran und nach Innerasien sowie das Bewusstwerden der unterschiedlichen politischen und gesellschaftlichen Verfasstheit der griechischen Gemeinwesen und des Vielvölkerreiches der persischen Großkönige veranlassten griechische Intellektuelle dazu, nach grundlegenden Unterschieden, ja Gegensätzen zwischen ‚Europa und Asien', genauer zwischen deren beiden Bewohnern, zu suchen (Hippokrates, Von der Umwelt 12 über die beiden Erdteile und ihre Völker). Hippokrates erklärte diese von ihm beschriebenen Unterschiede und Gegensätze mit den geographisch bedingten unterschiedlichen klimatischen Bedingungen, die die einen freiheitsliebend, die anderen jedoch zur Knechtschaft bereit gemacht hätten und damit auch unterschiedliche und gegensätzliche Organisationsformen menschlicher Gesellschaften hätten entstehen lassen. Damit wurde Hippokrates zum Urheber der modern so genannten, in ihren pauschalen Zuordnungen problematischen und in daraus ableitbaren Schlüssen durchaus fatalen ‚Klimazonentheorie'. Prominente antike Autoren unterschiedlicher Literaturgattungen folgten viele Jahrhun-

---

[10] Siehe Hippokrates (Epidemien und Prognostikon sowie den medizinischen ersten Teil der Schrift von der Umwelt 1–11) mit der von Mensch zu Mensch unterschiedlichen ‚Natur' (Konstitution) als dem Faktor, der innerhalb von Grenzen die Umweltbedingungen individuell wirken lässt.

derte hindurch dieser Perspektive[11]. Und nahezu eineinhalb Jahrtausende nach der Antike taten das neben anderen Berühmtheiten auch Friedrich Engels und Karl Marx[12]. Hippokrates' Klimazonentheorie hat also lange und intensiv nachgewirkt und wirkt hier und da wohl noch heute nach. Insoweit ist sie nicht oder jedenfalls nicht vollständig durch weiteren Perspektivenwechsel von einer anderen Perspektive abgelöst worden.

Zwei für das Verständnis des Menschen von seinem Wohnplatz Erde und damit für ihn selbst bedeutsame kosmische Phänomene wurden konträr gedeutet: Zum einen wurde die Frage hin und her gewendet, ob in älterer Ansicht die Erde eine Scheibe oder in jüngerer Ansicht eine Kugel beziehungsweise kugelähnlich ist, und zum anderen die Frage, ob sich als ältere Vorstellung die Sonne um die Erde oder als jüngere, seit dem 3. Jahrhundert v. Chr. fassbare Vorstellung die Erde um die Sonne dreht und welches der zwei Gestirne im Mittelpunkt des Kosmos steht[13]. Bald nach der Mitte des 1. Jahrhunderts n. Chr. wurde in einer literarischen Diskussion auf geozentrischer Grundlage und unter Heranziehung teils als gelehrt, teils als volkstümlich bezeichneter Argumente „Konsens über die Gestalt der Erde" festgestellt (Plinius, Naturkunde II, 54, 160). Das geschah indes so, dass Kugel und Scheibe und mit ihnen Räumliches und Flächiges miteinander vermengt wurden (ebd., II, 54, 160 bis 56, 166)[14]. Dabei mag eine – möglicherweise

---

[11] Für die Antike nennt Capelle (1955, 89) Euripides, Platon, Aristoteles, Polybios, Panaitios und insbesondere Poseidonios; außerdem Cicero, Livius und Tacitus. Mit Sokrates und Cassiodor gibt Capelle auch zwei christlich-spätantike Autoren (5.–6. Jahrhundert n. Chr.) an.

[12] Capelle (1955, 89f.) führt mit Montesquieu, Alexander von Humboldt und Friedrich Ratzel Autoren des 18. bis ganz frühen 20. Jahrhunderts an. Den für mit Marx' und Engels' Schriften nicht Vertrauten erstaunlichen Umstand beschreibt Nippel (2005, 177–182) auch unter Bezug auf Hippokrates (und Aristoteles).

[13] Auch zum Folgenden: Die heliozentrische Sichtweise ist in der Antike von Aristarch (3. Jahrhundert v. Chr.) bis zu Seneca (um Chr. Geburt – 65 n. Chr.) nachweisbar (vgl. Ekschmitt 1989, 148–154). Die Alternative der Erde als Kugel oder Scheibe innerhalb der geozentrischen Perspektive wird unter Bezug auf Anaxagoras erwähnt bei Platon (Phaidon 97D5–E4 und 108E4: an letzterer Stelle vom Vokabular her doppeldeutig bezüglich Kugel beziehungsweise Scheibe) (vgl. Ekschmitt 1989, 83–85 zu Sokrates).

[14] Die in den von Plinius gebrauchten Begriffen teilweise feststellbare Zweideutigkeit hinsichtlich Kugel oder Kreis (Scheibe) lässt – wie bei Platon (Phaidon

unklare – Vorstellung von der Erde als Kugel noch in der Antike die Oberhand gewonnen haben. Bei der Alternative zwischen Erde und Sonne als zentralem Himmelskörper setzte sich in der Antike jedoch die ältere Sichtweise gegenüber der neueren durch, und erst Kopernikus und dann Galilei verhalfen im 16. und 17. Jahrhundert n. Chr. der heliozentrischen Sichtweise zum Sieg.

2 Menschliche Gesellschaft

Platons nicht auf die Welt um den Menschen herum, sondern auf den Menschen, die menschliche Gemeinschaft und die abstrakte Welt der Ideen ausgerichtete Philosophie gründete sich auf der Gewissheit, endgültige Wahrheit zu finden. Mehrere Generationen später kam bei gleichen Gegenständen des Philosophierens in der von Platon gegründeten Akademie jedoch eine Richtung auf, die gerade am Erreichen absoluter Wahrheit Skepsis äußerte und den Grundsatz vertrat, sich absolute Gültigkeit beanspruchender Urteile zu enthalten[15]. Hieraus entwickelte sich eine Methode der Erkenntnisgewinnung des Wahrscheinlicheren als „ein erkenntnistheoretisches Prinzip" (Vielberg 2023, 51; auch zum Folgenden ebd., 19–53, bes. 51–53). Das damit verbundene Vorgehen wurde auch von dem bekannten römischen Politiker, Redner und Philosophen Cicero theoretisch vertreten und konkret angewandt in philosophischen Dialogen unter der Devise des *in utramque partem disserere* (‚in beide Richtungen erörtern') und des Gleiches bedeutenden *in contrarias partes disputare* (‚in entgegengesetzte Richtung diskutieren'). Diese Dialoge zeichnen sich durch Perspektivenwechsel aus, die durch unterschiedliche Perspektiven der Dialogteilnehmer selbst, aber auch von ihnen referierter Perspektiven Dritter, insbesondere philosophischer Autoritäten, zustande kommen. Hierin drückt sich die Erwartung und Überzeugung aus, zu weiterführenden Erkenntnissen zu gelangen, indem man je-

---

108E4; vgl. oben Anmerkung 13) – entgegen der Übersetzung von König keine eindeutige Positionierung des Autors zugunsten der Kugelgestalt zu (vgl. Mehl 1994, 452f.). Dabei ist mit Mehl (ebd., 457 mit Anmerkung 73) zu berücksichtigen, dass Plinius immer wieder älteres und neueres, miteinander nicht kompatibles Wissen zum gleichen Gegenstand unentschieden und unkritisch wiedergibt.

[15] Dies ist mit dem Prinzip mehrerer kürzerer, sogenannter ‚aporetischer', ohne Problemlösung endender Dialoge Platons, die gern, aber nicht mit Sicherheit in dessen frühe Zeit datiert werden, zwar nicht identisch, aber doch vergleichbar.

weils zwei oder auch mehr voneinander abweichende, eventuell einander entgegengesetzte Thesen nicht nur einander gegenüberstellt, sondern auch gegeneinander abwägt, dabei zwangsläufig zwischen Positionen mit ihren voneinander verschiedenen Perspektiven hin und her wechselt und auf diese Weise dialektisch vorgeht.

Der bekannte römische Grundsatz *audiatur et altera pars* (,Auch die andere Seite oder Partei werde gehört') beschreibt den Grundsatz, in Gerichtsverfahren beide Parteien gleich zu behandeln, ihnen beispielsweise, wie bereits im demokratischen Athen praktiziert, gleiche Redezeit zu geben. Das ist vor dem Hintergrund zu sehen, dass in allen antiken Gerichtsverfahren, auch Strafsachen, beide Seiten von Privatpersonen vertreten wurden und Prozesse damit als Parteienstreit und so auch als Wettstreit organisiert waren. Dieser formalen Gleichheit entsprach in der Sache das hier vorgetragene Zitat insoweit, als beide Seiten mit ihren Argumenten von den Richtern zunächst als gleichwertig wahrgenommen werden mussten. Das setzt auch voraus, dass die Richter zwischen den Perspektiven beider Parteien hin und her zu wechseln und diese gegeneinander abzuwägen fähig und bereit waren.

Auch im politischen Verhalten von Griechen und Römern spielte das Prinzip von Position und Gegenposition eine große Rolle. In öffentlichen Debatten wurde über das, was zu tun oder zu lassen sei, mit harten Bandagen und unter Aufbietung aller rhetorischen Mittel vielleicht noch mehr als vor Gericht für die Durchsetzung des eigenen Standpunkts, das heißt für die Zustimmung der Mehrheit der versammelten Bürger gestritten. Dies konnte unter besonderen Umständen darauf hinauslaufen, einen vom Bürgervolk bereits gefassten Beschluss unter dem Eindruck einer neuen Sichtweise der gegebenen Entscheidungssituation zu revidieren. Als Beispiel für letztes sei die ungewöhnliche zweimalige Behandlung desselben Falles innerhalb kurzer Zeit genannt, in der die hier als Gericht fungierende Volksversammlung des demokratischen Athens im Jahr 427 v. Chr. über Leben und Tod der Bürger der Polis Mytilene auf der Ägäisinsel Lesbos im Ergebnis der zweiten Erörterung des Falles anders entschied als bei der ersten (Thukydides, Der Peloponnesische Krieg 3, 36–49). Das Verhalten der von Athen abgefallenen Mytilener gegenüber den Machtinteressen der Polis Athen konnte unterschiedlich bewertet werden. Die in der zweiten Behandlung aufgeworfenen generellen Positionen hinsichtlich der Abschreckungswirkung von Strafen und hinsichtlich der Frage, ob ein gefasster Beschluss unbedingt beizubehalten sei oder eventuell auch revidiert werden könne und etwa auch müsse, konnten hingegen nur in der einen oder anderen Richtung entschieden werden. Das zweite Urteil ergab sich nicht einfach als Gegenteil zum ersten Urteil, sondern musste neu überlegt und formuliert werden. Es konnte ohne Perspektivenwechsel zumindest eines Teils jener Bürger nicht gefällt werden, die in der ersten Volksversammlung für dort getroffene Entscheidung gestimmt hatten.

Ein weiteres Beispiel, indes mit besonderer Pointe, stammt nicht zufällig ebenfalls aus dem demokratischen Athen des 5. Jahrhunderts v. Chr.: Als das Bürgervolk Athens nach der vollständigen Niederlage gegen Sparta und dessen Verbündete im Peloponnesischen Krieg 404 v. Chr. die Demokratie abschaffte und durch eine Oligarchie ersetzte, war diese tiefgreifende Veränderung des Gemeinwesens, die man zuvor nicht für möglich gehalten hätte, nach gut hundert Jahren praktizierter Demokratie nur durch krassen Perspektivenwechsel möglich. Hätten die Athener nicht sehr bald nochmals umgedacht, müsste man sogar von einem Paradigmenwechsel sprechen. Tatsächlich aber wechselte man in Athen innerhalb kurzer, ja kürzester Zeit (404–403 v. Chr.) von einer Perspektive A (Demokratie) hinsichtlich der zu praktizierenden politischen Verfassung in eine davon der Sache nach deutlich unterschiedene, ja gegensätzliche Perspektive B (Oligarchie) und von dieser aus zurück zu einer der Ausgangsperspektive A weitestgehend gleichenden Perspektive A' (also wiederum Demokratie) (Xenophon, Hellenika 2, 3–4).

Wechselnde politische und judikative Entscheidungen vieler Abstimmenden beim gleichen Gegenstand kamen wesentlich durch Reden Einzelner zustande, in denen Perspektive gegen Perspektive gestellt, ja ausgespielt wurde. Die sich hierin zeigende Rhetorik darf in ihrer Bedeutung für die Darlegung unterschiedlicher, ja gegensätzlicher Sichtweisen eines und desselben Gegenstandes nicht geringgeschätzt werden. Redner vor Gericht und in politischen Versammlungen waren in diesem Verfahren geübt. Das wurden sie zuallererst durch das Studium der Rhetorik und dann durch eigene Auftritte. Der einfache Bürger lernte passiv und je nach Gelegenheit und seiner Veranlagung auch aktiv durch eigene Wortmeldung in Volksversammlungen und Gerichtsverhandlungen sowie Diskussionen auf Marktplätzen, in Werkstätten und Gasthäusern, mit ihm dargebotenen Perspektiven und Perspektivenwechseln mental umzugehen, und seine Schlüsse zu ziehen und eventuell auch gegenüber anderen zu vertreten.

Vor Schlachten wurden Positionen und Motivationen der beiden Gegner durch Reden beider Feldherren an ihre Truppen wirkungsvoll dargelegt beziehungsweise solche Redenpaare nachträglich in der Geschichtsschreibung und historischen Biographie auf eine Entscheidungssituation hin zugespitzt wiedergegeben oder auch von Grund auf nach literarisch-rhetorischen Regeln effektvoll gestaltet. Überhaupt nahmen antike Geschichtsschreibung und Biographie mit Vorliebe Situationen und Vorgänge des politischen Streits und extremer Entscheidungssituationen auf. Wohl die spannendsten und besonders aufwühlenden Passagen stellen oftmals antithetisch dargestellte beziehungsweise konstruierte und durch Erfindungskunst geprägte Redenpaare dar[16]. Deren literarische Verfasser können dabei einen festen Standpunkt zugunsten einer und damit zwangsläufig zuungunsten der anderen der beiden von ihnen geschilderten Perspektiven gehabt haben[17]. In diesem Fall wechselten sie selbst in der Wiedergabe konträrer Positionen die Perspektive nur scheinbar. Den Leser setzten sie indes einem dramatischen Aufeinanderprallen der Perspektiven und damit der zeitweiligen Ungewissheit über die stärkere beziehungsweise richtige Perspektive aus, um ihn letztendlich doch zu einer der beiden Perspektiven hinzuführen. Hier war auf einer Ebene, der Position des Autors, der Perspektivenwechsel unecht und zugleich auf der anderen Ebene, dem erzählten konträren Redenpaar, doch echt. In dieser Differenz war die Aufforderung an den Leser enthalten,

---

[16] Das gilt auch für die weiter oben beschriebene zweite Volksversammlung der Athener wegen der Mytilener.

[17] So Tacitus (Agricola 29, 4 bis 35, 1) bezüglich des Redenpaares vor der Entscheidungsschlacht am Mons Graupius (83 n. Chr.). Als Leser, zumal als heutiger Leser vor dem Hintergrund der kolonialen Epoche, wird man emotional zunächst der an erster Stelle wiedergegebenen Rede für die Freiheit der Britannier und gegen die Machtpolitik der Römer zu folgen geneigt sein. Doch wird deutlich, dass Tacitus als Autor der beiden Reden des britannischen Königs Calgacus und des römischen Statthalters und Feldherren Agricola, die ganz unterschiedliche Argumentationslinien verfolgen, nicht den Standpunkt des britannischen Redners, sondern die Perspektive der römischen Seite und insbesondere ihrer Führungsschicht teilt, der Tacitus selbst angehört. Dass er die Position des imperialen Roms seinen Lesern vermitteln will, wird hier und anderwärts in seinen Geschichtsdarstellungen immer wieder deutlich. Überdies stellt er in der hier herangezogenen Schrift Leben und Wirken seines Schwiegervaters Agricola lobpreisend dar und lässt mit der dann von diesem gewonnenen Schlacht am Mons Graupius wirkungsvoll dessen Amtszeit als Statthalter der Provinz Britannia enden.

den Unterschied zwischen beidem zu erkennen und ihn gleichzeitig ästhetisch zu genießen.

3 Zusammenfassung und Schlussfolgerungen

Der Verfasser hat Perspektiven und Perspektivenwechsel einerseits in der Naturerkenntnis und andererseits im Denken und Handeln, soweit es sich auf die Menschen selbst und ihre Gesellschaft bezieht, vorgestellt und problematisiert und ist dabei zu folgenden differenzierenden Ergebnissen gelangt:

A. Antike Betrachtung der Natur, ja der Welt und des Wirkungsverhältnisses zwischen Mensch und Natur kannte unterschiedliche Perspektiven auf denselben Gegenstand oder im gleichen Sachbereich. Diese Perspektiven konnten unverbunden nebeneinander stehen oder sie wurden zwar einander gegenübergestellt, jedoch nicht unbedingt in einen Perspektivenwechsel und schon gar nicht in einen Paradigmenwechsel der Kuhnschen Art (Kuhn 1962) oder Vergleichbares überführt. Konkurrenz zwischen zwei Perspektiven konnte, aber musste also nicht geradewegs zur Durchsetzung der besseren und zugleich meistens jüngeren Perspektive gegen die schlechtere führen, sondern erstere konnte letzterer auf lange Zeit unterliegen und in Vergessenheit gedrängt werden. Auch wurden Unterschiede zwischen den objektiven Kriterien zweier Perspektiven nicht immer klar verstanden. Die allgemeine Akzeptanz oder Anerkennung neuer Sichtweisen und der damit verbundenen Perspektiven- und sogar Paradigmenwechsel wurde durch die Zweiteilung der Gesellschaft in wenige Aufgeklärte und viele weltanschaulich Traditionelle, unter denen sich auch gesellschaftlich Hochstehende und Einflussreiche befanden, bisweilen nicht nur behindert, sondern verhindert.

B. In den menschlichen Verhältnissen und ihrer Darstellung nahmen sowohl die Formulierung unterschiedlicher und gegensätzlicher Positionen als auch die argumentative Auseinandersetzung mit ihnen und damit auch angewandte Rhetorik einen großen Raum ein. Der sehr häufig auch vor Gericht auftretende Politiker konnte sich in seinen Reden auf seine Perspektive konzentrieren und musste andere Perspektiven nur insoweit aufgreifen, als es ihm tunlich erschien, sie zum Nutzen der eigenen Position schlechtzureden. Hinwiederum stand der Bürger als Entscheider in der Politik und als Richter in Prozessen vor der Aufgabe, die ihm von anderen für seine Entscheidungen vorgetragenen Sichtweisen in sich selbst und in Diskussionen mit Mitbürgern auszuhandeln, um zu einer Entscheidung zu gelangen. Das schloss

Überlegungen ein, die ihn über Perspektivenwechsel zu einer anderen Entscheidung als der von ihm ursprünglich getroffenen oder zumindest intendierten führen konnten. In Politik und Justiz galten alle an Diskursen und Entscheidungen Beteiligten beziehungsweise zu diesen Berechtigten unausgesprochen als kompetent. Hier wurden unterschiedliche und gegensätzliche Perspektiven nicht nur gleichzeitig vertreten und diskutiert, sondern es wurde auch zugunsten einer Perspektive mit dem Votum der Mehrheit entschieden. Eine solche Entscheidung war samt der ihr zugrundeliegenden Perspektive anfechtbar, indem sie erneut diskutiert und durch einen weiteren Beschluss rückgängig gemacht werden konnte. Damit konnte die der zunächst unterlegenen Entscheidungsalternative zugrundeliegende Perspektive zur überlegenen und handlungsbestimmenden Sichtweise werden. Perspektiven und Perspektivenwechsel waren nicht nur in politischer und gerichtlicher Rede, sondern auch in literarischer Darstellung stark von Rhetorik geprägt, wenn auch mit besonderer Folge für ihre literarische Präsentation und damit auch für deren Leser.

C. Die hier aufgeführten Unterschiede zwischen Perspektiven und Perspektivenwechseln im Hinblick auf die physische Welt und die der Menschen mögen dazu veranlassen, diese beiden Bereiche für ganz und gar verschieden zu halten und die Verwendung derselben Begrifflichkeit ‚Perspektive‘ und ‚Perspektivenwechsel‘ für nichtssagend oder gar irreführend zu halten. Doch sollte man sich mit dieser rein negativen Schlussfolgerung nicht zufriedengeben. Die leichtere und schnellere Übernahme einer neuen Perspektive und der damit verbundene Perspektivenwechsel sowie die Rückkehr zu einer älteren Perspektive in der antiken Politik und anderen Bereichen des gesellschaftlichen und gemeinschaftlichen Lebens einerseits und die schwierigere und viel Zeit erfordernde Durchsetzung einer neuen Perspektive und der damit verbundene Perspektivenwechsel bezüglich der natürlichen Umwelt in der breiten Bevölkerung andererseits stellen keine unvereinbaren Gegensätze dar. Vielmehr sind sie als Unterschiede im zeitlichen Ablauf und dessen dadurch bedingten Modalitäten zu verstehen. Beiden Bereichen ist gemeinsam, dass sowohl im jeweils gegenwärtigen Moment als auch auf längere Sicht hin bisher unbekannte, nicht ausgesprochene und nicht einmal gedachte Perspektiven von Menschen und ihren Gemeinschaften wahrgenommen und die mit ihnen gegebenen Perspektivenwechsel ausgesprochen und umgesetzt werden können.

4 Literatur

4.1 Werke antiker Autoren in Übersetzungen und zweisprachigen Ausgaben[18]

Anaxagoras: Fragmente. – In: Die Vorsokratiker. Griechisch/Deutsch. Überarbeitete und erweiterte Neuausgabe Ausgewählt, übersetzt und erläutert von J. Mansfeld und O. Primavesi. Reclam. Stuttgart 2021, 564–639.

Herodot: Historien. Griechisch-deutsch. Hg. von J. Feix. 2 Bände. Heimeran. München ²1977.

Hippokrates: Epidemien, Buch I und III; Prognostikon; Von der Heiligen Krankheit; Von der Umwelt. – In: Von der Heiligen Krankheit und andere ausgewählte Schriften. Eingeleitet und neu übertragen von W. Capelle. Artemis. Zürich 1955, 147–207; 121–145; 85–120; 61–84.

Livius, T.: Römische Geschichte. Buch IV–VI. Lateinisch und deutsch. Hg. (und übersetzt) von H. J. Hillen. (= Sammlung Tusculum). Artemis & Winkler. Düsseldorf 1991.

Platon: Kritias. – In: Sämtliche Werke 5: Politikos, Philebos, Timaios, Kritias. Nach der Übersetzung von F. Schleiermacher und H. Müller mit der Stephanus-Numerierung. Hg. von W. F. Otto, E. Grassi und G. Plamböck. (= Griechische Philosophie 6). Rowohlt. Reinbek 1959, 215–231.

Platon: Phaidon. – In: Sämtliche Werke 3: Phaidon, Politeia. In der Übersetzung von F. Schleiermacher mit der Stephanus-Numerierung. Hg. von W. F. Otto, E. Grassi und G. Plamböck. (= Griechische Philosophie 4). Rowohlt. Reinbek 1958, 7–66.

Plinius Secundus d. Ä., C.: Naturkunde Lateinisch-deutsch. Buch II: Kosmologie. Hg. und übersetzt von G. Winkler und R. König. (= Sammlung Tusculum). Artemis. München 1974.

---

[18] Die im vorliegenden Beitrag zu antiken literarischen Werken angegebenen Buch-, Abschnitts- und Verszahlen folgen einem international praktizierten Usus. Damit sind sie von der jeweiligen Ausgabe unabhängig. Der Leser kann daher andere Ausgaben als die hier aufgeführten heranziehen, ohne bei der Verifizierung von Zitaten in Schwierigkeiten zu geraten.

Plinius Secundus d. Ä., C.: Naturkunde Lateinisch-deutsch. Bücher III/IV: Geographie: Europa. Hg. und übersetzt von G. Winkler in Zusammenarbeit mit R. König. (= Sammlung Tusculum). Artemis & Winkler. Düsseldorf 1988.

Plinius Secundus d. Ä., C.: Naturkunde Lateinisch-deutsch. Bücher XXI/XXII: Medizin und Pharmakologie: Heilmittel aus dem Pflanzenreich. Hg. und übersetzt von R. König, G. Winkler in Zusammenarbeit mit K. Bayer. (= Sammlung Tusculum). Artemis & Winkler. Düsseldorf 1985.

Plinius Secundus d. Ä., C.: Naturkunde Lateinisch-deutsch. Buch XXXIII: Metallurgie. Hg. und übersetzt von R. König in Zusammenarbeit mit G. Winkler. (= Sammlung Tusculum). Artemis. München 1984.

Tacitus, [P.] C.: 'Agricola': Text mit Übersetzung. – In: Agricola, Germania. Lateinisch und deutsch. Hg., übersetzt und erläutert von A. Städele. (= Sammlung Tusculum). Artemis & Winkler. München 1991, 6–77.

Tacitus, [P.] C.: Annalen. Lateinisch und deutsch. Hg. und übersetzt von E. Heller. (= Sammlung Tusculum). Artemis. München 1982.

Thukydides: Der Peloponnesische Krieg. Griechisch-deutsch. Übersetzt von M. Weißenberger. Mit einer Einleitung von A. Rengakos. (= Sammlung Tusculum). De Gruyter. Berlin 2017.

Xenophanes: Fragmente. – In: Die Vorsokratiker. Griechisch/Deutsch. Überarbeitete und erweiterte Neuausgabe Ausgewählt, übersetzt und erläutert von J. Mansfeld und O. Primavesi. Reclam. Stuttgart 2021, 206–233.

Xenophon: Hellenika. Griechisch-deutsch. Hg. von G. Strasburger. (= Sammlung Tusculum). Heimeran. München 1970.

4.2 Moderne Literatur[19]

Capelle, W. 1955: Die Schrift von der Umwelt. Einleitung. – In: Hippokrates, Von der Heiligen Krankheit und andere ausgewählte Schriften. Eingeleitet und neu übertragen von W. Capelle. Artemis. Zürich, 85–90.

---

[19] In wissenschaftlichen Bibliotheken sind Darstellungen und Untersuchungen antiker Geschichte, Philosophie, Rhetorik, Dichtung und anderer literarischer Gebiete leicht auffindbar. Daher sind hier nur einige wenige spezielle Werke aufgeführt.

Ekschmitt, W. 1989: Weltmodelle. Griechische Weltbilder von Thales bis Ptolemäus. (= Kulturgeschichte der antiken Welt 43). Von Zabern. Mainz.

Kuhn, T. 1962: The Structure of Scientific Revolutions. (= International Encyclopedia of Unified Science 2/2). University of Chicago Press. Chicago, IL. – Deutsch: Die Struktur wissenschaftlicher Revolutionen. Aus dem Amerikanischen von K. Simon. Suhrkamp. Frankfurt a. M. 1967.

Mehl, A. 1994: Imperium sine fine dedi – Die augusteische Vorstellung von der Grenzenlosigkeit des Römischen Reiches. – In: Olshausen. E., Sonnabend, H. (Hg.), Grenze und Grenzland. 4. Stuttgarter Kolloquium zur historischen Geographie der alten Welt, 2. bis 6. Mai 1990. (= Geographica Historica 7). Hakkert. Amsterdam, 431–464.

Mehl, A. 1996: Technik, Natur und Götter in der griechisch-römischen Antike. – In: Liedtke, M. (Hg.), Technik-Anwendung. (= Matreier Gespräche 1995). austria medien service. Graz, 60–88.

Mehl, A. 2003: Zwei folgenreiche Prinzipien in Natur- und Welterklärung durch Griechen archaischer und frühklassischer Zeit. – In: Liedtke, M. (Hg.), Naturrezeption. (= Matreier Gespräche 2001). austria medien service. Graz, 216–236.

Mehl, A. 2022: Nachhaltigkeit in der Antike: Konzepte, Verhaltensweisen, Zustände. – In: Bender, O., Kanitscheider, S., Ruso, B. (Hg.), Nachhaltigkeit. Das Fortbestehen komplexer Systeme. (= 46. Matreier Gespräche zur Kulturethologie 2022. Schriftenreihe der Otto-Koenig-Gesellschaft). BoD. Norderstedt, 69–89.

Nippel, W. 2005: Wiedergelesen: Welskopfs „Produktionsverhältnisse im Alten Orient und in der griechisch-römischen Antike". – In: Stark, I. (Hg.), Elisabeth Charlotte Welskopf und die Alte Geschichte in der DDR. Beiträge der Konferenz vom 21. bis 23. November 2002 in Halle/Saale. Steiner. Stuttgart, 170–183.

Vielberg, M. 2023: Ciceros römische Philosophie. Werk und Wirkung eines akademischen Philosophen in Rom. (= Beiträge zur Altertumskunde 411). De Gruyter. Berlin.

Hans Winkler

Nische, Gen und Mensch: Konstrukte oder Konstrukteure?

Zusammenfassung

Anhand weniger Beispiele aus der Biologie, versuche ich auf die Schwierig-keiten hinzuweisen, die sich aus einseitigen Sichtweisen ergeben. Erzeu-gende Konstrukteure und erzeugte Konstrukte stehen selten in dem klaren Verhältnis, das diese Wörter vorgeben. Die Theorie der Nischenkonstruk-tion hat in jüngerer Zeit früheres Gedankengut zu den Wechselbeziehungen in der Natur und ihren evolutionären Konsequenzen wiederbelebt. Die Do-mestikation von Pflanzen und Tieren war und ist ebenfalls keine Einbahn-straße. Organismen sind keine ohnmächtigen Konstrukte egoistisch mitei-nander wetteifernder Gene, und das Leben könnte mit einer Form von Erb-material oder proteinartigen Molekülen oder gleichzeitig beiden entstanden sein. Unser Umgang mit der Natur sollte diese wechselseitigen Abhängig-keiten berücksichtigen.

1 Einleitung

Das Bild vom Konstrukteur, der irgendetwas zusammenbastelt und das da-raus hervorgehende Konstrukt, sei es abstrakt oder physisch konkret, lässt sich auch als Analogie auf viele Geschehnisse auf allen möglichen Ebenen untersuchen. Sehr oft wird der Blick auf die konstruierenden Agenten ge-richtet und die Perspektive der Rückwirkung des Konstruktes auf den Kon-strukteur vernachlässigt.

Drei grundsätzliche Formen des Perspektivenwechsels möchte ich unter-scheiden:

1. Bei prinzipiell interagierenden Systemen – nachdem man deren inter-aktives Wesen er- und anerkannt hat (letzteres oft selbst schon ein Per-spektivenwechsel) – die Interaktion anstatt von dem teilnehmenden System, das bisher im Fokus stand, nun einmal von einem anderen teil-nehmenden System her betrachten, also die ‚Richtung' der Interaktion hinterfragen: Dies ist besonders bei Systemen mit Rückkopplungen re-levant und zugleich schwierig.

2. Einen ‚orthogonalen' Blick auf bisherige Forschungsprogramme[1] werfen.

3. Neue Kategorien bilden und neue Zusammenhänge erkennen: Dazu gehören als wichtige Schritte, gewohnte Kategorien aufzubrechen und liebgewordene, als selbstverständlich angesehene Zusammenhänge zu hinterfragen und aufzulösen oder, um beim Thema zu bleiben, neue Konstrukteur-Konstrukt-Beziehungen zu formulieren.

Ich will hier mit einigen wenigen biologischen Beispielen illustrieren, wie gewohnte Sichtweisen zu ändern, die Perspektiven zu wechseln, die Dynamik der Interaktionen von mehreren Seiten her zu betrachten oder/und die Forschung zu neuen Ergebnissen zu inspirieren sind.

2 Nischen

2.1 Einige ökologische Konzepte

Die ökologische Nische ist als Phrase fast schon in den Alltagsgebrauch eingedrungen, und die meisten biologisch interessierten Leute und Studierenden haben eine zumindest vage Vorstellung davon, worauf sie sich bezieht. Bei genauerem Hinsehen stellt sich rasch heraus, dass in der Ökologie ganz unterschiedliche Konzepte kursieren, die sich deutlich in der Blickrichtung, die sie einnehmen, unterscheiden. Die wichtigsten möchte ich kurz zusammenfassen; für eine etwas ausführlichere Darstellung verweise ich auf Winkler (2020).

Charles Elton (1927) entwickelte aus seinen Beobachtungen im ländlichen England eine Sicht der Nische, die auf ökologischen Interaktionen innerhalb von Ökosystemen beruhte. Ressourcen-Konsumenten-Dynamik, Räuber-Beute-Beziehungen und Konkurrenz weisen seiner Ansicht nach jedem Organismus einen bestimmten Platz in einer ökologischen Gemeinschaft zu, der frei wird, wenn der betreffende Organismus aus dieser verschwindet.

---

[1] Ein gutes allgemeines Beispiel ist die kognitionswissenschaftliche Untersuchung des Phänomens ‚Religion' als ein orthogonaler, interdisziplinärer Blick auf die bisherigen Forschungsprogramme der Religionswissenschaften (z. B. Schjoedt & Geertz 2017). Einen einfacheren Fall repräsentieren Verhaltensstudien, die Kommunikationsakte aus der Sicht unbeteiligter Zuhörer untersuchen (Bonnie & Earley 2007).

Daraus erwuchs der Begriff der ‚leeren Nische', die leer bleibt oder von einem anderen Organismus besetzt wird. Lokales Aussterben einer Art oder Verdrängung durch einen Konkurrenten könnten dahinterstecken. Der letztere Mechanismus schien dann als mehr oder weniger unbewusste Analogie zu dominierenden Gesellschaftstheorien auf der anderen Seite des Atlantiks zum dominanten Erklärungsmodell der Ökologie zu werden. Dem entsprach das mehr auf den Einzelorganismus gerichtete Konzept, das George Evelyn Hutchinson (1957) entwickelte. Mit Hilfe einfacher geometrischer Vorstellungen entwarf er einen multidimensionalen Raum. Die für eine Art zum Überleben notwendigen Faktoren spannten als Achsen diesen Raum auf. Den für eine Art konkret nutzbaren Raum nannte er ‚fundamentale Nische'. Konkurrenten engen diesen Raum von allen Seiten ein, sodass letztlich ein kleinerer Ausschnitt als ‚realisierte Nische' übrigbleibt. Diese Ideen sollten helfen zu verstehen, wieviele Arten in einem Ökosystem untergebracht werden können. Erst sehr viel später änderte sich die Sichtweise. Man sah nicht mehr im limitierten Ressourcenangebot und in der Konkurrenz die Treiber der Artenvielfalt, sondern in der geographischen Lage der Ökosysteme und im lokal tatsächlich von der Phylogenese zur Verfügung gestellten Artenreservoir.

Es war Jakob von Uexküll, der aus der Sicht des individuellen Organismus heraus argumentierte und zwischen Umgebung, allem, was um dem Organismus herum anzutreffen ist, und der Umwelt desselben, allem, worauf der Organismus regieren kann, unterschied: „Die Umwelt ist immer nur jener Teil der Umgebung, der auf die erregbare Substanz des Tierkörpers wirkt, und mit der Vereinfachung der ganzen Bauart vereinfacht sich auch die Bauart der erregbaren Substanz" (von Uexküll 1909, 249). Ich habe daraus ein ethologisches Nischenkonzept entwickelt, das diejenigen Elemente der Umgebung als Nische zusammenfasst, die in einem festzulegenden Lebensabschnitt erlauben, bestimmte Funktionen abzuwickeln (Winkler 1971 und 2020). Das schließt einerseits mit ein, dass ein Organismus in der Lage ist, aktiv nach Umgebungen zu suchen, die geeignete Umwelten anbieten, und andererseits den entsprechenden Ausschnitt der Umgebung zu verändern. Von hier ist es nicht zu schwer, zur Nischenkonstruktion zu gelangen.

2.2 Nischenkonstruktion

Schelling und Hegel kratzten bereits in der Morgendämmerung der Evolutionsbiologie an der dualistischen Trennung von Objekt und Subjekt, Leib und Geist im allgemeinen naiven Denken. Manch andere Philosophen und Naturwissenschaftler folgten ihnen, wobei jene, die idealistische Philosophien vertraten, wie Hegel selbst (1830, § 219 Zusatz), kaum die Paare Subjekt-Objekt und Organismus-Umgebung auseinander hielten (Pearce 2020, 168ff.). Der einflussreiche englische Philosoph Herbert Spencer rückte in seiner Evolutionsphilosophie die ökologische Umgebung als einzigen die Evolution formenden Faktor in den Vordergrund (ebd., 58ff.). Früh kam schon die Idee auf, dass zumindest der Mensch seine Umwelt so stark verändere, dass nur Gewohnheiten, Imitation und Intelligenz seine Evolution unter Umgehung der Keimbahn bestimmten (ebd., 237). Diese und ähnliche Ansichten hatten eine stark lamarckistische Komponente. Das war nicht ungewöhnlich, waren doch Darwin und Herbert Spencer selbst Lamarckisten. Ende des 19. Jahrhunderts gab es in der Philosophie der Evolution zwei Richtungen bezüglich der treibenden Faktoren. Die eine, vertreten von Herbert Spencer in England und August Weismann in Deutschland, nahm eine eigenständige und ziemlich konstante Umgebung an, die andere, mit dem Amerikaner John Dewey als Protagonisten, eine eher dialektische Entwicklung. Dewey schien dabei schon auf eine Umkehr der Dialektik gestoßen zu sein, in der Gegensätze der Einheit folgen (ebd., 241; vgl. Winkler 2021, 146). Die Selektionisten in der ersten Hälfte des 20. Jahrhunderts machten derartigen Ansichten schnell den Garaus und passten ihren Blick auf die Natur entsprechend an. Die ersten populationsgenetischen Modelle beruhten daher im Sinne Spencers zumindest implizit auf der einseitigen Wirkung des ‚Selektionsdrucks' und der Umgebung. Das naive, beinahe teleologische Selektionsmodell, das Dawkins (1986) vorstellte, folgte dieser Tradition. Erst Richard Lewontin, Populationsgenetiker, Evolutionsbiologe und Marxist, offenkundig von Hegel und anderen idealistischen Philosophen und auch Friedrich Engels (z. B. 1896) beeinflusst, durchbrach die zu dieser Zeit herrschende anglo-amerikanische Sichtweise und wies wieder ausdrücklich auf die Wechselwirkungen beziehungsweise Rückkopplungen zwischen Umgebung und Organismus hin (Lewontin 1983; vgl. Pearce 2020, 192ff.)[2].

---

[2] Lewontin symbolisierte die Wechselwirkung mit zwei gekoppelten Differentialgleichungen, die ich hier nicht wiedergebe, weil sie anlässlich meines Vortrags heftige Diskussion und Missverständnisse auslösten. Constant et al. (2018) dehnten diese Symbolik konzeptuell beträchtlich aus, indem sie unter anderem Lewontins zwei Gleichungen, ohne diesen zu erwähnen, mit zusätzlichen Termen erweiterten und noch weitere hinzufügten.

Diese in unterschiedler Form schon seit einiger Zeit bestehende und dann weitgehend verschüttete Idee griffen etwas später einige Evolutionsbiologen und Ökologen zum Teil unabhängig von den vorgenannten Arbeiten auf (z. B. Jones et al. 1997). Ende des 20. Jahrhunderts machten einige Forscher daraus in zahlreichen Publikationen eine Art wissenschaftliche Mode, die Nischenkonstruktion (Odling-Smee et al. 1996 und 2003). Im Kern besagt das Konzept, dass Organismen, indem sie aktiv ihre Umgebung aussuchen, ihre eigene selektive Umwelt erzeugen und samt ihren daraus resultierenden selektiven Kräften an ihre Nachkommen vererben. Zusätzlich verändern Organismen die Selektionsbedingungen für andere. Diese eigentlich naheliegende, beinahe triviale Theorie fand viel Anklang nicht nur unter Biologen, sondern auch unter Kulturanthropologen und Archäologen. Die Dynamik evolutionärer Prozesse ist damit noch immer nicht vollständig beschrieben. Thermodynamische Gesetzmäßigkeiten und die Rolle von Selbstorganisation sind ebenfalls zu berücksichtigen (Constant et al. 2018; Marquet 2009). Es verschwimmen unter all diesen Blickwinkeln die klaren Grenzen zwischen Konstrukteur und Konstrukt. Dies gilt nicht nur für die populationsökologische Ebene, sondern auch für die Beziehungen zwischen Genotyp und Phänotyp (Auboeuf 2021).

2.3 Beispiele

Im Vorangegangenen unterschlug ich ein sprachliches Problem, das sich aus der Übersetzung des englischen Wortes *construction* mit ‚Konstruktion' ergibt. Im Deutschen liegt der Bedeutungsschwerpunkt auf der planerischen Tätigkeit in all ihren Facetten, während im Englischen in erster Linie die eigentliche Bautätigkeit gemeint ist. Der Nischenbau, als solchen will ich die Nischenkonstruktion verstehen, lässt sich ganz gut und anschaulich mit den Tätigkeiten von Spechten illustrieren. All die mehr als 200 Spechtarten bauen Höhlen zum Schlafen und Brüten in Holzstämme und in seltenen Fällen ins Erdreich. Sie schaffen damit für ihre Eier und Jungen und in der Folge für viele andere Arten eine relativ sichere Umwelt, mit charakteristischen Selektionsbedingungen (Winkler & Christie 2002; Bai & Mühlenberg 2008). Wenn der Höhlenbau besonders schwierig ist und gemeinschaftliche Anstrengungen erfordert, kann er sich als rückwirkender Treiber für die Evolution von Vergemeinschaftungen erweisen, wie das Beispiel des Kokardenspechts (*Dryobates borealis*) zeigt, der als einziger seiner Verwandtschaft sozial lebt (Walters et al. 1992).

Unterschiedliche Perspektiven ergeben sich aus der Antwort auf die Frage, ob Zugvögel vor den harschen Bedingungen des Winters fliehen oder Tropenvögel Fressfeinden ausweichen und die Phasen höchster Produktion im Frühling der gemäßigten Zonen opportunistisch nutzen? Tatsächlich gibt es für jede dieser Alternativen zahlreiche Beispiele, und manche Vogelarten befinden sich praktisch dauernd auf Wanderschaft, legen dabei riesige Strecken zurück und werden nur für die Fortpflanzung kurz sesshaft. Sie folgen den jahreszeitlich und geographisch wechselnden Dargeboten und beeinflussen ihre Aufenthaltsorte durch Verbreitung von Pflanzen und Krankheiten (Viana et al. 2016). Viele eurasische Kleinvögel stellen sich in der Zugzeit (Vorbereitung zum Zug und eigentliche Wanderung mit Aufenthalt auf Rastplätzen) auf eine Nahrung mit hohem Anteil an Früchten um. Sie verbreiten damit die Samen dieser Pflanzen und könnten jene Varianten, die zur Zeit des Durchzugs der Vögel reifen, selektieren. Die möglichen Partner in diesem System unterliegen vielen anderen Einflüssen, und die vorliegenden Daten weisen daher eher auf diffuse Koevolution hin, eine zwischen vielen Beteiligten, und nicht auf evolutionär eng verflochtene Artenpaare (Herrera 1982 und 1995).

3 Domestikation

Wenn man den Begriff Domestikation weit nimmt, etwa als Formung der organischen Umwelt, kann man auch die Pflege von Lebensräumen durch Menschen hier einordnen. Bewohner Australiens brannten schon vor 35000 Jahren die Vegetation ab, und was uns heute als unberührter amazonischer Regenwald erscheinen mag, wurde in Wirklichkeit schon vor dem Eintreffen der Europäer nachhaltig von Menschen überformt (Clement et al. 2015). Aber erst etwa 14000–12000 Jahre vor heute begannen Menschen Pflanzen und Tiere zu domestizieren (Übersicht in Smith 2006). Mit der Domestikation begann eine kaum zu unterschätzende Phase der menschlichen Evolution und der Organismen in ihrer Obhut. Durch Züchten veränderten Menschen viele Organismen, steigerten deren und den eigenen Fortpflanzungserfolg, während einige der Ausgangsarten ausstarben oder kurz davor stehen zu verschwinden. Nicht zuletzt hat dies Charles Darwin zur Formulierung seiner Selektionstheorie angeregt. Wechselseitige Abhängigkeiten entstanden, so dass heute viele Nutz- und Heimtiere kaum in freier Natur überleben können. Umgekehrt zeigt uns etwa das Beispiel des Ausfalls der Kartoffelernte im Jahre 1845, der allein in Irland eine Million Menschen verhungern ließ, unsere schicksalhafte Abhängigkeit von unseren Züchtungen. Domestikation erstreckt sich über lange Zeiträume und erfolgt oft unsystematisch. Die domestizierten Organismen züchteten sich ihrerseits menschliche Populationen heran und veränderten ihre Kulturen und Genetik. Domestikation sollte daher als Prozess wechselseitiger Einflüsse verstanden werden (Smith 2016). Vieles zu dieser Sichtweise mag noch spekulativ erscheinen. Nach archäologischen Funden wurden Wölfe vor 14000 Jahren zu wertvollen Begleitern des Menschen domestiziert, wobei genetische Daten einen weitaus früheren Zeitpunkt, vor 40000 Jahren, andeuten (Botigué et al. 2017). Für den launigen Hinweis, der Hund könnte den Menschen domestiziert haben (Lorenz 1950), fehlen (noch) überzeugende Daten. Genetische Anpassungen an den Genuss von Milchprodukten gäben ein besseres Beispiel ab. Was wir mit einer domestizierten Hefe (Gallone et al. 2018) und die mit uns machte, stellt einen weiteren faszinierenden Fall dar.

Ein Klimawandel vor 10 Millionen Jahren trieb vielleicht unsere afrikanischen Vorfahren von den Bäumen. Sie taten sich in der Folge immer schwerer, die Früchte in den Baumkronen zu erreichen. Die am Boden liegenden waren bequeme Nahrungsquelle, vergoren aber schnell. Die Mutation A294V am ADH4-Gen entschärfte die Wirkung des für Säugetiere (im Gegensatz zu Vögeln; Tryjanowski et al. 2020) ziemlich unverträglichen Ethanols ein wenig (Carrigan et al. 2015). Mit dem Ackerbau gingen gezielte Nutzung von Fermentierung und Koevolution von Hefe sowie Entwicklung menschlicher Trinkgewohnheiten und kultureller Riten einher. Auch hier ergeben sich zwei Blickrichtungen, die sich in den ‚Bier zuerst'- beziehungsweise ‚Brot zuerst'-Hypothesen manifestieren, soweit eine derartig scharfe zeitliche Trennung möglich oder sinnvoll ist. Die Hefe-Mensch-Koevolution ist vielleicht noch nicht vorbei. ‚Vermenschlichte' Hefe[3] dient nämlich heute in manchen Laboratorien der Erforschung genetisch bedingter Krankheiten (Kachroo et al. 2022).

---

[3] Hefe, in welcher Gene, die Proteine kodieren, die menschlichen homolog sind, durch die entsprechenden menschlichen Gene ersetzt wurden. Etwa 23 % der Gene der Hefe haben homologe Beziehungen zu menschlichen Genen.

4 Gene und Organismen

4.1 ,Das egoistische Gen'

Unter diesem anthropomorphen Titel erschien das bekannte und viel diskutierte Buch von Richard Dawkins (1976). Die Vermengung von Anliegen
des Kampfes gegen den Kreationismus mit der nüchternen Darstellung evo-
lutionsbiologischer Erkenntnisse wirbelte viel Staub auf. Dawkins übertrieb
die Generalisierung einiger wissenschaftlicher Ergebnisse (z. B. zur intra-
genomischen Selektion) auf alle Organismen und evolutionären Prozesse.
Meiner Ansicht nach sind Gene nicht selten hilflos und müssten, hätten sie
eine Psyche, ziemlich unter Depressionen leiden.

Einzelne Gene werden durch nicht-kodierende Abschnitte reguliert. Geno-
mische Prägung sorgt für elternspezifische Aktivierung von Genen, und andere sogenannte epigenetische Prozesse, an denen Organismus und Umwelt
beteiligt sind, halten sie in Schach. Mit anderen Worten, es existiert keine
konstruktive Einbahnstraße von Gen zu Organismus und umgekehrt natürlich auch nicht. Die unterschiedlichen Konflikte, in denen Gene involviert
sind, erzeugen eine labile Situation, in die natürliche Selektion balancierend
eingreift, indem sie unter anderem die Ausbreitung egoistischer Gene ein-
schränkt (Zanders & Unckless 2019).

4.2 Die Entstehung des Lebens

Der Frage nach der Entstehung des Lebens gehen Forschende schon lange
nach. Das Thema ist aus vielen Gründen schwierig, nicht zuletzt, weil es
ziemlich ideologisch besetzt ist. Nüchtern betrachtet liegt ein epistemologi-
scher Haken darin, dass wir nur ein Leben kennen, nämlich das auf der Erde,
und somit gezwungen sind, von einem Einzelfall induktiv auf etwas Allge-
meineres zu schließen. Oder schlichter ausgedrückt: Wonach suchen wir eigentlich auf fernen Planeten und Monden? Ich will mich an dieser Stelle
nicht weiter zu diesem erdgebundenen Tunnelblick äußern, sondern auf
mögliche Pfade der Entstehung des Lebens auf der Erde eingehen und diese
ganz kurz erörtern.

Genzentrierte Spekulationen, wie zum Beispiel die eben besprochene, die
Erfolge der Molekularbiologie und die vielen Tatsachen, die nach der Entdeckung der Doppelhelix über biochemische katalytische Vorgänge und insbesondere von DNA und RNA zusammengetragen worden waren, richteten
den Blick der Forschung auf die RNA, die als Einzelstrang mit komplexen

räumlichen Strukturen auftritt (Eigen & Schuster 1979). Miller und Urey (1959) berichteten von bahnbrechenden Experimenten, die nahelegen, dass gewisse organische Moleküle in der frühen Erdatmosphäre durch elektrische Entladungen gebildet werden konnten. Neuere Studien zeigen ebenfalls einen möglichen Weg von diesen einfachen Vorläufern, zum Beispiel Cyanwasserstoff, zur Bildung von RNA auf (Das et al. 2019), eine weitere Stütze für die vorherrschende These, Leben hätte mit RNA begonnen.

Es stellt sich aber heraus, dass auch ganz andere organische Moleküle der Selbstorganisation und -replikation mächtig sind. Ein beachtenswerter Ansatz spricht nämlich bestimmten Peptiden[4] diese Fähigkeiten zu. Die β-Amyloide können kristallähnliche, verkettete, stabile Strukturen bilden, katalytisch wirken, als Schablonen für die eigene Vervielfältigung dienen und daher möglicherweise die Entstehung des Lebens eingeleitet haben (Greenwald et al. 2018). An diese Strukturen können sich sekundär kurze RNA-Stränge anschließen (Rout et al. 2023). Das Janusgesicht der Natur zeigt sich auch in diesem Fall. Die Amyloide und ihre RNA-Kumpanen standen vielleicht am Anfang des Lebens. Sie können jedoch tödlich für Menschen sein, da sie die Alzheimerkrankheit verursachen (Paudel et al. 2024).

5 Diskussion

Die hier aus einer Fülle möglicher Beispiele angesprochenen Fälle belegen, wie viele Konstrukteur-Konstrukt-Beziehungen sich bei näherem Hinsehen in komplexe wechselseitige Abhängigkeiten wandeln. Lebewesen passen sich an ihre Umgebung an, suchen sich gleichzeitig Habitate aus, in denen sie überleben können. In vielen Fällen verändern sie ihre Lebensräume für sich und ihre Nachkommen massiv.

Otto Koenig wurde seinerzeit aus verschiedenen Gründen heftig wegen seines Konzeptes ‚Lebensraum aus zweiter Hand' angefeindet. Es war jedenfalls ein kritischer Blick auf unseren möglichen Umgang mit der Natur (Koenig 1990). Der sollte nicht zuletzt aufgrund der hier nur oberflächlich angerissenen wissenschaftlichen Sichtweisen neu diskutiert werden.

---

[4] Peptide setzen sich aus Aminosäuren zusammen. Längere Peptide bezeichnet man als Proteine. Erbsubstanzen (DNA, RNA) codieren die Aminosäurensequenzen.

6 Literatur

Auboeuf, D. 2021: The physics-biology continuum challenges Darwinism: Evolution is directed by the homeostasis-dependent bidirectional relation between genome and phenotype. – In: Progress in Biophysics and Molecular Biology 167, 121–139.

Bai, M. L., Mühlenberg, M. 2008: Sequential use of holes by birds breeding in a natural boreal forest in Mongolia. – In: Bird Study 55 (2), 161–168.

Bonnie, K. E., Earley, R. L. 2007: Expanding the scope for social information use. – In: Animal Behaviour 74 (2), 171–181.

Botigué, L. R., Song, S., Scheu, A., Gopalan, S., Pendleton, A. L., Oetjens, M., Taravella, A. M., Seregély, T., Zeeb-Lanz, A., Arbogast, R. M., Bobo, D., Daly, K., Unterländer, M., Burger, J., Kidd, J. M., Veeramah, K. R. 2017: Ancient European dog genomes reveal continuity since the Early Neolithic. – In: Nature Communications 8, 16082.

Carrigan, M. A., Uryasev, O., Frye, C. B., Eckman, B. L., Myers, C. R., Hurley, T. D., Benner, S. A. 2015: Hominids adapted to metabolize ethanol long before human-directed fermentation. – In: Proceedings of the National Academy of Sciences of the United States of America 112 (2), 458–463.

Clement, C. R., Denevan, W. M., Heckenberger, M. J., Junqueira, A. B., Neves, E. G., Teixeira, W. G., Woods, W. I. 2015: The domestication of Amazonia before European conquest. – In: Proceedings of the Royal Society B 282 (1812), 20150813.

Constant, A., Ramstead, M. J. D., Veissière, S. P. L., Campbell, J. O., Friston, K. J. 2018: A variational approach to niche construction. – In: Journal of the Royal Society Interface 15 (141), 20170685.

Das, T., Ghule, S., Vanka, K. 2019: Insights into the origin of life: Did it begin from HCN and H_2O? – In: ACS Central Science 5 (9), 1532–1540.

Dawkins, R. 1976 [²1989]: The selfish gene. Oxford University Press. Oxford, UK. – Deutsch: Das egoistische Gen. Aus dem Englischen übersetzt von K. de Sousa Ferreira. Springer. Berlin 1978.

Dawkins, R. 1986: The Blind Watchmaker. Longman. Harlow. – Deutsch: Der blinde Uhrmacher. Warum die Erkenntnisse der Evolutionstheorie zeigen, daß das Universum nicht durch Design entstanden ist. Aus dem Englischen von K. de Sousa Ferreira. Kindler. München 1987.

Eigen, M., Schuster, P. 1979: The Hypercycle. A Principle of Natural Self-organization. Springer. Berlin.

Elton, C. 1927: Animal Ecology. Sidgwick & Jackson. London, UK.

Engels, F. 1896: Der Antheil der Arbeit an der Menschwerdung des Affen. Ein nachgelassener Aufsatz [...]. – In: Die neue Zeit. Revue des geistigen und öffentlichen Lebens 2 (44), 545–554. – Digitalisat: https://library.fes.de/cgi-bin/populo/nz.pl

Gallone, B., Mertens, S., Gordon, J. L., Maere, S., Verstrepen, K. J., Steensels, J. 2018: Origins, evolution, domestication and diversity of *Saccharomyces* beer yeasts. – In: Current Opinion in Biotechnology 49, 148–155.

Greenwald, J., Kwiatkowski, W., Riek, R. 2018: Peptide amyloids in the origin of life. – In: Journal of Molecular Biology 430 (20), 3735–3750.

Hegel, G. W. F. [3]1830 [[1]1817]: Encyklopädie der philosophischen Wissenschaften im Grundrisse. Oßwald. Heidelberg.

Herrera, C. M. 1982: Seasonal variation in the quality of fruits and diffuse coevolution between plants and avian dispersers. – In: Ecology 63 (3), 773–785.

Herrera, C. M. 1995: Plant-vertebrate seed dispersal systems in the Mediterranean: Ecological, evolutionary and historical determinants. – In: Annual Review of Ecology and Systematics 26, 705–727.

Hutchinson, G. E. 1957: Concluding remarks. – In: Cold Spring Harbor Symposium on Quantitative Biology 22, 415–427.

Jones, C. G., Lawton, J. H., Shachak, M. 1994: Organisms as ecosystem engineers. – In: Oikos 69 (3), 373–386.

Kachroo, A. H., Vandeloo, M., Greco, B. M., Abdullah, M. 2022: Humanized yeast to model human biology, disease and evolution. – In: Disease Models & Mechanisms 15 (6), dmm049309.

Koenig, O. 1990: Naturschutz an der Wende. Jugend und Volk. Wien.

Lewontin, R. C. 1983: The organism as the subject and object of evolution. – In: Scientia (Rivista di scienza) 77 (18), 65–82.

Lorenz, K. 1950: So kam der Mensch auf den Hund. Borotha-Schoeler. Wien.

Marquet, P. A. 2009: Beyond Darwin: On the role of niche construction and self-organization in evolution. – In: Revista Chilena de Historia Natural 82 (4), 493–496.

Miller, S. L., Urey, H. C. 1959: Organic compound synthesis on the primitive earth. – In: Science 130 (3370), 245–251.

Odling-Smee, F. J., Laland, K. N., Feldman, M. W. 1996: Niche construction. – In: The American Naturalist 147 (4), 641-648.

Odling-Smee, F. J., Laland, K. N., Feldman, M. W. 2003: Niche construction. The neglected process in evolution. Princeton University Press. Princeton, NJ.

Paudel, B., Jeong, S. Y., Martinez, C. P., Rickman, A., Haluck-Kangas, A., Bartom, E. T., Fredriksen, K., Affaneh, A., Kessler, J. A., Mazzulli, J. R., Murmann, A. E., Rogalski, E., Geula, C., Ferreira, A., Heckmann, B. L., Green, D. R., Sadleir, K. R., Vassar, R., Peter, M. E. 2024: Death Induced by Survival gene Elimination (DISE) correlates with neurotoxicity in Alzheimer's disease and aging. – In: Nature Communications 15 (1), 264.

Pearce, T. 2020: Pragmatism's Evolution. Organism and Environment in American Philosophy. Chicago University Press. Chicago, IL.

Rout, S. K., Cadalbert, R., Schröder, N., Wang, J., Zehnder, J., Gampp, O., Wiegand, T., Güntert, P., Klingler, D., Kreutz, C., Knörlein, A., Hall, J., Greenwald, J., Riek, R. 2023: An analysis of nucleotide-amyloid interactions reveals selective binding to codon-sized RNA. – In: Journal of the American Chemical Society 145 (40), 21915–21924.

Schjoedt, U., Geertz, A. W. 2017: The beautiful butterfly: On the history and prospects of the cognitive science of religion. – In: Martin, L. H., Wiebe, D. (ed.), Religion Explained? The Cognitive Science of Religion after Twenty-five Years. Bloomsbury. New York, NY.

Smith, B. D. 2006: Eastern North America as an independent center of plant domestication. – In: Proceedings of the National Academy of Sciences of the United States of America 103 (33), 12223–12228.

Smith, B. D. 2016: Neo-Darwinism, niche construction theory, and the initial domestication of plants and animals. – In: Evolutionary Ecology 30 (2), 307–324.

Tryjanowski, P., Hetman, M., Czechowski, P., Grzywaczewski, G., Sklenicka, P., Ziembliska, K., Sparks, T. H. 2020: Birds drinking alcohol: Species and relationship with people. A review of information from scientific literature and social media. – In: Animals 10 (2), 270.

Viana, D. S., Santamaría, L., Figuerola, J. 2016: Migratory birds as global dispersal vectors. – In: Trends in Ecology and Evolution 31 (10), 763–775.

von Uexküll, J. J. 1909: Umwelt und Innenwelt der Tiere. Springer. Berlin. – Digitalisat: www.biodiversitylibrary.org/item/15902

Walters, J. R., Copeyon, C. K., Carter, J. H. III 1992: Test of the ecological basis of cooperative breeding in Red-cockaded Woodpeckers. – In: The Auk 109 (1), 90–97.

Winkler, H. 1971: Die Bedeutung der Organisation angeborenen Verhaltens für das Verständnis der Ökologie der Wirbeltiere. – In: Sitzungsberichte der Österreichischen Akademie der Wissenschaften, mathematisch-naturwissenschaftliche Klasse, Abt. I 179 (7), 109–127.

Winkler, H. 2020: Reflections on the niche. – In: Acta ZooBot Austria 157, 65–78.

Winkler, H. 2021: Bäume und Baumstrukturen. – In: Bender, O., Kanitscheider, S., Mehl, A., Ruso, B., Winkler, H. (Hg.), Analogie als Quelle der Erkenntnis. (= 43. Matreier Gespräche zur Kulturethologie 2017. Schriftenreihe der Otto-Koenig-Gesellschaft). BoD. Norderstedt, 135–158.

Winkler, H., Christie, D. 2002: Family Picidae (woodpeckers). – In: del Hoyo, J., Elliott, A., Sargatal, J. (Hg.), Handbook of the Birds of the World. Vol. 7: Jacamars to Woodpeckers. Lynx. Barcelona, 296–555.

Zanders, S. E., Unckless, R. L. 2019: Fertility costs of meiotic drivers. – In: Current Biology 29 (11), R512–R520.

Verzeichnis der Autoren und Herausgeber

Privatdozent Dr. Oliver **Bender**,
Institut für Interdisziplinäre Gebirgsforschung,
Österreichische Akademie der Wissenschaften,
Innrain 25, 3. Stock, 6020 Innsbruck, Österreich.
e-mail: oliver.bender@oeaw.ac.at

Professor Dr. Hans Jürgen **Böhmer**,
Institut für Geobotanik, Leibniz Universität Hannover,
Nienburger Straße 17, 30167 Hannover, Deutschland.
e-mail: boehmer@geobotanik.uni-hannover.de

Professor Dr. Roland **Girtler**,
Institut für Soziologie der Universität Wien,
Rooseveltplatz 2, 1090 Wien, Österreich.
e-mail: roland.girtler@univie.ac.at

Professor Dr. Helmwart **Hierdeis**,
Graf Berchtold-Str. 4, 86911 Dießen am Ammersee, Deutschland.
e-mail: Helmwart.Hierdeis@web.de

Dr. Sigrun **Kanitscheider**,
Mairhof 14b, 6173 Oberperfuss, Österreich.
e-mail: sigrun.kanitscheider@gmail.com

Professor Dr. Max **Liedtke**,
Kirchhoffstraße 22, 90552 Röthenbach a. d. Pegnitz, Deutschland.
e-mail: max.liedtke@t-online.de

Professor Dr. Andreas **Mehl**,
Bergstraße 26, 14109 Berlin-Wannsee, Deutschland.
e-mail: prof.a.mehl@web.de

Dr. Bernhart **Ruso**,
Kogelsbach 11, 3344 St. Georgen am Reith, Österreich.
e-mail: bernhart@ruso.at

Professor Dr. Dagmar **Schmauks**,
TU Berlin, Arbeitsstelle für Semiotik, FH 4-3,
Fraunhoferstr. 33–36, 10587 Berlin, Deutschland.
e-mail: schmauksdagmar@gmail.com

Mag. Thomas **Simon**,
Wickenburgallee 1, 8344 Bad Gleichenberg, Österreich.
e-mail: thomas.m.simon@aon.at

Professor Dr. Hans **Winkler**,
Konrad-Lorenz-Institut für Vergleichende Verhaltensforschung, Department für Interdisziplinäre Lebenswissenschaften, Veterinärmedizinische Universität Wien, Savoyenstr. 1a, 1160 Wien, Österreich.
e-mail: hans-christoph.winkler@oeaw.ac.at

Dr. Dr. Achim **Würker**, Studiendirektor i.R.,
Habitzheimer Straße 17, 64354 Reinheim, Deutschland.
e-mail: achim.wuerker@gmx.de